一問一答シリーズ

一問一答

●

被災借地借家法
改正被災マンション法

東京高等裁判所判事
（前法務省民事局参事官）
岡山忠広
◉
編著

商事法務

●はしがき

大規模な災害の被災地における借地借家に関する特別措置法（平成25年法律第61号）及び被災区分所有建物の再建等に関する特別措置法の一部を改正する法律（同第62号）は、平成25年6月19日に成立し、同月26日に公布されました。なお、大規模な災害の被災地における借地借家に関する特別措置法（以下「被災借地借家法」といいます）の成立に伴い、罹災都市借地借家臨時処理法（昭和21年法律第13号）は廃止されました。

被災関連二法は、いずれも、大規模な災害が発生した場合にその災害を政令で指定することにより、法律で定める特例措置が適用されることになります。平成25年法律第62号により改正された被災区分所有建物の再建等に関する特別措置法（以下「改正被災マンション法」といいます）については、平成25年7月26日、改正被災マンション法第2条の災害として東日本大震災を定める政令（平成25年政令第231号）が閣議決定され、同月31日に公布、施行されました。これにより、改正被災マンション法は、同日から、東日本大震災によって全部滅失し、又は大規模一部滅失した区分所有建物等に適用されることになりました。また、被災借地借家法については、同年12月20日、同法第2条第1項の特定大規模災害として東日本大震災を指定し、同法第7条に規定する措置を適用すべき措置と指定し、福島県双葉郡大熊町を適用する地区とする政令（平成25年政令第367号）が閣議決定され、同月26日、公布、施行されました。

本書は、被災関連二法について、その経緯、内容を、一問一答の形式により、分かりやすく解説したものです。なお、改正被災マンション法は、法技術上の理由から準用読替えを行っている条文が多いため、本書には改正被災マンション法の新旧対照表とともに、準用読替え後の条文を資料として掲載しました。また、罹災都市借地借家臨時処理法に規定されておりました優先借地権、優先借家権といった制度は被災借地借家法には規定されませんでしたが、その詳細な理由を明らかにするために罹災都市借地借家臨時処理法改正研究会報告書を資料として掲載しました。

日本列島は、太平洋プレート、フィリピン海プレート、ユーラシアプレート、北米プレートの４つのプレートがぶつかり合う地域にあるため、世界有数の地震大国と言われ、火山活動も活発です。このため、日本列島は、有史以降に限っても、繰り返し大規模な災害があったと記録されており、残念ながら、日本列島で暮らす限りは、大規模な災害に遭うことを覚悟しなければならないようです。ここ十数年に限りましても、阪神・淡路大震災、新潟県中越地震、そして東日本大震災と立て続けに大きな地震が発生し、これらの震災により多数の人間の命が奪われ、建物も甚大な被害を受けました。今般の震災のような被害が二度と起こらないことを祈りながらも、忘れたころに発生する大規模な災害に備えて、法律実務家のみならず、借地借家の関係者、区分所有建物に居住する区分所有者等の関係者においても、平時から、大規模な災害が起きた場合における借地借家関係及び区分所有関係を把握し、被災した建物の賃借人等の保護の在り方や、被災した区分所有建物及びその敷地の処分の在り方等についての検討をしておくことが必要であると考えます。

本書の執筆は、法務省民事局において立案事務に関与した川副万代元民事局付（現在、東京地検検事）、遠藤啓佑元民事局付（現在、東京地裁判事補）、石渡圭元民事局付（現在、東京地裁判事補）、上田博章主任が行い、全体の調整を私が行いました。意見又は評価にわたる部分は筆者らの個人的見解であることをお断りしておきます。

被災関連二法の立案作業に当たりましては、法制審議会被災関連借地借家・建物区分所有法制部会部会長である山田誠一・神戸大学教授をはじめ、同部会の委員、幹事の方々には様々なご指摘、ご示唆を頂戴しました。また、被災関連二法は、いずれも民事立法でありますが、大規模な災害が発生した場合における被災した建物の賃借人等や区分所有者等の保護は、民事立法のみでは完結することはなく、住宅政策等を所管している国土交通省との連携は不可欠です。被災関連二法の立案作業に当たりましては、国土交通省住宅局の関係者、とりわけ住本靖氏（元住宅企画官）には住宅政策の観点から多大なご助言等を頂戴しました。この場を借りて厚く御礼を申し上げます。また、本書の刊行に当たって大変お世話になりました株式会社商事法務岩佐智樹氏に心より感謝を申し上げます。

本書が、関係方面に広く利用され、被災関連二法の理解の一助となれば幸いです。

平成26年6月

東京高等裁判所判事（前法務省民事局参事官）　岡山 忠広

一問一答　被災借地借家法・改正被災マンション法

もくじ

第1部　被災借地借家法

第1編　総　　論

第2編　各　　論

［第2条関係］

［第3条関係］

［第4条関係］

第２部　改正被災マンション法

第１編　総　　論

第２編　各　　論

●凡　例

・「第１部　被災借地借家法」の凡例

〔法令〕

旧法	罹災都市借地借家臨時処理法（昭和21年法律第13号）
新法	大規模な災害の被災地における借地借家に関する特別措置法（平成25年法律第61号）

なお、文中の条文は、特に断らない限り、新法の条文を指す。

・「第２部　改正被災マンション法」の凡例

〔法令〕

旧法	平成25年法律第62号による改正前の被災区分所有建物の再建等に関する特別措置法（平成7年法律第43号）
改正法	平成25年法律第62号による改正後の被災区分所有建物の再建等に関する特別措置法（平成7年法律第43号）
区分所有法	建物の区分所有等に関する法律（昭和37年法律第69号）

なお、文中の条文は、特に断らない限り、新法の条文を指す。

第1部

被災借地借家法

第1編

総　論

Q1　新法はどのようなことを定めていますか。

A　新法は、大規模な災害により借地上の建物が滅失した場合における借地権者の保護等を図るため、借地借家に関する特別措置を定めるものであり、その概要は、以下のとおりです。

1　借地権者の保護に関する制度として、大規模な災害により借地上の建物が滅失した場合に、借地権者による借地契約の解約を認める制度（第3条）（Q9参照）、一定期間は掲示をしなくても借地権の対抗力を認める制度（第4条）（Q13参照）や借地権の譲渡・転貸について借地権設定者の承諾に代わる許可の制度（第5条）を創設しています（Q20参照）。

2　大規模な災害が発生した被災地における仮設住宅や仮設店舗の用地等の暫定的な土地利用に対する需要に応えるため、存続期間を5年以下とするとともに、契約の更新を認めない短期の借地権の設定を可能とする制度（第7条）を創設しています（Q25参照）。

3　このほか、建物の賃借人の保護に関する制度として、大規模な災害により建物が滅失した後に、従前の賃貸人が建物を再築して賃貸しようとする場合には、従前の建物の賃借人にその旨を通知することとする制度（第8条）を創設しています（Q33参照）。

4　他方で、復興の妨げとなるとの指摘があった優先借地権制度（災害により借家が滅失した場合に従前の建物の賃借人（使用貸借の借主を含む）がその敷地を優先的に賃借することができるものとする制度）等を定めた旧法は廃止することとしています（Q3参照）。

Q2　新法の制定経緯はどのようなものですか。

A　被災地における借地権者や建物の賃借人の保護のための措置を定めた法律として、旧法（罹災都市借地借家臨時処理法）がありましたが、旧法は、第二次世界大戦直後の昭和21年に制定された後、全面的な見直しがされておりませんでした。このため、阪神・淡路大震災に旧法を適用した結果として、旧法の定める制度が復興の妨げになりかねず、現代的ニーズにも対応していないと指摘されるようになりました（Q3参照）。

近年、首都直下地震や東南海・南海地震など、大規模な地震が発生する危険性が指摘されているところであり、今後想定される大規模な災害に備え、復興の妨げになりかねない制度を廃止するとともに、現代的ニーズに対応する制度を創設することは、喫緊の課題でした。

そこで、民法、手続法、法社会学の有識者、法律実務家及び関係省庁の担当者が参加した「罹災都市借地借家臨時処理法改正研究会」において、平成23年11月から平成24年5月まで合計10回にわたり、旧法についての問題点の把握及び論点の整理を行いました。また、同研究会の報告書(注)を踏まえて、「罹災都市借地借家臨時処理法の見直しに関する担当者素案」を作成し、平成24年8月から1か月にわたりパブリックコメントの手続に付しました。

平成24年9月には、今後想定される大規模な災害に備えるため、旧法とともに被災区分所有建物の再建等に関する特別措置法も見直す必要があるとして、法務大臣からその諮問機関である法制審議会に対し、「今後想定される大規模な災害に備え、罹災都市借地借家臨時処理法を早急に見直して、同法を現代の社会によりふさわしいものにするとともに、被災区分所有建物の再建等に関する特別措置法を早急に見直して、大規模な災害により重大な被害を受けた区分所有建物の取壊しを容易にする制度を整備する必要があると思われるので、それぞれ、その要綱を示されたい。」との諮問（諮問第94号）がされ、これを受けて、法制審議会は、法制審議会被災関連借地借家・建物区分所有法制部会（部会長＝山田誠一・神戸大学教授）を設置しました。

法制審議会の部会では、平成24年9月から9回の調査審議を経て、平成25年1月29日開催の第9回会議において「罹災都市借地借家臨時処理法の見直しに関する要綱案」及び「被災区分所有建物の再建等に関する特別措置法の見直しに関する要綱案」を決定しました。この要綱案は、平成25年2月8日に開催された法制審議会第168回会議の審議に付され、全会一致で原案どおり採択され、同日、法務大臣に「罹災都市借地借家臨時処理法の見直しに関する要綱」及び「被災区分所有建物の再建等に関する特別措置法の見直しに関する要綱」として答申されました。

法務省においては、これらの要綱を踏まえて立案作業を進め、「大規模な災害の被災地における借地借家に関する特別措置法案」を「被災区分所有建物の再建等に関する特別措置法の一部を改正する法律案」と併せて作成し、両法案は、平成25年4月9日の閣議決定を経て、同日衆議院（第183回国会）に提出されました（閣法第49号及び第50号）。

国会においては、両法案は、同年5月8日に衆議院法務委員会に付託され、同委員会において、同月10日に趣旨説明、同月17日に質疑がされた後、同月21日に全会一致で原案どおり可決すべきものとされ、同月23日衆議院本会議において両法案が原案どおり全会一致で可決され、同日参議院に送付されました。参議院においては、同年6月12日に参議院法務委員会に付託され、同委員会において同月13日に趣旨説明、同月18日に質疑がされた後、同日全会一致で原案どおり可決すべきものとされ、同月19日参議院本会議において両法案が全会一致で可決され、これにより両法律が成立しました。両法律は、同月21日の閣議において公布すべきものとされ、同月26日、大規模な災害の被災地における借地借家に関する特別措置法（平成25年法律第61号）が、被災区分所有建物の再建等に関する特別措置法の一部を改正する法律（同第62号）とともに公布されました。

なお、衆議院法務委員会において、①東日本大震災被災地の実情に応じ、必要な範囲で両法を適用すること、②東日本大震災について改正後の被災区分所有建物の再建等に関する特別措置法を適用する場合に、同法に基づく建物の解体費用については、東日本大震災に対して講じられている公的補助制度の適用を検討すること、③改正後の被災区分所有建物の再建等に関する特別措置法に基づく各決議に賛成しなかった少数者が時価による対価の支払を確実に得られるよう、売渡し請求制度の内容及び趣旨について周知徹底を図ること、④賃借権の目的である建物が滅失した場合の従前の賃借人に対する通知については、通知漏れが生じることを防ぐよう、従前の賃借人に対する通知制度の内容及び趣旨について周知徹底を図ること、⑤今後も大規模な災害の発生が想定されていることを踏まえ、老朽化を原因とする区分所有建物の取壊し等の場合の法的要件について、必要な検討を進めることと、との附帯決議がされました。

（注）　研究会報告書については、罹災都市借地借家臨時処理法改正研究会「『罹災都市借地借家臨時処理法改正研究会報告書』のとりまとめについて」NBL981号39頁（2012）以下参照。

Q3　旧法にはどのような問題点があったのですか。また、新法の制定に伴い、旧法はどうなったのですか。

A　旧法は、第二次世界大戦直後の昭和21年に制定された後、全面的な見直しがされなかったことから、旧法の定める制度が復興の妨げになりかねず、現代的ニーズにも対応していないという指摘がされていました。

具体的には、次のような指摘がありました。

①　災害により借家が滅失した場合に、建物の賃借人（使用貸借の借主を含む）が、滅失した建物の敷地の所有者に対し、建物所有の目的で賃借を申し出ることにより、他の者に優先して借地権を取得することができるとする優先借地権制度（旧法第2条）は、借地権の価値が大きい現代においては建物の賃借人の保護として明らかに過大であることから、紛争の原因となり、ひいては復興の妨げとなりかねない(注)。

②　災害により借地上の建物が滅失した場合に、借地権者からの解約を認めて借地権者を借地契約から早期に解放する制度や、仮設住宅や仮設店舗の用地などの被災地における暫定的な土地利用に対する需要に的確に応える借地制度が設けられていない。

そこで、これらの指摘に対応するために新法を制定した上で、旧法は廃止することとしました（附則第2条）。

(注)　その他、旧法には次のような制度がありましたが、それぞれ次のような理由により廃止することとしています。

1　借地権優先譲受権制度（旧法第3条）

旧法第3条は、災害により借家が滅失した場合において、滅失した建物の敷地に借地権が存するときは、建物の賃借人（使用貸借の借主を含む）が、その借地権者に対し、借地権の譲受けを申し出ることによって、他の者に優先してその借地権を譲り受けることができるものとしていました（借地権優先譲受権制度）。もっとも、この制度には、優先借地権制度と同様の指摘が当てはまることから、これを廃止することとしています。

2　借地権の存続期間の延長制度（旧法第11条）

旧法第11条は、災害により滅失した建物の敷地に設定されている借地権の残存期間が10年未満であるときは、これを10年に延長するものとしていました（借地権の存続期間の延長制度)。もっとも、土地の所有者側の事情が一切考慮されずに一律に借地権の存続期間を10年に延長することになれば、土地の所有者に不測の損害を与えるおそれがあります。また、借地権者としても、建物の滅失により土地の使用を断念する場合も想定されるところであり、このような場合にまで借地権の存続期間が延長されると、借地権者は、土地を使用する意欲がないにもかかわらず賃料を支払い続けなければならないこととなります。そこで、借地権の存続期間の延長制度を廃止することとしました。

3　催告による借地権の消滅制度（旧法第12条）

旧法第12条は、土地の所有者は、借地権者に対し、借地権を存続させる意思の有無を催告することができ、借地権者からの申出がない場合には、催告期間の満了によって、借地権は消滅するものとしていました（催告による借地権の消滅制度)。

もっとも、借地権は、現代においては相当の財産的価値を有するものであり、催告という簡易な手続によって一切の補償なくこれを消滅させることは相当ではないものと考えられます。また、被災地が混乱している状況においては、借地権者が、土地の所有者から催告があったことやその趣旨が分からないままに借地権を失う結果になるおそれも否定できません。そこで、催告による借地権の消滅制度を廃止することとしました。

4　優先借家権制度（旧法第14条）

Q34参照。

5　貸借条件の変更命令制度（旧法第17条）

旧法第17条は、地代、借賃、敷金その他の借地借家の条件が著しく不当なときは、当事者の申立てにより、裁判所は、その条件の変更を命ずることができるものとしていました（貸借条件の変更命令制度)。

しかし、この制度は、過去に遡って借賃や存続期間等の借地借家の条件を変更し、敷金の返還まで命じることができるものとされており、このような契約関係への強権的介入を認めることは私的自治の原則に反する不当な侵害となるおそれがあると指摘されていました。また、現代においては、旧法の制定当時とは異なり、借地借家法において、借地条件の変更の制度（借地借家法第17条）や建物の賃料増減額請求の制度（同法第32条）が設けられるなど、問題となる場面に応じた要件、効果、手続を定めた規律が創設されており、このような個別の紛争類型ごとの解決手法によることが相当であると考えられます。そこで、貸借条件の変更命令制度を廃止することとしました。

Q4 旧法を改正するのではなく、新法を制定することとしたのはなぜですか。

A 旧法を改正するのではなく、新法を制定することとしたのは、

①　新法においては、優先借地権制度を始めとした旧法の定める制度の多くを廃止した上で、新たな制度を設けるなど、旧法の全面的な見直しを行ったこと、

②　旧法は、もともとは第二次世界大戦により被災した借地権者や建物の賃借人を保護するために、昭和21年に制定された応急的・時限的立法であったものであり、見直し後の法律が災害時における借地借家関係を規律する一般法であることを明確に示すためには、旧法を改正するよりも、新法を制定することが望ましいと考えられたこと

によります。

Q5　建物の「滅失」とはどのような状態をいうのですか。

A　「滅失」とは、物理的に建物がなくなった場合だけでなく、社会的、経済的にみて全体としてその効用を失った場合も含まれます。

建物が滅失したかどうかは、建物の用途、被害の内容、程度等の状況、建物の修復に要する費用等を考慮して判断することになりますが、その判断に当たっては、建築士や不動産鑑定士等の専門家の意見を参考にすることが望ましいと考えられます(注)。

(注)　最判昭和42年6月22日民集21巻6号1468頁は、「賃貸借の目的物たる家屋が滅失した場合には、賃貸借の趣旨は達成されなくなるから、これによつて賃貸借契約は当然に終了すると解すべきであるが、家屋が火災によつて滅失したか否かは、賃貸借の目的となつている主要な部分が消失して賃貸借の趣旨が達成されない程度に達したか否かによつてきめるべきであり、それには消失した部分の修復が通常の費用では不可能と認められるかどうかをも斟酌すべきである」としています。

第2編

各　論

［第２条関係］

Q6　新法は、どのような災害に適用されますか。

A　新法は、大規模な火災、震災その他の災害であって、その被災地において借地権者の保護その他の借地借家に関する配慮をすることが特に必要と認められるものに適用されます（第２条第１項）。また、適用に当たっては①災害（同条第１項）のほか②当該災害に対し適用すべき措置及び③これを適用する地区を政令で指定する（同条第２項）こととしています。

災害が発生した場合に、当該災害を特定大規模災害（第２条第１項）として政令で指定するか否かは、災害により被害を受けた建物の戸数がどの程度あるか、被災地において借地借家関係がどの程度あるかなどの被害状況を踏まえ、新法に定める措置を適用する必要があるか否かについて、被災地の実情や適用に対する関係市町村からの要望の有無等を考慮して判断することになりますが、この点は旧法における災害の指定の在り方と同じです。

なお、旧法が適用された災害は次の表のとおりであり、近時のものとしては、阪神・淡路大震災（平成７年）及び新潟県中越地震（平成16年）があります。

[旧法の適用前例]

表1　旧法の適用前例（政令）

被災年月日	適用地区	政令公布年月日	災害の種類	罹災戸数
昭 31. 4.23	福井県坂井郡芦原町	昭 31. 6. 4　政 165	火災	736
昭 31. 8.18	秋田県大館市	昭 31. 8.31　政 276	〃	1,312
昭 31. 9.10	富山県魚津市	昭 31. 9.20　政 297	〃	1,580
昭 33.12.27	鹿児島県大島郡瀬戸内町	昭 34. 1.12　政 2	〃	1,547
昭 34. 9.26	名古屋市ほか 23 市町村	昭 34.10.19　政 324	風水害	15,700
	大垣市ほか 30 市町	昭 34.12.10　政 352		
昭 35. 5.24	岩手県大船渡市ほか 1 町	昭 35. 6.20　政 164	津波	3,724
昭 35.11.27	静岡県榛原郡川根町	昭 35.12. 5　政 295	火災	123
昭 36. 5.29	青森県八戸市	昭 36. 6.27　政 213	〃	606
昭 36. 9.16	堺市ほか 8 市町村	昭 36.11.10　政 360	風水害	13,231
昭 36.10.23	北海道茅部郡森町		火災	422
昭 39. 6.16	新潟市ほか 3 市町村	昭 39. 7. 6　政 237	震災	7,760
昭 40. 1.11	東京都大島町	昭 40. 2. 5　政 13	火災	574
昭 42. 7. 9	兵庫県神戸市	昭 42. 7.31　政 218	風水害	318
	広島県呉市			8,038
昭 51.10.29	山形県酒田市	昭 51.11.24　政 292	火災	1,017
昭 54. 4.11	富山県西砺波郡福光町	昭 54. 5.22　政 146	〃	57
平　7. 1.17	神戸市ほか 32 市町	平　7. 2. 6　政 16	震災	639,686
平 16.10.23	新潟県長岡市ほか 9 市町村	平 17. 4.15　政 160	震災	122,667

表2　旧法の適用前例（個別の法律）

被災年月日	適用地区	法律公布年月日	災害の種類	罹災戸数
昭 20. 8.27	宮崎県延岡市	昭 22.12.10　法 106	風水害	3,157
昭 20. 9.17	宮崎県都築市、延岡市		〃	8,879
昭 21.12.21	和歌山県新宮市 高知県高知市ほか 1 町		震災	3,998 5,532
昭 22. 4.20	長野県飯田市		火災	4,114
昭 22. 4.29	茨城県那珂郡那珂湊町		〃	1,186
昭 23. 6.28	福井県福井市ほか 34 町村	昭 23.12. 6　法 227	震災	58,312
昭 23. 7.24	福井県福井市ほか 2 村		風水害	3,051
昭 23. 9.16	岩手県一関市、宮古市		〃	2,184
昭 24. 2.20	秋田県能代市	昭 24. 5. 7　法 51	火災	1,698
昭 25. 4. 3 4.13	静岡県熱海市	昭 25. 5. 4　法 146	〃	796
昭 25. 5.13	長野県西筑摩郡上松町	昭 25. 7.31　法 224	〃	592
昭 25. 6. 1	秋田県秋田郡鷹巣町		〃	661
昭 26.12.16	三重県松阪市	昭 27. 2.19　法 1	〃	1,014
昭 27. 4.17	鳥取県鳥取市	昭 27. 5.13　法 139	〃	5,228
昭 30.10. 1	新潟県新潟市	昭 30.12.14　法 181	〃	912
昭 30.10.14 12. 3	鹿児島県名瀬市	昭 30.12.19　法 192	〃	84 1,246
昭 31. 3.20	秋田県能代市	昭 31. 4.13　法 70	〃	1,475

※　昭和の適用前例における罹災戸数は、法務省民事局参事官室編『大規模災害と借地借家 Q&A』（商事法務研究会、1995）より抜粋

※　平成の適用前例における罹災戸数は、消防庁 HP より抜粋

Q7　新法において、適用すべき措置及びこれを適用する地区を政令で指定することとしたのはなぜですか。

A　新法においては、適用すべき災害のみならず、当該災害に対し適用すべき措置及びこれを適用する地区を政令で指定することとしています（第2条）。

新法は、借地借家に関する特別措置を定めるものであり、借地借家関係に与える影響も大きいことから、特別措置が適用される地区を明確にすることが望ましいものと考えられます。そこで、適用すべき地区を政令で指定することとしました(注1)。

また、災害によっては、一部の措置については適用する必要があるものの、他の措置についてまで一括して適用することが望ましくないような場合や、一部の措置については早急に適用すべきことが明らかであるものの、他の措置については更に被害の実情等を把握した上で適用すべきか否かを検討することが望ましいような場合も考えられます。そこで、災害による被害の実情等に応じた適切な対応をすることが可能となるよう、政令で適用すべき措置をも指定することとし、新法に定める措置を部分的に適用することができるようにしました(注2)。

（注1）　旧法においても、同様の趣旨から、適用する地区を政令で定めることとされていました（旧法第27条第2項）。

（注2）　旧法においては、適用すべき措置を指定することとはされておらず、旧法に定める措置を部分的に適用することは想定されていませんでした。

Q8 新法を適用する旨の政令が定められた後、適用すべき措置や地区が追加して指定されることはありますか。また、追加指定がされた場合には、当該措置は、いつまで適用されることになりますか。

A 新法においては、新法に定める措置を部分的に適用することもできるものとしています（Q7参照）が、その後、新たに措置を適用する必要が生じたときには、適用すべき措置及びこれを適用する地区を政令で追加して指定することもできることとしています（第2条第2項）。

また、新法において、各措置が適用される期間は、第2条第1項の政令の施行の日、すなわち、災害を特定大規模災害として指定する政令の施行の日を起算日としています。これは、措置や地区の追加指定がされた場合であっても、措置や地区ごとに当該措置が適用される期間が異なるものとすると、被災地における借地借家に関する法律関係に混乱が生じるおそれがあることを考慮したものです。したがって、例えば、平成X年4月1日に政令で災害を大規模災害として指定し、同日、当該政令が施行された場合には、その後、同年6月1日に措置や地区の追加指定がされたときであっても、追加指定された措置が適用される期間は、平成X年6月1日から起算するのではなく、災害を大規模災害として指定する政令の施行の日である平成X年4月1日から起算して計算することになります。

[第３条関係]

Q9　災害により建物が滅失した場合に、借地権者による借地契約の解約を認めることとしたのはなぜですか。

A　借地契約は、借地契約の目的である土地の上の建物が滅失しても当然には終了しないのが原則ですが、借地契約の更新後に借地上の建物が滅失した場合には、借地権者は、借地借家法第８条第１項に基づき、借地契約の解約の申入れをすることができます。しかし、借地契約の更新前に借地上の建物が滅失した場合や、定期借地契約の目的である土地の上の建物が滅失した場合等(注１)には、借地権者は、借地権設定者との間で借地契約を合意解約するなどしない限り、土地の地代や賃料を支払い続ける必要があります。

もっとも、大規模な災害が発生した場合には、被災した借地権者が滅失した建物を再建する資力や意欲を失うことも少なくなく、そのような借地権者に事実上利用することができない土地の地代や賃料を支払い続けさせることは相当ではないものと考えられます。また、被災地の復興という観点からも、土地が利用されずに放置されるよりも、借地権者による借地契約の解約等を認め、土地の所有者が土地を利用することが可能な状態にすることが望ましいものと考えられます。

そこで、借地契約の更新前に災害により借地上の建物が滅失した場合等であっても、借地権者による借地契約の解約の申入れ等をすることができることとしました（第３条）(注２)(注３)。

（注１）　定期借地契約は、契約の更新が予定されていないことから、借地権者は、借地借家法第８条第１項に基づき、借地契約の解約の申入れをすることはできません。その他、一時使用目的借地権が設定された借地上の建物が滅失した場合も同項に基づいて解約の申入れをすることはできないと考えられます。

（注２）　借地契約の解約「等」としているのは、借地権が地上権である場合もあり、この場合には、地上権の放棄をすることになるからです。

（注３）　第３条は、借地契約の更新前に借地上の建物が滅失した場合等に、借地権者に

よる借地契約の解約を認めるものです。したがって、借地契約の更新後に借地上の建物が滅失した場合には、借地権者は、第3条ではなく、借地借家法第8条第1項に基づいて借地契約の解約をすることとなります。第3条第1項において「（同法第8条第1項の場合を除く。）」としているのは、その趣旨です。

Q10 借地契約の解約等の特例を認める期間を１年間としたのはなぜですか。

A 借地契約の解約等の特例は、政令で定める災害により借地上の建物が滅失し、被災した借地権者が資金等の問題から滅失した建物の再築を断念して、事実上借地を利用することができなくなった場合に、借地権者を地代等の負担から早期に解放するために設けました（Ｑ９参照）。したがって、借地契約の解約等の特例を認める期間、被災した借地権者が借地契約を維持するかどうかを判断するために必要となる合理的な期間を確保する必要があります(注１)。他方で、その期間を長期間とすると、借地権設定者は、借地権者から解約の申入れ等を受ける可能性がある間は、借地契約が継続されるかどうか法的に不安定な状態に置かれることとなりますので、借地契約の解約等の特例を認める期間を合理的な範囲に制限する必要があります。

そこで、借地契約の解約等の特例を認める期間を、政令の施行の日から起算して１年間とすることとしました(注２)。

（注１） 大規模な災害が発生して住居等を失った被災者は、まずは避難所で生活し、その後、仮設住宅等に移転して生活の再建を図ることとなるのが通常であると考えられます。災害の種類や規模等によって異なりますが、例えば、阪神・淡路大震災においては、災害発生から約8.5か月後に、新潟県中越地震においては約２か月後に避難所は全て閉鎖されました（阪神・淡路大震災については兵庫県編『阪神・淡路大震災――兵庫県の１年の記録』（兵庫県知事公室消防防災課、1996）、中越地震については新潟県HP参照）。東日本大震災においては、災害が発生してから１週間後には東北三県（岩手県、宮城県、福島県）の避難所の数は1,800か所に上っていましたが、約７か月後には73か所まで減少しています（警察庁の発表資料参照）。

借地権者は、被災直後の混乱を経て、仮設住宅等に移り生活の再建に向けて検討をすることができるような段階になれば、借地契約を維持するかどうかを判断することが可能になるものと思われます。

（注２） なお、借地権者による解約の申入れ等の特例が認められる期間が経過する前後を問わず、借地権者と借地権設定者との間で、借地契約を合意解約しても差し支えありません。

Q11　借地契約の解約等の特例において、借地権は、地上権の放棄又は土地の賃貸借の解約の申入れがあった日から３か月を経過することによって消滅するとしたのはなぜですか。

A　借地権者からの地上権の放棄又は土地の賃貸借の解約の申入れがあった場合に、借地権が直ちに消滅するものとすると、借地契約が継続すると考えていた借地権設定者にとって不測の不利益となるおそれがあります。

そこで、借地契約の更新後に借地上の建物が滅失した場合における借地契約の解約の申入れ等を認めた借地借家法第８条第１項と同様に、地上権の放棄又は土地の賃貸借の解約の申入れがあった日から３か月を経過することによって借地権が消滅することとしました。

なお、地上権の放棄又は土地の賃貸借の解約の申入れがあった日から３か月を経過するまでは借地権は存続しますので、借地権者は、その期間は、土地の地代や賃料を支払う必要があります。

[第4条関係]

Q12 借地権が設定された土地が第三者に売却された場合に、借地権者は、土地を買い受けた第三者に借地権を主張することができますか。

A 借地権が設定されている土地が売買され、その旨の所有権の移転の登記がされた場合、その土地の買受人は、借地契約の当事者以外の第三者(注)に当たります。不動産に関する物権の得喪及び変更は、その登記をしなければ、第三者に対抗することができないとされていますので（民法第177条参照)、借地権者が土地の買受人に自己の借地権を主張するためには、地上権の登記（同法第177条）又は土地の賃借権の登記（同法第605条）が必要となります。また、借地借家法は、地上権又は土地の賃借権の登記がなくても、土地の上に借地権者が登記されている建物を有するときは、建物の登記をもって借地権を第三者に主張することができるとしています（同法第10条第1項)。土地に地上権又は土地の賃借権の登記をするためには、土地の所有者の協力が必要ですので、実際には、借地上の建物の登記を行う方法がとられています。

なお、借地権者が借地上に登記されている建物を有している場合において、その建物が滅失したときであっても、借地権者は、その建物を特定するために必要な事項、建物の滅失があった日及び建物を新たに築造する旨を土地の上の見やすい場所に掲示することによって、建物の滅失の日から2年間は、借地権を第三者に対抗することができます（借地借家法第10条第2項)。

(注)　借地契約の当事者である借地権設定者（例えば、土地の所有者）やその相続人は、第三者には当たりませんので、借地権者は、借地権についての対抗力なくして、自らの借地権を主張することができます。

Q13　借地権の対抗力の特例を認めることとしたのはなぜですか。

A　借地上の建物の登記をもって借地権の対抗力が認められていた場合に、借地上の建物が滅失したときは、建物の登記は無効となるため、借地権の対抗力も失われることとなります。もっとも、このような場合には、借地権者は、借地上の見やすい場所に、その建物を特定するために必要な事項、その滅失があった日及び建物を新たに築造する旨を掲示することによって、暫定的にではありますが借地権の対抗力を維持することができます（借地借家法第10条第2項）。

しかし、被災直後には、借地権者がこのような掲示をすることも困難であると考えられますし、掲示ががれき処理等の復興の妨げとなるおそれもありますから、一定期間は掲示をすることなく借地権の対抗力を認めることが相当であると考えられます。

そこで、新法においては、政令の施行の日から起算して6か月間は、掲示をすることなく借地権を第三者に対抗することができることとしています（第4条第1項）。

また、借地借家法においては、掲示による対抗力が認められる期間を滅失があった日から2年間としていますが、被災時においては、通常時に比して建物を再築するのに長期間を要するものと考えられることから、新法においては、この期間を、政令の施行の日から起算して3年間としています（第4条第2項）(注)。

なお、いずれの特例についても、「借地借家法第十条第一項の場合」であることを要件としていますから、災害により建物が滅失する前までは借地権を対抗することができた場合（すなわち、借地権者が借地上に登記されている建物を所有している場合）でなければなりません。

(注)　政令の施行の日から起算して3年を経過した後には、建物を新たに築造し、かつ、その建物につき登記をしなければなりません（第4条第2項ただし書参照）。

Q14 掲示をすることなく借地権の対抗力を認める期間（第４条第１項）を政令の施行の日から起算して６か月間としたのはなぜですか。

A 借地上の建物の登記をもって借地権の対抗力が認められていた場合に、借地上の建物が滅失したときは、借地権の対抗力が失われることになりますが、借地権者は、借地上に一定の事項を掲示することにより、暫定的に借地権の対抗力を維持することができます（Q13参照）。

もっとも、被災直後には、このような掲示をすることも困難であると考えられますし、掲示ががれき処理等の復興の妨げとなるおそれもあります。他方で、掲示をすることなく借地権の対抗力を認める期間を長期間とすると、被災地における土地取引の安全を害するおそれがあります（注１）。

そこで、借地権者の保護と、被災地における土地取引の安全とのバランスを考慮して、掲示をすることなく借地権の対抗力を認める期間を政令の施行の日から起算して６か月間としたものです（注２）。

（注１）　旧法第10条は、掲示等の公示をしなくても、政令の施行の日から５年間は、土地について権利を取得した第三者に借地権を対抗することができるものとしていました。

（注２）　災害発生後にどの程度の期間が経過すれば掲示等が可能になるかについては、災害の種類、規模等によって異なるため、一義的に言えるわけではありませんが、阪神・淡路大震災においては、災害発生から半年後には兵庫県内において倒壊した家屋の解体率が90％を超えていたとされています（財団法人兵庫県環境クリエイトセンター「災害廃棄物の処理の記録」（1997）参照）。

Q15 掲示によって借地権の対抗力を認める期間を３年間としたのはなぜですか。

A 借地借家法第10条第２項は、建物の滅失があった日から２年間は掲示による借地権の対抗力を認めるものとしています(注)。しかし、大規模な災害が発生した場合には、資材不足等から通常時に比べて建物の再築に期間を要することも少なくなく、掲示によって借地権の対抗力を認める期間を通常時よりも長くするのが相当であると考えられます。

もっとも、掲示によって借地権の対抗力が認められるのは、当該掲示と滅失した建物の登記が一体となり、いわば滅失した建物の登記の余後効として仮の対抗力を認めているものにすぎないため、その期間を長期間とすることは相当ではないものと考えられます。また、通常時はその期間が２年間とされていることや、災害以外の原因により建物が滅失した場合との均衡をも考慮する必要があります。

そこで、借地権者の保護と被災地における土地取引の安全とのバランスを考慮して、掲示によって借地権の対抗力が認められる期間を、政令の施行の日から起算して３年間としています。

(注)　借地借家法第10条第２項に定める２年間という期間は、建物の再築に要する標準的な期間を考慮して定められたものであり、建物の除去と再築に要する期間として、木造在来工法の住宅で約18週、鉄筋コンクリート造りの住宅で14か月ないし17か月が標準的であるとされています（寺田逸郎「新借地借家法の解説⑷」NBL494号31頁（1992））。

Q16　第4条第2項の掲示においては、どのような事項を掲示する必要がありますか。

A　第4条第2項においては、借地権者は、滅失した建物を特定するために必要な事項及び建物を新たに築造する旨を土地の上の見やすい場所に掲示しなければならないとしています。具体的には、滅失した建物の所在、その家屋番号、その建物の種類、構造、床面積、所有者等（不動産登記法第44条参照）のほか、政令施行の日から起算して3年間が経過するまでに建物を新たに築造する旨(注1)を掲示する必要があります(注2)。

なお、具体的な掲示例は、次頁のようなものが考えられます。

（注1）　新たに築造する建物の規模等の具体的な計画まで記載する必要はありません。

（注2）　借地借家法第10条第2項は、同項による対抗力が認められる期間を「滅失があった日から2年間」としており、その起算点を明らかにするため「滅失があった日」をも掲示しなければならないものとしています。これに対し、第4条第2項は、同項による対抗力が認められる期間を「政令の施行の日から起算して3年間」としており、政令の施行の日は公的に明らかといえるため、「滅失があった日」を掲示することまでは求めていません。ただし、借地権の対抗力について争いが生じ、裁判所において建物の滅失が災害によるものではないものと判断された場合には、第4条第2項によっては借地権の対抗力を主張することができないことになります。そこで、このような事態に備えるために、「滅失があった日」をも掲示しておくことによって、第4条第2項によって借地権の対抗力を主張することができなくとも、借地借家法第10条第2項によって借地権の対抗力を主張することができるようにしておくことが望ましいものと考えられます。

[掲示例]

この土地については、(1)の者が借地権を有しており、その上に(2)の建物が建っていましたが、(災害の名称) により、(3)の日に滅失しました。

借地権者は、大規模な災害の被災地における借地借家に関する特別措置法第2条第1項の特定大規模災害として (災害の名称) を指定する政令の施行の日 (平成○年○月○日) から3年が経過する日までに建物を新たに建築する予定ですので、同法第4条第2項の規定に基づき、ここに掲示をします。

(1)　住所・氏名

(2)　滅失した建物の表示
　　所在・家屋番号・種類・構造・床面積

(3)　建物が滅失した日
　　平成○年○月○日

Q17

借地権の対抗力の特例に関する措置（第４条）が政令で指定される前に、借地権の目的である土地が売買された場合には、借地権者は、その土地の買受人に借地権を対抗することはできますか。

A　借地権の対抗力の特例に関する措置（第４条）は、当該措置を定める政令が施行された日以後に適用され、政令の施行日より前に借地権の目的である土地が売買された場合には適用がありません。したがって、借地上の建物が滅失した後、一定の事項の掲示（借地借家法第10条第２項参照）がされる前に借地権の目的である土地が売買されたときは、借地権者は、当該土地の買受人に借地権を対抗することができません。

もっとも、被災直後に、借地上の建物が滅失していることを奇貨として借地権の目的である土地の取引が行われたような場合には、当該土地の買受人は、借地権の対抗力がないことを主張する正当な利益がない、いわゆる背信的悪意者に当たるなどとして、借地権者は、当該買受人に対して、借地権を対抗することができることもあると考えられます。

Q18

借地権の対抗力の特例に関する措置が政令で指定される前に、借地権者が借地借家法第10条第2項の掲示をしていた場合には、借地権の対抗力はどうなるのですか。改めて掲示をしなおさなければならないのですか。

A　借地権の対抗力の特例に関する措置が政令で指定された場合には、当該政令の施行の日から起算して6か月間は掲示をしなくとも対抗力が認められる（第4条第1項）こととなりますが、借地借家法第10条第2項の掲示によって借地権の対抗力を維持することも差し支えありません。

また、借地借家法第10条第2項の規定により掲示すべき事項は、新法第4条第2項により掲示すべき事項を包含していますので、借地借家法の規定による掲示をしていた場合には、借地権の対抗力の特例に関する措置が政令で指定されたときは、当然に新法第4条第2項の掲示をしていることになります。したがって、借地権者は、改めて掲示をせずとも、同項に基づいて、政令の施行の日から起算して3年間は、借地権の対抗力が認められます。

Q19

第三者に対抗することができる借地権の目的である土地が売買の目的物である場合について、民法第533条、第566条第1項及び第3項の各規定を準用（第4条第3項、第4項）しているのはなぜですか。

A　借地借家法は、借地権の登記に代えて、建物の登記（同法第10条第1項）や掲示（同法第10条第2項）をもって借地権の対抗力を認めています。借地権の目的である土地の買主は、建物の登記や掲示を通じて借地権の存在を知り得るとしても、借地権の内容を知り得る十分な手段を有しておらず、後に借地権を対抗されて土地の使用収益ができなくなり、売買の目的を達することができなくなることもあります。そこで、借地借家法は、このような土地の買主を保護するために、売主の担保責任の規定（民法第566条第1項、第3項）を準用しています（借地借家法第10条第3項）。借地借家法第10条第3項の趣旨は、第4条第1項及び第2項の規定によって第三者に対抗することができる借地権の目的である土地が売買された場合にも当てはまりますから、借地借家法第10条第3項と同様に、売主の担保責任の規定を準用することとしました。

また、売主の担保責任として借地権の目的である土地の売買契約が解除された場合には、売主と買主は相互に原状回復義務を負いますが、この相互の債務は借地借家法第10条第4項と同様に、同時履行の関係に立つものとすることが相当であると考えられることから、第4条第4項において、民法第533条を準用することとしています。

[第5条関係]

Q20　借地上の建物が災害により滅失した場合に、借地権者の申立てにより、裁判所が、土地の賃借権の譲渡又は転貸について、借地権設定者の承諾に代わる許可を与えることができるものとしたのはなぜですか。

A　民法上、土地の賃借権の譲渡又は転貸をするには、賃貸人の承諾が必要とされています（同法第612条）。

また、借地権者が借地上の建物を第三者に譲渡しようとする場合については、借地権者の申立てにより、裁判所は、借地権設定者の承諾に代わる許可を与えることができる（借地借家法第19条）ものとされておりますが、借地上の建物が滅失した場合には、このような制度は設けられていません。

もっとも、大規模な災害が発生して借地上の建物が滅失した場合には、借地権者が、滅失した建物を再築する資力や意欲を失うことも少なくありません。また、新法においては、借地契約の解約等の特例（第3条）を設けていますが、土地の賃借権の譲受けや転借を希望する者がいる場合には、借地契約を解約するのではなく、土地の賃借権の譲渡又は転貸をした上で、投下資本の回収を図ることが合理的であると考えられます。さらに、建物を再築する資力や意欲がない借地権者を借地契約に拘束するよりも、その意欲がある者が土地を使用することができるようにすることは、被災地の復興という観点からも望ましいものと考えられます。

そこで、借地上の建物が災害により滅失した場合に、借地権者が土地の賃借権を第三者に譲渡し、又はその土地を第三者に転貸しようとする場合であって、その第三者が賃借権を取得し、又は転借をしても借地権設定者に不利となるおそれがないにもかかわらず、借地権設定者がその賃借権の譲渡又は転貸を承諾しないときは、裁判所は、借地権者の申立てにより、土地の賃借権の譲渡又は転貸について、借地権設定者の所有者の承諾に代わる許可を与えることができるものとしました（第5条）。

Q21

第三者が土地の賃借権を取得し、又は転借をしても借地権設定者に「不利となるおそれ」がないかどうかはどのように判断されるのですか。また、この判断に当たっては、再築される建物がどのようなものかということも考慮されるのですか。

A　土地の賃借権の譲渡又は転貸の許可の特例は、第三者が土地の賃借権を取得し、又は転借をしても借地権設定者（土地の所有者等）に「不利となるおそれ」がないにもかかわらず、借地権設定者がこれを承諾しない場合にのみ認められるものです（第5条第1項）。

「不利となるおそれ」がないかどうかは、譲受人となる予定の第三者の資力(注)や人的信頼性等が考慮されることになります。また、再築される建物がどのようなものになるかということは、借地権設定者にとって重要な関心事の一つになるものと考えられますし、再築される建物がどのようなものになるのかによって借地条件を変更する必要があるかどうかも変わり得ることなどに照らすと、一般的には、「不利となるおそれ」がないかどうかの判断に当たって、再築される建物がどのようなものかということも考慮されることになるものと考えられます。

そこで、土地の賃借権の譲渡等をしようとする借地権者が、裁判所に、これに関する資料を提出したり、譲受人となる予定の第三者が裁判手続に利害関係参加（第5条第2項において準用する借地借家法第4章及び非訟事件手続法第21条参照）したりすることによって、再築される建物がどのようなものかを明らかにする必要があるものと考えられます。

（注）　土地を転貸する場合には、転貸後も借地人（転貸人）は賃料の支払義務を負い続けることから、譲受人となる予定の第三者の資力は基本的には問題とならないものと考えられます。

Q22

土地の賃借権の譲渡又は転貸の許可の特例において、当事者間の利益の衡平を図るため必要があるときは、裁判所は、賃借権の譲渡又は転貸について財産上の給付に係らしめることができるとされていますが、その給付額はどのようにして定まるのですか。

A　土地の賃借権の譲渡又は転貸の許可の特例においては、借地借家法上の土地の賃借権の譲渡又は転貸の許可の裁判（同法第19条第1項）と同様に、裁判所は、賃借権の譲渡又は転貸の許可の裁判をするに当たり、当事者間の利益の衡平を図るため必要があるときは、譲渡又は転貸を条件とした財産上の給付等を付随的に命じることができるものとしています（第5条第1項）。この付随裁判は、裁判所の職権事項とされており、当事者からの申立ては不要です。

財産上の給付を命じる付随裁判をするかどうか、その給付額をどのように算定するかについては、賃借権の残存期間、借地に関する従前の経過、賃借権の譲渡又は転貸を必要とする事情その他一切の事情を考慮することになっています（第5条第2項において準用する借地借家法第19条第2項）。

借地借家法上の土地の賃借権の譲渡又は転貸の許可においては、借地権価格を定めた上で、それに一定率（10％前後が標準的といわれています）を乗じて給付額を定めている例が多いようです。土地の賃借権の譲渡又は転貸の許可の特例においても、借地借家法第19条と同様の判断枠組みであることから、同様の取扱いがされることが考えられます。

なお、裁判所は、鑑定委員会の意見書を参酌しながら、財産上の給付額を決定することになると考えられます（Q23参照）。

Q23　第5条第2項において、借地借家法第19条第2項から第6項まで及び第4章の規定が準用されていますが、それぞれどのようなことが定められているのですか。

A　土地の賃借権の譲渡又は転貸の許可の特例に関する手続等については、借地借家法上の土地の賃借権の譲渡又は転貸の許可に関する手続等と同様のものとすることが相当であると考えられます。そこで、第5条第2項においては、借地借家法第19条第2項から第6項までを準用するとともに、裁判手続について、いわゆる借地非訟事件の手続に関する規定（同法第4章）を準用することにしています。具体的には、以下のとおりです。

1　借地借家法第19条第2項の準用

裁判所は、土地の賃借権の譲渡又は転貸の許可についての裁判をするに当たっては、賃借権の残存期間、借地に関する従前の経過、賃借権の譲渡又は転貸を必要とする事情その他一切の事情を考慮しなければならないものとしています。

2　借地借家法第19条第3項から第5項の準用

土地の賃借権の譲渡又は転貸の許可の申立てがあった場合において、借地権設定者が自ら賃借権の譲渡又は転貸を受ける旨の申立てをすることができること等としています。

3　借地借家法第19条第6項の準用

土地の賃借権の譲渡又は転貸の許可についての裁判をするに当たっては、特に必要がないと認める場合を除き、鑑定委員会(注1)の意見を聴かなければならないものとしています。

4　借地借家法第4章の準用

土地の賃借権の譲渡又は転貸の許可の特例に関する裁判手続は、原則として、借地権の目的である土地の所在地を管轄する地方裁判所が管轄することになります（同法第41条）。

また、原則として非訟事件手続法の手続によるものとして、簡易迅速な解決を可能としつつも、借地非訟事件の紛争性の高さに鑑みて同法の特則が設けられています（借地借家法第42条以下）(注2)。

（注1）　鑑定委員会は、3人以上の委員で組織され、事件ごとに、①地方裁判所が特別の知識経験を有する者その他適当な者の中から毎年あらかじめ選任したものや②当事者の合意によって選定した者から選ばれます（借地借家法第47条第1項、第2項）。特別の知識経験を有する者その他適当な者としては、弁護士、不動産鑑定士等が考えられます。

（注2）　非訟事件の手続は、①職権探知主義が採られている、②審問は原則として非公開である、③簡易な手続により事件の迅速処理が図られている、といった点において、訴訟手続とは異なっています。

他方で、借地非訟事件は、事件の紛争性が高く、当事者に攻撃防御の機会を保障する必要性が高いことから、裁判所は、審問期日を開き、当事者の陳述を聞かなければならないとするなど（借地借家法第51条第1項）の特則が設けられています。

なお、借地非訟事件に関しては、借地非訟事件手続規則が設けられているほか、鑑定委員となるべき者の選任等に関し、鑑定委員規則が設けられており、土地の賃借権の譲渡又は転貸の許可の特例に関しても、これらの最高裁判所規則によることとなります（借地非訟事件手続規則第24条、鑑定委員規則第1条参照。なお、新法の施行に伴い、借地非訟事件手続規則及び鑑定委員規則の一部を改正する規則（平成25年最高裁判所規則第3号）が制定されました）。

Q24　土地の賃借権の譲渡又は転貸の許可の特例を認める期間を政令の施行の日から起算して１年間としたのはなぜですか。

A　土地の賃借権の譲渡又は転貸の許可の特例は、政令で定める災害により借地上の建物が滅失し、被災した借地権者が資金等の問題から滅失した建物の再築を断念して、事実上借地を利用することができなくなった場合に、借地権者に地代等の負担を減免させるとともに投下資本を回収することができるようにするために設けました（Q20参照）。したがって、土地の賃借権の譲渡又は転貸の許可の特例を認める期間は、借地権者による土地の賃貸借の解約等の特例と同様に、借地権者が借地契約を維持すべきかどうかを判断するのに必要となる合理的期間が確保される必要があります。他方で、借地権者が変更になる可能性がある状態が長期間続くことは借地権設定者の法的地位を不安定にするため相当ではなく、土地の賃借権の譲渡又は転貸の許可の特例を認める期間を合理的な期間に制限する必要があります。

この制度は、被災した借地権者が今後の生活を見通して借地契約を維持するかどうかを判断するという点で借地権者による解約等の特例（第３条）と同様の趣旨が当てはまりますから、土地の賃借権の譲渡又は転貸の許可の特例を認める期間については、同一の期間制限を設けることが相当であると考えられます。

そこで、土地の賃借権の譲渡又は転貸の許可の特例を認める期間を政令の施行の日から起算して１年間としました。

[第7条関係]

Q25　被災地において短期の借地権（被災地短期借地権）の設定を可能とする制度を創設することとしたのはなぜですか。

A　大規模な災害が発生した直後において、地域の復興の方針が定まらない段階では、仮設住宅や仮設店舗などの暫定的な土地利用に対する需要が高まるものと考えられます。また、このような暫定的な土地利用が活用されることによって、被災地における復興に向けた活動も活性化され、早期の復興に資する効果を期待することができます。

このような暫定的な土地利用のために、一時使用目的借地権（借地借家法第25条）の活用も考えられます。しかしながら、近時の仮設住宅や仮設店舗の中には相当堅固な構造を有するものも存在し、「一時使用のために借地権を設定したことが明らか」であるとまでは必ずしもいえない場合もあり、後に一時使用目的借地権の要件を満たさないと裁判所において判断された場合には、借地権の存続期間や法定更新等に関する借地借家法の強行規定の適用を受けることとなります。被災地においては、法律関係の簡明性が特に求められると考えられますが、このような一時使用目的借地権の法的性質に鑑みれば、土地の所有者が一時使用目的借地権を設定することに躊躇し、結果として暫定的な土地利用の需要に応えられないことになりかねません。

そこで、被災地において、確定的に短期で終了する借地権の設定を可能とするために、借地借家法上認められているものとは異なる特別の類型の借地権（被災地短期借地権。第7条）を設けることとしました(注1)(注2)。

（注1）　借地権とは、建物の所有を目的とする地上権又は土地の賃借権をいいます（借地借家法第2条第1号）。そこで、建物所有以外の目的で地上権や土地の賃借権を設定する場合については、借地借家法の適用はありません。

具体的には、建物を建てずに、資材置き場として利用するために土地を借りるような場合には、借地借家法の適用はなく、存続期間についても、民法の規定によることとなります（民法第604条参照）。

（注2）　被災地短期借地権の特例措置が適用となった地域であっても、一時使用目的借

地権の設定が妨げられるものではありません（なお、被災地短期借地権と一時使用目的借地権の関係について Q32 参照）。

Q26　被災地短期借地権は、どのような借地権ですか。契約の更新等の借地借家法の規定の適用はありますか。

A　被災地短期借地権は、政令で指定された地域において設定することができる短期の借地権であり、具体的には次のとおりです。

①　存続期間

借地借家法においては、借地権の存続期間は、原則として30年以上とされていますが、被災地短期借地権の存続期間は5年以内としています。

②　契約の更新等

借地借家法においては、借地権の存続期間が満了した場合であっても、借地権者が更新を請求したときは、借地権設定者は、正当な事由がある場合でなければ、借地契約の更新を拒絶することができず（同法第6条）、また、借地権者が借地権の存続期間の満了前に残存期間を超えて存続すべき建物を再築した場合には、借地権設定者が異議を述べない限り、借地権の存続期間が延長される（同法第7条）こととされています。

しかし、被災地短期借地権は、大規模な災害の被災地における暫定的な土地の利用の需要に応えるために創設されたものですから、建物の存続保障を図るという借地借家法の趣旨を貫徹させるのは相当ではないと考えられます。

そこで、被災地短期借地権を設定するに当たっては、契約の更新がなく、建物の築造による存続期間の延長がないこととする旨を定めることができることとしています。

③　設定可能期間

被災地短期借地権は、被災地特有の暫定的な土地利用の需要に応えるために借地借家法上の借地権とは異なる特別の類型の借地権ですから、その設定をすることができる期間が制限される必要があります。そこで、被災地短期借地権は、政令施行の日から起算して2年が経過するまでの間に設定をすることができることとしています（Q27参照）。

④　書面性の要件

被災地短期借地権の設定は、公正証書による等書面によってしなければならないこととしています（Q31 参照）。

Q27 被災地短期借地権の設定可能期間を政令施行の日から起算して2年間としたのはなぜですか。

A 被災地短期借地権は、大規模な災害の被災地において、仮設住宅、仮設店舗等の暫定的な土地の利用の需要に応えるために、被災地に限って認められる特別の短期の借地権であり、復興がある程度進み、土地利用に対する需給関係が通常時とは異ならない状況となった場合には、このような短期の借地権の設定を認める必要性は乏しくなり、借地借家法の規律に委ねることが相当であると考えられます。

具体的には、災害発生から2年が経過した段階においては、個別の都市計画決定も定まり、地域の土地がどのように利用されるのか等の見通しもつく状況になっていることが想定されることから(注)、災害発生から2年が経過した日以降は、通常時の借地借家法の規律に委ねるのが相当であると考えられます。

そこで、被災地短期借地権の設定可能期間を、政令の施行の日から起算して2年間とすることとしました。

（注）　例えば、被災市街地復興特別措置法は、都市計画区域内において、大規模な火災、震災その他の災害により当該区域内において相当数の建築物が滅失したこと等所定の要件を満たす地域について、都市計画に市街地復興推進地域を定めることができるものとし（被災市街地復興特別措置法第5条第1項）、市街地復興推進地域については、災害の発生した日から最大2年間、建築制限を行うことを認めています（同条第2項、第3項、同法第7条第1項）。

Q28 被災地短期借地権の存続期間の上限を５年としたのはなぜですか。

A 被災地短期借地権は、大規模な災害の被災地において、仮設住宅や仮設店舗等の暫定的な土地利用に対する需要の増大が見込まれることから、このような需要に的確に応えるために創設することとしたものであり、その存続期間の上限は、このような制度趣旨に照らして定めたものです。

具体的には、被災地短期借地権の存続期間を余り長い期間としてしまうと、被災地短期借地権の暫定性が乏しくなり、土地の所有者としては、借地権を設定することを躊躇するおそれがあります。他方で、存続期間の上限を余り短い期間としてしまうと、借地権の設定を受けようとする者の暫定的な土地利用の需要に応えられなくなります。

そこで、このような土地の所有者と借地権の設定を受けようとする者との利害のバランスを考慮し、被災地短期借地権の存続期間の上限を５年としました[(注１)(注２)]。

（注１）　阪神・淡路大震災においては、震災が発生してからおよそ５年後に仮設住宅から入居者が全て退去していたとされており（法制審議会被災関連借地借家・建物区分所有法制部会第４回会議参考資料７）、このことからすれば、被災地における短期の借地権が活用される期間としては５年が一定の基準となると考えられます。

（注２）　民法上、樹木の植栽又は伐採を目的とする山林の賃貸借以外の土地の賃貸借については、処分につき行為能力の制限を受けた者又は処分の権限を有しない者であっても、５年以内であれば、賃貸借をすることが認められています（同法第602条第２号）。これは、存続期間が５年以内であれば、土地を長期間にわたり拘束するとはいえず、土地の処分に当たらないと評価することができることによるものです。被災地短期借地権は、被災地における土地の暫定的な利用の需要に応えるために創設するものですから、その存続期間としては、長期間にわたり土地を拘束しないものとして、民法上の短期賃貸借の期間とされる５年以内とすることが合理的であると考えられます。

Q29 被災地短期借地権の存続期間が満了した場合、借地上に建てられた建物はどうすればよいですか。

A 借地借家法においては、借地契約の存続期間が満了した場合において、契約の更新がないときは、借地権者が、借地権設定者に対して、借地上の建物を買い取るべきことを請求することができる権利（建物買取請求権）を認めています（同法第13条）。

他方、被災地短期借地権は、被災地における暫定的な土地利用の需要に応えるとともに、暫定的な土地利用が活用されることにより被災地の早期の復興にも資することから設けられた特別の類型の借地権です。このような被災地短期借地権が創設された趣旨に加え、被災地短期借地権が十分に活用されるためには、土地の所有者が、建物買取請求権の行使による将来の負担をおそれて、借地権の設定を躊躇することのないようにする必要があります。また、借地権者としても、暫定的な土地利用権であることを前提として撤去の容易な建物を建築することが想定されますから、建物買取請求権による保護の必要性は低いものと考えられます。

以上を踏まえ、被災地短期借地権については、借地借家法の建物買取請求権に関する規定を適用しないこととしています（第7条2項）(注)。

したがって、借地権者は、存続期間が満了した場合には、当事者間に別段の合意がない限り、借地上の建物を撤去した上で借地権設定者に土地を明け渡す必要があります。

（注）　被災地短期借地権が被災地における暫定的な土地の利用のために認められた借地権であることから、被災地短期借地権には、借地条件の変更及び増改築の許可（借地借家法第17条）の規定も適用しないこととしています。

Q30 被災地短期借地権の存続期間が満了した後も、借地関係を継続するためにはどうすればよいですか。

A 被災地短期借地権は、当事者が合意により契約を更新しない旨を定めることをその要件としています。したがって、存続期間が満了した場合には、借地契約は終了することになり、後に当事者が合意をした場合であっても、契約を更新することはできません。

もっとも、存続期間の満了後に、当事者の合意によって、被災地短期借地権の目的となった土地について新たに借地権を設定することは妨げられません。その場合には、借地借家法の定めるところにより、改めて借地契約を締結することとなります。

また、被災地短期借地権の存続期間の上限である５年の範囲内で、当初に設定された存続期間を当事者の合意により変更することは可能であり、例えば、存続期間を３年として被災地短期借地権を設定した場合に、この存続期間を１年延長して、４年間の存続期間とする被災地短期借地権に変更することは差し支えありません。

Q31　被災地短期借地権の設定を目的とする契約を、公正証書による等書面によってしなければならないものとしたのはなぜですか。

A　被災地短期借地権は、被災地において、存続期間を5年以下とし、かつ、契約の更新及び建物の築造による存続期間の延長がないことをその要件とする特別の類型の借地権であり、後日の紛争を防止するために、当事者間において被災地短期借地権の内容を十分に理解した上で借地権の設定をすることが望まれるため、契約を書面によってすることが相当であると考えられます。

また、このような観点からは、公証人によって作成される公正証書によって契約を締結することが望ましいところではありますが、被災地における公正証書の作成には、公証役場へのアクセスその他種々の困難を伴うことが想定されるところですので、必ず公正証書によらなければならないものとすることは相当ではないと考えられます。

そこで、被災地短期借地権の設定については、書面によらなければならないこととした上で、条文上、書面の例示として公正証書を挙げることとしています(注)。

(注)　被災地短期借地権のほかに、借地権の設定契約を「公正証書による等書面によってしなければならない」こととしている例として、定期借地権（借地借家法第22条）があります。

Q32 被災地短期借地権は、借地借家法第25条の一時使用目的借地権とどのような点で異なるのですか。

A 借地借家法第25条は、「臨時設備の設置その他一時使用のために借地権を設定したことが明らかな場合」には、短期の借地権の設定を可能としています。この一時使用目的借地権と被災地短期借地権（第7条）とは、短期の借地権であること、法定更新等の借地借家法の強行規定の適用が排除されていること等の点においては、同様です(注)。

もっとも、一時使用目的借地権と被災地短期借地権は、次の点において異なります。

① 一時使用目的借地権は、被災地に限らず、常に設定が可能であるのに対し、被災地短期借地権は、政令で指定する地区において、政令の施行の日から起算して2年間に限り設定することが可能です。

② 一時使用目的借地権は「臨時設備の設置その他一時使用のために借地権を設定したことが明らかな場合」に設定が可能であるのに対し、被災地短期借地権は借地権の設定の目的を問いません（Q25参照）。

③ 一時使用目的借地権は借地契約の更新をすることができますが、被災地短期借地権は更新をすることができません（Q26参照）。

④ 一時使用目的借地権の設定は必ずしも書面による必要はありませんが、被災地短期借地権においては公正証書による等書面によらなければならないものとしています（Q31参照）。

（注） 新法を適用するための政令が施行された場合であっても、借地借家法上の一時使用目的借地権の設定が妨げられるわけではありません。そのため、被災地短期借地権を設定するための要件を満たす借地権が設定された場合、被災地短期借地権と一時使用目的借地権のいずれが設定されたことになるのかが不明確となるおそれがあります。そこで、第7条第2項は、被災地短期借地権の設定要件を満たす場合には、借地借家法第25条は適用しないこととすることにより、被災地において被災地短期借地権を設定するための要件を満たす借地権が設定された場合には、一時使用目的借地権ではなく、被災地短期借地権として扱われることを明らかにしています。

なお、第7条第2項は、一時使用目的借地権について定める借地借家法第25条とは異なり、同法第3条から第8条までと第18条について明文で適用を除外していません。これは、存続期間が5年以下とされ、更新することができない被災地短期借地権については適用される余地がないため、明文で適用を除外する旨を定める必要がないことによるものであって、被災地短期借地権について、これらの条文が適用される趣旨ではありません。

［第８条関係］

Q33　従前の賃借人に対する通知制度とは、どのような制度ですか。

A　災害により賃貸借契約の目的となっている建物が滅失した場合には、賃貸借契約は終了するものと解され、滅失した建物（旧建物）があった場所に建物が再築されたとしても、旧建物の賃借人（従前の賃借人）は、新たに築造する建物を賃貸するよう請求する権利があるわけではありません。

従前の賃借人に対する通知制度は、災害により建物が滅失した後、滅失した建物の賃貸人（従前の賃貸人）が建物を再築した場合に、従前の賃貸人が新たに築造する建物について再度賃貸しようとするときは、従前の賃貸人と賃借人との間で賃貸借契約の締結に向けた任意の交渉を促すために、従前の賃貸人は、従前の賃借人のうち所在が分かっている者に対し、その旨を通知しなければならないとするものです。

Q34 災害により建物が滅失した後、従前の賃貸人が建物を再築して賃貸しようとする場合に、従前の賃借人に対してその旨を通知することとしたのはなぜですか。

A 旧法においては、災害によって滅失した建物の賃借人（使用貸借にあっては使用借主を含む）は、滅失した建物があった敷地に建物が再築されたときは、当該建物の所有者に対し、他の者に優先して、相当な借家条件で、その建物を賃借する旨の申出をすることができ、申出の相手方は、正当な事由がない限りはこれを拒むことができないとする優先借家権制度（旧法第14条）が設けられていました。

しかし、優先借家権制度に対しては、自らも被災者であることも少なくない従前の賃貸人に対して過重な義務を負わせるものであって、建物の再築が躊躇されるおそれがあるなどの問題点が指摘されていました(注)。また、被災した建物の賃借人の住居等の確保のためには私人間の権利調整によらざるを得なかった立法当時とは異なり、大規模な災害時には仮設住宅や公営住宅等の公的支援が充実しつつあることも踏まえる必要があります。

そこで、新法においては、このような優先借家権制度は廃止することとしましたが、従前の賃貸人に過重な義務を負わせることなく建物の賃借人の保護を図るという観点から、災害により建物が滅失した後、従前の賃貸人が建物を再築し、再度賃貸しようとする場合には、従前の賃借人のうち所在が分かっている者に対し、その旨を通知することとして、従前の賃貸人と賃借人との間で新たに築造する建物の賃貸借契約の締結に向けた任意の交渉を促すこととしました。

この通知制度が設けられることにより、従前の賃借人は、従前の賃貸人との間で賃貸借契約の締結に向けた交渉の機会を得ることができ、建物が再築されることを知らないまま、従前の居住場所に戻る機会を逸してしまう事態を防ぐことに資するものと考えられます。そして、従前の賃借人が再築された建物に戻ることは、コミュニティの維持につながり、ひいては被災地の健全な復興に資するといった意義があるものと考えられます。

（注）　阪神・淡路大震災において旧法を適用した際、優先借家権制度については、新築の建物となるために従前と比較して賃料が高額となり、経済的負担が大きくなることなどの理由から、余り活用されなかったとの指摘がされました。また、優先借家権制度が住居等を失った建物の賃借人の保護として機能するのではなく、優先借家権の放棄の対価を要求するための手段として利用されたにすぎなかったという指摘もあります。

なお、優先借家権を維持することの問題点については、後掲資料1「罹災都市借地借家臨時処理法改正研究会報告書」24頁以下参照。

Q35　従前の賃借人に対する通知制度（第８条）においては、誰が通知をしなければなりませんか。

A　従前の賃借人に対する通知制度（第８条）は、政令で定める大規模な災害により賃借権の目的である建物（旧建物）が滅失した場合において、旧建物の滅失の当時における旧建物の賃貸人（従前の賃貸人）が、通知をしなければならないものとしています。

このように従前の賃貸人のみが通知をしなければならないものとしたのは、

①　従前の賃借人に対する通知制度は、災害という偶然の事情により、従前の賃借人は建物を使用収益することができる権利を失う一方で、従前の賃貸人はその義務を免れることとなるという、従前の賃借人と賃貸人との関係を踏まえて創設することとしたこと、

②　従前の賃貸人以外の者に通知をする義務を負わせるとすれば、旧建物があった土地を買い受けるなどして建物を再築しようとする第三者が不測の不利益を受けるおそれがあること

によります。

Q36 災害により建物が滅失したことを契機に従前とは全く異なる用途の建物を再築する場合にも、従前の賃借人に対して通知をしなければならないのですか。

A 災害により建物が滅失する前までは居住用アパートとして使用されていたところ、建物の滅失を契機に倉庫として利用するための建物を建築する場合など、従前とは異なる用途で使用する建物を再築する場合には、従前の賃借人に対してその旨を通知すべき必要性は乏しいものといえます。

そこで、従前の賃借人に対する通知制度においては、「滅失の直前の用途と同一の用途」の建物を再築する場合に、通知をすることとしています。

この要件に該当するか否かは、滅失の直前の用途と、再築する建物の用途が、住居、店舗、事務所、工場、倉庫その他の用途の区分に応じて、同一か否かによって判断することとなりますが、賃借することができる部屋の個数や間取り等についてまで同一である必要はありません。なお、従前、住居として使用していた建物について、住居兼店舗として再築する場合にも、住居としての用途に用いているという点において、同一の用途に当たるものと考えられます。

Q37　従前の賃借人に対する通知制度において、従前の賃貸人は、いつ通知をしなければならないのですか。

A　従前の賃借人に対する通知制度においては、政令の施行の日から起算して３年以内に従前の賃貸人が賃貸借契約の締結の勧誘をしようとするときに、遅滞なく従前の賃借人に通知をしなければならないものとしています。

「賃貸借契約の締結の勧誘をしようとするとき」とは、賃貸借契約の締結の勧誘に向けた具体的な行動をとるときを意味し、例えば、不動産会社に広告の依頼をするような場合がこれに当たります。なお、不特定多数の者に募集を行う場合のみならず、個別に賃貸借契約の締結の勧誘をしようとするときも、この要件に該当することになります。

また、「遅滞なく」通知をすることとしていることから、賃貸借契約の締結の勧誘に向けた具体的な行動をとろうとしたときから、合理的な期間内に通知をすれば足り、例えば、不動産会社に依頼した賃貸募集の広告がされる前までに従前の賃借人に対する通知を終えなければならないというものではありません。もっとも、この制度により従前の賃借人の保護を図ろうとした趣旨に照らすと、できる限り早期に通知をすることが望ましいものと考えられます。

Q38 従前の賃借人に対する通知制度において、従前の賃貸人は、誰に対して通知をしなければならないのですか。

A 従前の賃借人に対する通知制度においては、旧建物を自ら使用していた賃借人（転借人を含み、一時使用のための賃借をしていた者を除く）のうち知れている者に対し、通知をしなければならないものとしています。その理由は、次のとおりです。

そもそも、従前の賃借人に対する通知の制度は、建物の滅失の当時自ら建物を使用していた賃借人に対し、新たに築造する建物について賃貸募集がされる旨を通知することにより、従前の賃貸人と賃借人との間で新たに築造する建物の賃貸借契約の締結に向けた交渉を促し、従前の賃借人に従前居住等をしていた場所に戻る機会を保障しようとしたものであり、建物を転貸するなどしていて自らは使用していなかった者や一時使用のための賃借をしていた者にすぎない者についてまで、このような保護を与える必要性は乏しいものと考えられます。そこで、旧建物を「自ら使用していた賃借人（転借人を含み、一時使用のための賃借をしていた者を除く。）」に対して通知をすることとしています(注1)。

また、大規模な災害が発生した場合には、従前の賃借人の所在が分からなくなることも少なくないものと考えられるところ、それにもかかわらず常に通知をしなければならないものとすることは、従前の賃貸人に過重な義務を負わせることになります。そこで、従前の賃借人に対する通知制度においては、従前の賃借人のうち、「知れている者」に対して通知をすることとしています。具体的には、従前の賃貸人が賃貸借契約の締結の勧誘をしようとするときに所在が分かっている者に通知すれば足り、従前の賃貸人に従前の賃借人の所在を調査する義務を負わせているものではありません(注2)。

（注1）　建物の滅失の当時、その建物を転借人が使用していた場合には、転借人に通知をする必要があり、かつ、それで足りることとなります。

また、飽くまでも自ら使用していた賃借人に対して通知をする必要がありますので、当該賃借人が亡くなった場合には、その相続人に対して通知する必要まではありません。

（注2）　例えば、不動産会社に広告を依頼した後に、従前の賃借人の所在が判明したよ

うな場合であっても、その時点において、なお賃貸借契約の締結の勧誘を続けているとき（例えば、賃貸することができる部屋が残っており、広告を掲載しているようなとき）については、「賃貸借契約の締結の勧誘をしようとするとき」に該当するものとして、所在が新たに判明した従前の賃借人に通知をする必要があるものと考えられます。

Q39 従前の賃借人に対する通知をしなければならない期間を３年間としたのはなぜですか。

A 従前の賃借人に対する通知をしなければならない期間について、これを余りにも短期とすると、建物の再築が行われないままに通知をしなければならない期間が経過することが多くなり、制度を設ける意義が乏しいものとなります。

他方で、災害発生から時間が経過すればするほど、従来居住等をしていた場所に戻るべき必要性が薄れていくものと考えられますし、長期間通知をしなければならないとすることは従前の賃貸人にとって過重な負担ともなり得ます。

そうすると、従前の賃借人に対する通知をしなければならない期間は、大規模な災害が発生した場合において一般的に建物が再築されるのに必要な期間とすることが相当であると考えられるところ、このように建物の再築に要する期間を考慮する必要がある点においては、掲示によって借地権の対抗力を認める期間（第４条第２項）と共通します。

そこで、従前の賃借人に対する通知をしなければならない期間を、政令の施行の日から起算して３年間としています。

Q40　従前の賃借人に対する通知を怠った場合にはどうなりますか。

A　従前の賃借人に対する通知を怠った場合には、従前の賃貸人に対する損害賠償責任が問題になります（民法第709条）。

従前の賃借人に対する通知が履行されなかったことによる損害としては、高額の賃料の物件を他に賃借せざるを得なくなった場合における賃料の差額、別の賃貸物件を探すために要した追加費用等のほか、精神的損害も考えられるところですが、新法第8条は従前の賃貸人に対して従前の賃借人との間で賃貸借契約を締結する義務を課すものではありませんので、その損害の発生と通知を怠ったこととの間に因果関係が認められるかについては、検討が必要になります。

［附則関係］

Q41 旧法の廃止により、旧法の規定により形成された法律関係について影響はありますか。

A 附則第2条においては、旧法等を廃止することとしています。

これに伴い、接収不動産に関する借地借家臨時処理法が旧法の規定を準用する部分については、旧法の廃止後もなおその効力を有するものとしています（附則第3条）(注1)。

また、旧法の廃止前に形成された法律関係については、旧法の廃止後もなお従前の例によることとしています（附則第4条）(注2)(注3)。

（注1）　具体的には、接収不動産に関する借地借家臨時処理法第20条は、鑑定委員会に関する旧法第19条から第22条までの規定を準用していることから、これらの規定は、旧法の廃止後もなおその効力を有するものとしています。

（注2）　具体的には、

①　この法律の施行前にした申出に係る旧法第2条及び第14条の規定による賃借権の設定並びに当該設定があった賃借権に関する法律関係

②　この法律の施行前にした申出に係る旧法第3条の規定による借地権の譲渡及び当該譲渡があった借地権に関する法律関係

③　この法律の施行前に旧法第10条の規定により第三者に対抗することができることとされた借地権の第三者に対する効力

④　この法律の施行前に旧法第11条の規定により延長された借地権の存続期間

⑤　この法律の施行前に旧法第12条の規定によりされた催告

⑥　この法律の施行前にした申立てに係る旧法第17条に規定する事件

及びこれらの規定を準用する場合について、なお従前の例によることとしています（附則第4条）。

（注3）　その他、附則においては、地方税法及び国税徴収法において、旧法を引用する部分を削除することとしています（附則第6条、第7条）。また、土地の賃借権の譲渡又は転貸の許可の特例（第5条）の創設に伴い、その手数料に関し、民事訴訟費用等に関する法律について所要の整備を行っています（附則第8条）。さらに、被災地短期借地権（第7条）の創設に伴い、この借地権を公示するための登記事項に関し、不動産登記法について所要の整備を行っています（附則第9条）。

第2部

改正被災マンション法

第1編

総　論

Q1　旧法が制定された背景事情は、どのようなものですか。

A　旧法は、阪神・淡路大震災に伴う緊急立法の一つとして制定されたものであり、その背景には次のような事情がありました。

すなわち、マンション等の区分所有建物が全部滅失した場合（Q５参照）には、その敷地である土地について所有権の共有関係（民法第249条）又は借地権等の所有権以外の権利の準共有関係（同法第264条）だけが残ることになります。そして、元の区分所有者である敷地共有者等がその敷地上に建物を再建するには、共有者又は準共有者全員の同意が必要であるため（同法第251条、準共有者につき同法第264条本文において準用する同法第251条）、地震等の大規模災害において区分所有建物を再建して被災地の復興を図る場合、全員の同意という要件が、区分所有建物の再建や被災地の復興に当たって大きな障害になるという指摘がありました。

阪神・淡路大震災においても、被災地のマンションの多くが損傷し、その復旧又は建替えが被災地の復興計画の中で重要な課題となっていたところ、全部滅失した区分所有建物も相当な棟数に及んだことから、兵庫県知事等から国に対して、全部滅失したマンションの再建に関する特別の法的措置を設けることが要望されていました。

そこで、大規模災害により全部滅失した区分所有建物を再建し、もって被災地の早期復興に資するため、共有者又は準共有者間の多数決による再建の制度を導入すること等を内容とする旧法が制定されました。

Q2　今回の改正に至る経緯は、どのようなものですか。

A　旧法では、政令で定める大規模な災害により区分所有建物の全部が滅失した場合に多数決により区分所有建物を再建する決議の制度等を設けていましたが、区分所有建物及びその敷地の売却、区分所有建物の取壊し等の処分を多数決により行うことを許容する規定はなく、これらの処分をするためには、区分所有者全員の同意が必要であると考えられていました（民法第251条参照）。

平成23年3月11日に発生した東日本大震災により重大な被害を受けた区分所有建物の中には、区分所有者全員の同意に基づいて建物の取壊しがされたものもありましたが、災害により重大な被害を受けた区分所有建物の取壊しについて、常に区分所有者全員の同意が必要となると、合意形成に著しい労力を要し、円滑な取壊しの障害になるのではないか、との指摘がされました。

近年、首都直下地震や東南海・南海地震など、大規模な地震等の災害が発生する危険性が指摘されていますが、これらの地震が想定される地域には多数の区分所有建物が存在することから、東日本大震災で指摘されたことを踏まえて、大規模な災害により重大な被害を受けた区分所有建物及びその敷地について、建物及びその敷地の売却、建物の取壊し等の処分を容易にし、被災地の健全な復興に資する制度を整備することが喫緊の課題であると考えられました。

このような事情を背景として、平成24年9月、法務大臣からその諮問機関である法制審議会に対して「今後想定される大規模な災害に備え、罹災都市借地借家臨時処理法を早急に見直して、同法を現代の社会によりふさわしいものにするとともに、被災区分所有建物の再建等に関する特別措置法を早急に見直して、大規模な災害により重大な被害を受けた区分所有建物の取壊しを容易にする制度を整備する必要があると思われるので、それぞれ、その要綱を示されたい。」との諮問（諮問第94号）がされ、これを受けて、法制審議会は、法制審議会被災関連借地借家・建物区分所有法制部会（部会長＝山田誠一・神戸大学教授）を設置しました。

その後の法制審議会や国会における審議の経過等については、「第１部被災借地借家法」Ｑ２を参照してください。

Q3　改正法では、どのようなことを定めていますか。

A　改正法は、政令で定める大規模な災害により区分所有建物の全部が滅失した場合における措置（第2章）、区分所有建物の一部が滅失した場合における措置（第3章）、団地内の建物が滅失した場合における措置（第4章）、罰則（第5章）をそれぞれ規定しています。概要は以下のとおりです。なお、「政令で定める大規模な災害により区分所有建物の全部が滅失した」場合には、政令で定める大規模な災害により区分所有建物が大規模一部滅失（注）した場合において、取壊し決議（第11条）又は区分所有者全員の同意に基づき当該建物が取り壊されたときを含みます（第2条参照）。

1　区分所有建物の全部が滅失した場合における措置（第2章）

政令で定める大規模な災害により区分所有建物が全部滅失（注）した場合における措置として、旧法で既に設けられていた再建決議制度（第4条）に加え、敷地共有者等の多数決により敷地の売却を可能とする敷地売却決議制度（第5条）を創設しています。また、再建決議や敷地売却決議が行われるまでの間の敷地の管理等を円滑にするために、敷地共有者等集会制度（第2条、第3条）を設けています。

2　区分所有建物の一部が滅失した場合における措置（第3章）

政令で定める大規模な災害により区分所有建物が大規模一部滅失した場合における措置として、多数決により大規模一部滅失した区分所有建物を現状有姿のまま敷地と共に売却することを内容とする建物敷地売却決議制度（第9条）のほか、多数決により大規模一部滅失した区分所有建物を取り壊した上で更地となった敷地を売却することを内容とする建物取壊し敷地売却決議（第10条）、多数決により大規模一部滅失した区分所有建物を取り壊すことを内容とする取壊し決議制度（第11条）等を創設しています。

3　団地内の建物が滅失した場合における措置（第4章）

政令で定める大規模な災害により団地内の全部又は一部の建物が滅失した場合における措置として、滅失した建物の再建を団地建物所有者等の多数決による承認が得られたときにできるとする再建承認決議制度（第15条）、団地内の建物が滅失した場合において団地内の建物の建替えを団地建物所有者等の多数決による承認が得られたときにできるとする建替え承認決議制度（第16条）、団地内の建物が滅失した場合において団地内の建物の再建及び建替えの双方を団地建物所有者等の多数決による承認が得られたときにできるとする建替え再建承認決議制度（第17条）のほか、滅失した建物を含めて団地内の一括的な再建及び建替えを可能とするために一括建替え等決議制度（第18条）を創設しています。また、団地内の建物が滅失した場合において、再建等がされるまでの間の土地の管理等を円滑にするために、滅失した建物の所有者を含めた団地建物所有者等集会制度（第13条、第14条）を設けています。

4　罰則（第5章）

敷地共有者等集会又は団地建物所有者等集会において選任された管理者が議事録等の保管義務に違反した場合における罰則を追加しています（第19条）。

（注）「全部滅失」、「大規模一部滅失」の意味については、Q5を参照。

Q4　改正法と区分所有法とはどのような関係にあるのですか。

A　区分所有法は、区分所有建物が存在することを前提とした規律であるため、政令で定める大規模な災害により区分所有建物の全部が滅失した場合には、区分所有法が適用される余地はなく、改正法の区部分所有建物の全部が滅失した場合における措置（第2章）が適用されることになります。

他方、改正法は、区分所有建物が大規模一部滅失した場合における措置（第3章）を定めていますが、この措置に関する規定は、区分所有法の適用を排除するものではありません。したがって、区分所有建物が大規模一部滅失した場合、改正法に定める事項以外については、区分所有法が適用されることになります。このため、区分所有者集会は、「この法律及び区分所有法の定めるところにより」開くことができると規定しています（第7条）。

Q5 「全部滅失」、「大規模一部滅失」の意味は何ですか。

A 改正法では、政令で定める大規模な災害により建物に生じた被害の状況に応じて、適用される措置を整理して章立てをしています。

1　区分所有建物の全部が滅失した場合とは、区分所有建物の全体について、その主要な部分が消失し、社会的、経済的にみて、建物全体としての効用が失われた場合をいいます。建物の全体が物理的に消失していなくとも、全部が滅失したと判断される場合もあります。

なお、「政令で定める災害により区分所有建物の全部が滅失した」場合には、政令で定める大規模な災害により区分所有建物が大規模一部滅失（その意味については後記2を参照）した場合において、当該区分所有建物が取壊し決議（第11条）又は区分所有者全員の同意に基づき取り壊されたときも含まれます（第2条。Q14参照）。

本書においては、区分所有建物の全部が滅失したこと（区分所有建物が大規模一部滅失した場合において、取壊し決議又は区分所有者全員の同意に基づいて取り壊されたことを含みます）を「全部滅失」という用語を用いて説明することがあります。

2　区分所有建物の一部が滅失した場合とは、区分所有建物全体としてはなお効用を維持しているものの、その一部について効用が失われた場合をいいますが、改正法における特別措置の対象となるのは、区分所有建物全体の価額の2分の1超に相当する部分が滅失した場合に限られています（第2条、区分所有法第61条第1項、第5項参照(注)）。具体的には、滅失の時を基準として、滅失前の状態における建物の価格と滅失後の状態におけるそれとを比較して、後者が前者の2分の1を超えるか否かで決定されることになります。

本書においては、区分所有建物全体の価額の2分の1超に相当する部分が滅失したことを「大規模一部滅失」という用語を用いて説明することがあります。

3　なお、改正法では、第4章において団地内の建物が滅失した場合における措置について定めていますが、ここでは、全部滅失又は大規模一部滅失ではなく、単に、「建物が滅失した場合」としています。これは、団地内の建物は、いわゆる戸建ての建物も含まれるところ、戸建ての建物については、区分所有建物であることを前提としている大規模一部滅失の概念が当てはまらず、大規模一部滅失と全部滅失とを区別する必要がないことから、単に「滅失」といえば足りることによるものです。

団地内の建物の「滅失」には、団地内の建物が区分所有建物である場合には、全部滅失のほか、区分所有建物が大規模一部滅失した場合において当該区分所有建物が取壊し決議又は区分所有者全員の同意に基づき取り壊されたときも含まれています（第14条）。

（注）区分所有法においては、区分所有建物の一部滅失を大規模一部滅失と小規模一部滅失とに区別し、復旧の手続について異なる規律を定めています（区分所有法第61条参照）。

Q6 「全部滅失」、「大規模一部滅失」は、誰がどのように判断するのですか。

A 「全部滅失」、「大規模一部滅失」の有無は、第一次的には区分所有者が判断することとなりますが、建物が重大な被害を受けた場合には、その復旧の可否について建築士や不動産鑑定士等の専門家の意見を求めることが多いと考えられますから、具体的な判断に当たっては、これらの意見を参考にするなどして客観的な根拠に基づいて判断されることになると考えられます。

ちなみに、阪神・淡路大震災においては、被災した区分所有建物の復旧に関し、その建物が大規模一部滅失であるか否かの判定方法について、日本不動産鑑定協会（当時）カウンセラー部会によって簡易の判定マニュアルが作成されました。これによれば、建物の再調達価格から経年減価を差し引いた額をもって「一部滅失前の状態における建物全体の価格」に代え、復旧に必要な補修費用の見積額をもって「滅失した部分の価格」に代えて両者を比較し、後者が前者の２分の１超であれば大規模一部滅失に当たるとされています。この判定方法は飽くまで一例にすぎませんが、参考となるでしょう。

なお、「全部滅失」や「大規模一部滅失」の有無について争いが生じた場合、最終的には訴訟手続において裁判所が判断することとなります。

Q7　改正法は、どのような災害に適用されますか。

A　改正法は、大規模な災害により区分所有建物が全部滅失し、又は大規模一部滅失するような重大な被害が生じた場合について、その大規模な災害を政令で定めることにより適用されることとされています（第2条、第7条、第13条参照）。

政令による災害の指定は、被災地における区分所有建物の被害状況等を踏まえながら、改正法が定める特別の措置を認めることが被災地の健全な復興に資するかどうかという観点から判断されることになります。

Q8　改正法は、東日本大震災に適用されますか。

A　改正法は、今後想定される大規模な災害に備えることを主眼として検討されたものですが、被災区分所有建物の再建等に関する特別措置法の一部を改正する法律案を国会に提出した後に、仙台市等から、区分所有建物を取り壊した後の敷地の売却が進んでいないために改正法を東日本大震災に適用すべきである旨の要望がされました。

こうした要望を受けて、法務省は、改正法の成立後、仙台市において実態調査を行うなど、被災地における実情を確認し、東日本大震災に改正法を適用するか否かについて、検討を行いました。

その結果、平成25年7月26日、第2条の災害として東日本大震災を定める政令が閣議決定され、同月31日に公布されました（平成25年政令第231号）（後掲資料8参照）。これにより、同日から、改正法は、東日本大震災に適用されることとなりました。

Q9　改正法で設けられた建物敷地売却決議や取壊し決議といった措置は、被災時に限らず、老朽化マンション対策として必要ではないですか。

A　改正法で設けられた建物敷地売却決議や取壊し決議といった制度は、政令で定める大規模な災害により区分所有建物が大規模一部滅失した場合の特別な措置であり、多くの区分所有者にとって建物をそのまま使用することが困難であるのみならず、被災地の早期の復興を図るために現状を放置すべきでないという特殊な事情が存在することを前提として設けられたものです。

これに対して、老朽化した区分所有建物は、このような被災した区分所有建物にみられる特殊な事情が存在しないことから、改正法で設けられた措置をそのまま老朽化マンション対策として用いることができるわけではないと考えられます。

もっとも、区分所有建物は、適時適切に修繕がされていた場合であっても、いずれかの時点で老朽化して使用に耐えなくなり、その社会的な効用を喪失せざるを得ません。近年、わが国においても、築後相当年数を経過して劣化し、何らかの対処をすることが必要な区分所有建物が増加しており、今後ますます増加することは明らかな状況にあります。こうした老朽化した区分所有建物について適切な対策を講ずることは、喫緊の課題であると考えられます(注)。

老朽化した区分所有建物についてどのような対策を講ずることが適切かについては、区分所有者間の合意形成の在り方のほかにも、公法上の規制や公的な支援により適切な措置を実現していく方策を含めて、幅広い観点から検討される必要があると考えられます。

(注)　衆議院法務委員会においても、このような観点から、「今後も大規模災害の発生が想定されていることを踏まえ、老朽化を原因とする区分所有建物の取壊し等の場合の法的要件等について、必要な検討を進めること」との附帯決議がされました。

第2編

各　論

第1章　総　　則

[第1条関係]

Q10　改正法の目的は何ですか。

A　大規模な災害が発生すると、区分所有建物も少なからず損傷を受けるものと考えられます。区分所有法には、損傷した区分所有建物について復旧決議（区分所有法第61条第3項、第5項）や建替え決議（区分所有法第62条第1項）の制度はありますが、区分所有建物が全部滅失した場合については、特段の規定を設けていません。そのため、敷地上に建物を再建し、又はその敷地を第三者に処分しようとする場合には敷地共有者等（Q12参照）の全員の同意が必要となりますが、このような同意が得られることは、事実上困難であると考えられます。そうすると、全部滅失した区分所有建物の敷地は、管理が放棄されたまま更地で放置される事態になりかねません。また、区分所有建物が大規模一部滅失した場合であっても、被災直後には復旧や建替えの合意形成が困難な場合が多く、大規模一部滅失した区分所有建物が長期間放置される事態になりかねません。

そこで、改正法は、被災地の健全な復興を促進することを目的として、大規模な災害により区分所有建物が全部滅失した場合における区分所有建物の再建やその敷地の売却、大規模一部滅失した区分所有建物の取壊し等を容易にする特別措置を講じることとしています（第1条参照）。

第2章　区分所有建物が全部滅失した場合における措置

Q11　改正法第2章では、どのようなことを定めていますか。

A　旧法は、政令で定める大規模な災害により区分所有建物が全部滅失した場合について、敷地共有者等（Q12参照）の議決権の5分の4以上の多数の決議により、その敷地に区分所有建物を再建することができる制度（再建決議。旧法第3条、改正法第4条）を設けていました。

改正法は、これに加えて、区分所有建物の敷地であった土地がそのままの状態で長期間放置されることを防止し、被災地の健全な復興を促進するため、次の二つの措置を新たに設けています。

1　政令で定める大規模な災害により全部滅失した区分所有建物の敷地について、敷地共有者等集会において、敷地共有者等の議決権(注)の5分の4以上の多数の決議により、これを売却することができる制度（敷地売却決議。第5条）を創設しています。

2　区分所有建物が全部滅失した場合には、建物区分所有関係は終了します。これにより、敷地についての法律関係は、共有又は借地権等の準共有となり、民法の共有に関する規律（民法第249条以下）に従って管理等が行われることになります。民法の共有に関する規律に従うと、敷地の管理については持分の価格の過半数で決定することができるものの（同法第252条）、過半数で決せられた管理行為を実行するに当たっては共有者全員が共同して行う必要があり、また、滅失した区分所有建物の敷地の権利者は多数に上ることが予想されることからしますと、建物の再建や敷地の売却が行われるまでの間、敷地の管理を円滑に行うことが困難となる事態が生じることも想定されます。

そこで、改正法は、再建や敷地の売却がされるまでの間の敷地の暫定的な管理を円滑に行うことを可能とするために、敷地共有者等集会（Q12参照）の制度を設けるとともに、敷地について管理権限を有する管理者を選任することができる制度を設けることとしています（第2条、第3条）。

（注）　敷地共有者等集会の議決権は、敷地共有持分等（Q12参照）の価格の割合によります（第3条第1項において準用する区分所有法第38条）。

Q12 「敷地共有持分等」、「敷地共有者等」、「敷地共有者等集会」とは、それぞれどのような意味ですか。

A 改正法では、第２章において、区分所有建物が全部滅失した場合の措置について定めていますが、その際、「敷地共有持分等」、「敷地共有者等」、「敷地共有者等集会」といった用語が用いられています。

「敷地共有持分等」とは、全部滅失した区分所有建物に係る敷地利用権（区分所有法第２条第６項参照）が数人で有する所有権その他の権利である場合のその権利の共有持分又は準共有持分をいいます（第２条)。「その他の権利」には、敷地を目的とする地上権、賃借権又は使用借権があります。

「敷地共有者等」とは、敷地共有持分等を有する者をいいます（第２条)。敷地共有持分等が共有持分権であるときは敷地共有者が、準共有持分権であるときは当該権利の準共有者がこれに当たります(注１)(注２)。

「敷地共有者等集会」とは、改正法の定めるところにより、敷地共有者等を構成員として開くことができる集会の総称です（第３条第１項)。旧法では、敷地共有者等を構成員として開くことができる集会は、再建決議を会議の目的とする集会のみが予定されていたことから、「再建の集会」という用語が用いられていましたが（旧法第３条第１項参照)、改正法においては、敷地売却決議制度が創設されたほか、再建決議、敷地売却決議をする余地があるまでの間における敷地の管理のための集会を開くことも想定されていることから、一般的な集会の総称を設けました。

（注１）　区分所有法第２条第６項に規定する敷地利用権は、専有部分を所有するための敷地に関する権利と定義されていますから、区分所有者以外の敷地の共有者は、敷地利用権であった権利を有する者（敷地共有者等）に該当せず、敷地共有者等集会の構成員とはなりません。このような区分所有者以外の敷地の共有者との関係では、民法上の共有に関する規律に従うことになりますので、再建又は敷地の売却をするためには、再建決議又は敷地売却決議のほかに、その者から別途同意を得る必要があります。

（注２）　区分所有建物が全部滅失した後、敷地共有者等が敷地共有持分等を他に譲渡した場合は、その譲受人が敷地共有持分等を有することになりますから、その譲受人が敷地共有者等となり、敷地共有者等集会の構成員となります。

（参考）　区分所有法第２条第６項

この法律において、「敷地利用権」とは、専有部分を所有するための建物の敷地に関する権利をいう。

[第2条関係]

Q13　第2条はどのようなことを定めていますか。

A　区分所有建物及びその敷地については、区分所有法が定めるところにより、区分所有者全員による団体的な管理が行われることとされていますが、区分所有建物の全部が滅失した場合には、建物区分所有関係は終了し、区分所有法は適用されないこととなります。したがって、全部滅失した区分所有建物に係る敷地利用権が共有関係又は準共有関係にあった場合には、その敷地について民法上の共有関係又は準共有関係だけが残ることとなります。

しかしながら、民法の共有に関する規律に従うと、敷地の管理については持分の価格の過半数で決定することができるものの（同法第252条）、過半数で決せられた管理行為を実行するに当たっては共有者全員が共同して行う必要があり、また、滅失した区分所有建物の敷地の権利者は多数に上ることが予想されることからしますと、建物の再建や敷地の売却が行われるまでの間、敷地の管理を円滑に行うことが困難となる事態が生じることも想定されます。

そこで、第2条では、政令で定める大規模な災害により区分所有建物が全部滅失した場合に、再建や敷地の売却がされるまでの間の敷地の暫定的な管理を円滑に行うことを可能とするために、敷地共有者等は、大規模災害を定める政令の施行の日から起算して3年が経過する日までの間は、敷地共有者等集会を開くことができ、管理者を置くことができることとしています。

なお、このような暫定的な性質を踏まえ、区分所有法における管理組合とは異なり、規約を定めることができるものとはしていません（Q17参照）。

Q14

『政令で定める災害により区分所有建物の全部が滅失した場合』に『政令で定める災害により区分所有建物が大規模一部滅失した場合において、当該区分所有建物が取壊し決議（第11条第1項）又は区分所有者全員の同意に基づき取り壊されたとき』を含めているのはなぜですか。

A　改正法は、政令で定める大規模な災害により区分所有建物が大規模一部滅失した場合において、当該区分所有建物が取壊し決議（第11条第1項）又は区分所有者全員の同意に基づき取り壊されたときも、『政令で定める災害により区分所有建物の全部が滅失した場合』に含めていますが（第2条）、これは以下のような理由によります。

すなわち、改正法では、政令で定める大規模な災害により大規模一部滅失した区分所有建物の取壊しを容易にするために取壊し決議制度を新設していますが、取壊し後の敷地について再建やその敷地の売却を容易にする措置が講じられていなければ、取壊し後の敷地の処遇に係る合意形成が困難となり、ひいては大規模一部滅失した区分所有建物の取壊しを躊躇して、このような区分所有建物が長期間放置される事態にもなりかねません。

また、区分所有建物が大規模一部滅失した場合においては、区分所有者全員の同意に基づき建物が取り壊されることも想定されますが、このような場合であっても、前記の措置を講ずる必要があることは、取壊し決議に基づき建物が取り壊される場合と同様であると考えられます。

そこで、取壊し決議に基づき建物が取り壊された場合や区分所有者全員の同意に基づいて建物が取り壊された場合についても、政令で定める大規模な災害により区分所有建物の全部が滅失した場合と同様に、改正法第2章で定める措置を適用することとしています。

Q15　改正法第2章で定める措置には、どのような期間制限が設けられていますか。

A　第2条は、改正法の定めるところにより集会を開いたり、管理者を置いたりすることができる期間を、災害を定める政令の施行の日から起算して3年が経過する日までの間に限定しています。

したがって、再建決議（第4条）や敷地売却決議（第5条）は、政令の施行の日から起算して3年以内に行われなければなりません(注)。

旧法では、政令で定める災害により区分所有建物の全部が滅失した場合における措置として、再建決議制度を設けていましたが、この再建決議制度についても、その政令の施行の日から起算して3年間という期間制限が設けられていました。これは、再建決議制度は大規模災害時の特別措置として認められるものであること、再建決議をする余地のある間、敷地共有者等は、敷地について共有物分割請求が制限されることになりますが（旧法第4条。改正法でも同様の制限を設けています（改正法第6条））、このような権利を制限される敷地共有者等にも配慮する必要があることによるものです。

この趣旨は、改正法においても同様に当てはまると考えられますので、再建決議制度及び敷地売却決議制度など、区分所有建物の全部が滅失した場合における措置について3年間という期間制限を設けることとしています。

（注）　東日本大震災については、第2条の災害として同大震災を定める政令が平成25年7月31日に施行されました（後掲資料8参照）。第2条は、「政令の施行の日から起算して三年が経過する日までの間」と規定していますが、これは、初日を算入して3年間ということ（初日不算入の原則を定めた民法の規定（同法第140条）は適用されません）ですから、東日本大震災について、第2章の特例措置は、平成28年7月30日まで適用があることになります。

［第３条関係］

Q16　第３条第１項はどのようなことを定めていますか。

A　第３条第１項は、第２条によって敷地共有者等が開くことができることとされている敷地共有者等集会及び敷地共有者等が置くことができることとされている管理者について、区分所有法の集会及び管理者に関する規定を必要な読替えをした上で準用することを定めています。

敷地共有者等は、区分所有建物の専有部分を所有するための敷地利用権であった権利（敷地共有持分等）を有する者ですから、建物が全部滅失するまでは、区分所有法の規律に従って、集会を開き、管理者を置くなどして建物及びその敷地の管理を行っていたことになります。そうすると、全部滅失した後の敷地の管理についても、区分所有法の規律と同様の規律に従って、集会を開き、管理者を置くなどして管理を行うことが相当であると考えられます。

そこで、改正法においては、敷地共有者等が置く管理者及び敷地共有者等集会について、必要な読替えを行った上で、集会に関する区分所有法の所要の規定を準用することとし（なお、区分所有法の規約に関する規定や建物が存続していることを前提とした規定（区分所有法第35条第４項、第44条、第46条第２項）等は準用していません）、可能な限り、区分所有法の規律に準じて管理を行うことができることとしています。具体的に区分所有法のどのような規律が準用され、準用に当たってどのような読替えがされているのかについては、巻末の準用読替表（資料７）を参照してください。

Q17　第3条第1項で区分所有法の規約に関する規定を準用していない理由は何ですか。

A　第3条第1項は、区分所有法の規約に関する規定については準用の対象から除外しています。これは、敷地共有者等による敷地の管理は、再建や敷地の売却を決するまでの間に限って暫定的に行われるものであることから、長期的な管理が行われることを前提とする規約に関する規律を敷地共有者等による敷地の管理に準用することは相当でないと考えられたことによるものです。

Q18　敷地共有者等集会の手続の概略はどのようなものですか。

A　敷地共有者等集会の手続の概略は、次のとおりです。

1　招集手続

(1)　招集権者（第３条第１項において準用する区分所有法第34条第１項、第３項本文、第４項及び第５項本文）

①　管理者がいる場合には、その管理者が、管理者がいない場合には議決権の５分の１以上を有する敷地共有者等が招集権者となります。集会を招集する必要があるのに管理者が集会招集の手続をとらないときは、なお、管理者がいる場合であっても、議決権の５分の１以上を有する敷地共有者等は、管理者に対して集会を招集するよう請求することができます。この請求をするときは、会議の目的たる事項を示さなければなりません。なお、敷地共有者等による敷地の管理については区分所有法の規約に関する規律は準用していないので（Q17参照）、前記の議決権の５分の１以上という要件は、区分所有法における集会とは異なり（同法34条３項ただし書参照）、規約で引き下げることはできません。

この請求があったときは、管理者は、遅滞なく招集の手続をとるべきですが、その手続をとらないときは、招集の請求をした５分の１以上の敷地共有者等が、直接、集会を招集することができます。この場合には、これらの敷地共有者等が連名で招集通知を発します。

②　管理者が選任されていない場合には、議決権の５分の１以上を有する敷地共有者等が、集会を招集することができます。この５分の１以上という要件を引き下げることができないことは、前記①と同様です。

(2)　招集通知（第３条第２項及び第３項、第３条第１項において準用する区分所有法第35条１項本文、第２項及び第５項並びに第36条）

①　敷地共有者等集会を招集するには、各敷地共有者等にその通知をしなければなりません。もっとも、一つの敷地共有持分等を数人で共有するときは、議決権を行使すべき者が定められていればその者に、定められていなければ共有者の一人に通知すれば足ります。

招集通知は、法律上は必ずしも書面でする必要はなく、電話や口頭でも足りますが、後日の紛争を予防するため、書面で行うことが適当でしょう。

招集者は、敷地共有者等集会の会日より少なくとも1週間前に、会議の目的たる事項を示して各敷地共有者等に通知を発しなければなりません。敷地共有者等集会の会日までに空けておかなければならない期間についても、前記(1)①と同様、区分所有法における集会とは異なり（区分所有法第35条第1項ただし書参照）、規約により短縮することはできません。

②　招集通知は、敷地共有者等が所在する場所に宛ててしなければなりません。ただし、敷地共有者等が災害が発生した後に管理者に対して通知を受けるべき場所を通知した場合は、その場所に宛ててすれば足ります。また、招集者が過失なくして敷地共有者等の所在を知ることができないときは、滅失した区分所有建物の敷地内の見やすい場所に掲示することをもって通知に代えることができます（Q19参照）。

なお、敷地共有者等全員の同意がある場合には、招集の手続は不要となります。

2　議事及び議決権の行使

(1)　議決権（第3条第1項において準用する区分所有法第38条）

議決権は、敷地共有持分等の価額の割合によることとなります。規約による別段の定めをすることができないことは、前記1(1)及び(2)と同様です。

(2)　議事（第3条第1項において準用する区分所有法第39条第1項）

議事の運営上必要な決議（例えば、議事録等の保管者についての決議（第3条第1項において準用する区分所有法第33条第1項本文）、敷地共有者等集会における議長についての別段の決議（第3条第1項において準用する区分所有法第41条））は、敷地共有者等の議決権の過半数で決することとなります。

(3)　議決権の行使（第3条第1項において準用する区分所有法第39条第2項及び第3項並びに第40条）

議決権は、書面で又は代理人によって行使することができます。敷地共有者等集会の決議により、書面に代えて電磁的方法によって行使することもできます。

一つの敷地共有持分等を数人で共有するときは、共有者は、議決権を行使すべき者一人を定めなければなりません。

⑷　書面又は電磁的方法による決議（第3条第1項において準用する区分所有法第45条）

あらかじめ敷地共有者等全員の承諾があるときは、集会を開催せずに書面又は電磁的方法による決議をすることができ、書面又は電磁的方法による決議は、集会の決議と同一の効力を有します。

また、敷地共有者等全員の書面又は電磁的方法による合意があった場合は、集会を開く必要はなく、集会の決議があったものとみなされます。

3　議長（第3条第1項において準用する区分所有法第41条）

敷地共有者等集会の議長は、別段の決議をした場合を除き、管理者又は敷地共有者等集会を招集した敷地共有者等の一人がなります。

4　議事録

⑴　議事録の作成（第4条第8項、第3条第1項において準用する区分所有法第42条第1項から第4項まで）

議長は、集会の議事録を作成しなければなりません。議事録は、電磁的記録により作成することもできます。

議事録には、議事の経過の要領及びその結果を記載又は記録することが必要であり、議長及び集会に出席した敷地共有者等の二人が署名押印する必要があります。

これに反して、議事録を作成せず、又は議事録に記載すべき事項を記載せず、若しくは虚偽の記載をした場合には、議長は20万円以下の過料に処せられます（第19条第3号）。

⑵　議事録等の保管及び閲覧（第3条第1項において準用する区分所有法第33条第1項本文及び第2項）

①議事録のほか、②書面による決議又は敷地共有者等の全員の書面による合意があった場合における、当該決議又は当該合意に係る書面、③電磁的方法による決議又は敷地共有者等全員の電磁的方法による合意があった場合における、当該決議又は当該合意に係る電磁的方法により作成された電磁的記録は、管理者又は敷地共有者等集会の決議で定める者が保管することになります。

これに反して、議事録等を保管しなかった場合には、管理者（敷地共有者等集会の決議で定める者は除かれます）は20万円以下の過料に処せられます

（第19条第1号）。

また、この議事録等の保管者は、利害関係人の請求があったときは、正当な理由がある場合を除いて閲覧を拒んではなりません。

これに反して、保管者が、正当な理由がないのに議事録等の閲覧を拒んだ場合には、保管者は20万円以下の過料に処せられます（第19条第2号）。

Q19　敷地共有者等が所在不明となっている場合、敷地共有者等集会を招集するためにはどのようにすればよいのですか。

A　敷地共有者等集会を開催するためには、敷地共有者等に集会の招集の通知を発する必要があります（第3条第1項において準用する区分所有法第35条第1項）。もっとも、改正法は、大規模な災害が発生した場合に適用されることから、敷地共有者等の所在が不明となってしまい、集会の招集の通知をすることができず、ひいては集会の開催自体が困難となる事態が生じることも考えられます。

そこで、改正法では、敷地共有者等集会を招集する者が敷地共有者等の所在を知ることができない場合には、集会の招集の通知は、滅失した区分所有建物の敷地内の見やすい場所に掲示することによって行うことができることとしています（第3条第2項）。そして、所在不明の敷地共有者等に対する通知は、この掲示をした時に到達したものとみなされますが、敷地共有者等集会を招集する者が敷地共有者等の所在を知らないことにつき過失があったときは、この掲示による通知の到達の効力は認められません（第3条第3項）。

Q20　敷地共有者等の「所在を知ることができないとき」とは、どのような場合ですか。

A　敷地共有者等集会では、滅失した区分所有建物の敷地等の管理に関する事項を決議するほか、民法の共有関係に関する規律に従えば共有者全員の同意が必要とされる再建や敷地の売却を多数決で決議することも予定されており、とりわけ再建決議や敷地売却決議は、敷地共有者等の有する権利に重大な影響を及ぼすことになります。したがって、個々の敷地共有者等が集会に参加する機会は、十分に保障される必要があると考えられます。

改正法では、掲示による集会の招集の通知を認めていますが、敷地共有者等が集会に参加する機会の保障にも配慮し、敷地共有者等の所在を知らないことにつき、敷地共有者等集会を招集する者に過失があった場合には、掲示による集会の招集の通知の効力を認めないこととしています（第3条第3項）。したがって、「所在を知ることができないとき」（第3条第2項）とは、敷地共有者等集会を招集する者が過失なくして敷地共有者等の所在を知ることができない場合、すなわち、敷地共有者等集会を招集する者に合理的に期待される程度の所在調査を尽くしてもなお、敷地共有者等の所在を知ることができない場合をいうものです。

Q21 敷地共有者等に対する集会の招集の通知に代えて掲示によって集会の招集を通知する場合、敷地共有者等集会を招集する者は、敷地共有者等の所在を確認するためにどのような調査を行わなければなりませんか。

A　改正法では、敷地共有者等集会を招集する者が敷地共有者等の所在を知ることができないときは、掲示によって集会の招集を通知することができますが、当該敷地共有者等の所在を知らないことについて過失があったときは、掲示による集会の招集通知の到達の効力を生じないとしています（第３条第２項及び第３項）。敷地共有者等の所在を知らないことについて過失があるとされるのは、敷地共有者等集会を招集する者が敷地共有者等の所在について合理的に期待される程度の所在調査を尽くしていないとされる場合です（Q20参照）。

敷地共有者等集会を招集する者に合理的に期待される程度の敷地共有者等の所在調査としては、例えば、災害の発生に備えて管理組合において事前に災害時における緊急連絡網等を準備していた場合には、その連絡網等で指定された連絡先に向けて連絡を取ることや、滅失した区分所有建物の周囲の避難所等に敷地共有者等が避難していないかどうかを確認すること、所在の判明している敷地共有者等に対して、所在が判明していない敷地共有者等の所在を把握していないかを確認するといったことが考えられます。

[第4条関係]

Q22　再建決議制度について改正をした理由は何ですか。また、どのような改正がされたのですか。

A　旧法でも再建決議制度に関する規律が設けられていましたが、改正法は、新たに敷地売却決議制度（第5条）を創設し、区分所有建物の全部が滅失した場合におけるその敷地の処遇について、再建以外にも敷地の売却を多数決で行うことが可能となりました。

そこで、改正法では、再建決議制度について、敷地共有者等が敷地売却と比較しながら決議の賛否を決することができるようにするため、集会の招集の通知から集会の会日までに十分な熟慮期間を確保するとともに、決議の賛否を決するための必要な情報が得られるような手続を設けるなど、再建の決議を会議の目的とする集会の開催前の段階から敷地共有者等に対する手続保障を充実させる内容の改正を行っています。

具体的には、①再建決議を会議の目的とする敷地共有者等集会の招集通知は、集会の会日の少なくとも2か月前に発しなければならないものとすること、②再建決議を会議の目的とする敷地共有者等集会の招集通知においては、議案の要領のほかに再建を必要とする理由についても通知しなければならないものとすること、③敷地共有者等集会の招集者は、集会の開催に先立って②の通知事項について、敷地共有者等に対し説明を行うための説明会を開催しなければならないものとすること、等の改正を行っています。

Q23　再建決議について敷地共有者等の議決権の５分の４以上という決議要件について変更を加えなかったのは、なぜですか。

A　区分所有建物が全部滅失した場合に、当該区分所有建物の敷地上に新たに区分所有建物を再建するには、本来であれば、敷地共有者等全員の同意が必要となりますが（民法第 251 条参照）、旧法では、一人でも反対者があると建物の再建が不可能となることから、多数決によって建物の再建をすることができることとしていました。もっとも、再建という重要な行為を多数決により決定するに当たって、決議の反対者の意思に反してでも再建を実行することの正当性を担保するためには、多数決の要件は厳格である必要があると考えられます。

また、区分所有法では、個々の区分所有者にとって区分所有権の処分を伴うこととなる区分所有建物の建替えについては５分の４以上という特別の多数決で行うことができるとされているところ（区分所有法第 62 条第１項）、再建も、反対する敷地共有者等の権利を制限し、売渡し請求により再建に参加する者等に敷地共有持分等を処分することを余儀なくされる点で建替えと実質的に異なるところはないと考えられますので、多数決要件についても、建替えと同程度とすることが相当であると考えられます。

さらに、再建決議は、飽くまで、敷地共有者間で再建について意思決定をするにすぎません。決議が成立した後は、決議に基づいて再建を実行しなければなりませんが、その円滑な実行のためには、できるだけ多数の敷地共有者等が決議に賛成していることが望ましいでしょう。

加えて、再建決議においては、自己の意思に反して権利の処分が強制される決議の反対者に経済的損失が生じないようにするため、決議の賛成者側が反対者の権利を時価で買い取る旨の売渡し請求制度を設けていますが、多数決要件を低くしすぎると、それだけ売渡し請求の対象となる者が増え、権利を買い取るための費用も増大し、結局、再建を実行するために要するコストが増大するといった側面も無視できません。

これらの事情を考慮して、改正法においても、再建決議の多数決要件については、敷地共有者等の議決権の５分の４以上とする旧法の規律（旧法第３

条第1項）を維持することとしています。

Q24 再建決議をするための敷地共有者等集会の手続の概略は、どのようになっていますか。

A 再建決議をするための敷地共有者等集会の手続の概略は、以下のとおりです。

1　招集手続

(1)　招集権者

招集権者については、一般の敷地共有者等集会と同様、管理者が選任されている場合にはその管理者が、管理者が選任されていない場合には議決権の5分の1以上を有する敷地共有者等が招集権者となります。また、管理者が選任されている場合であっても、議決権の5分の1以上を有する敷地共有者等は、管理者に対して集会を招集するよう請求することができます。

詳細については、Q18を参照してください。

(2)　招集通知

再建決議をするための敷地共有者等集会の招集者は、各敷地共有者等にその通知をしなければなりません。この通知は、会日の少なくとも1週間前に通知を発することとされている一般的な敷地共有者等集会とは異なり、再建決議をするための敷地共有者等集会の会日より少なくとも2か月前に発しなければなりません（第4条第4項）。これは、敷地共有者等が再建決議の賛否を決するに当たって十分に熟慮する期間を確保するためのものです。

また、再建決議をするための敷地共有者等集会の招集通知においては、会議の目的たる事項のほか、議案の要領及び再建を必要とする理由を示して通知を発しなければなりません（第4条第4項、第5項）。

そのほか、招集通知の詳細については、一般の敷地共有者等集会と同様ですので、Q18を参照してください。

2　説明会の開催

再建決議をするための敷地共有者等集会の招集者は、再建決議をするための敷地共有者等集会の会日より少なくとも1か月前までに、招集通知事項について敷地共有者等に説明を行うための説明会を開催しなければなりません（第4条第6項）。改正法において再建決議に先立って説明会の開催を招集者に義務付けることとしたのは、敷地共有者等に対する手続保障を充実させるためです。この点については、Q27を参照してください。

3　議事及び議決権の行使

再建決議における議決権、議事、議決権の行使及び書面又は電磁的方法による決議については、一般の敷地共有者等集会と同様ですので、Q18を参照してください。

ただし、再建決議においては、議決権の5分の4以上の敷地共有者等が賛成することが決議成立の要件とされています（Q23参照）。

4　議　　長

再建決議における議長については、一般の敷地共有者等集会と同様ですので、Q18を参照してください。

5　議事録の記載

再建決議をした敷地共有者等集会の議事録には、議事の経過の要領及びその結果のほか、その決議についての各敷地共有者等の賛否をも記載し、又は記録しなければなりません（第4条第8項）。これは、再建決議後の手続を実行するために、決議に賛成したか否かの区分が明らかにされている必要があるためです（Q28参照）。

そのほか、議事録の作成やその保管及び閲覧については、一般の敷地共有者等集会と同様ですので、Q18を参照してください。

Q25 再建決議においてはどのような事項を定めなければなりませんか。

A 再建決議においては、少なくとも次の事項を定めなければなりません。

1　再建建物の設計の概要（第4条第2項第1号）

建物全体だけでなく、どのような専有部分に区分されるかも定める必要があります。具体的には、一棟の建物全体の用途、構造、材料、階数、建築面積、延べ床面積、各階ごとの床面積等を定め、各専有部分ごとにその用途、配置、構造、床面積等を定める必要があります。

2　再建建物の建築に要する費用の概算額（同項第2号）

再建費用は敷地共有者等がその費用を分担するための前提となりますから、関係者にとって重要な利害関係がある事項です。もっとも、再建建物の建築に要する費用は、決議の時点では飽くまで予定額にすぎず、現実に要する経費は設計上の都合や諸経費の変動等により予定額と異なることも予想されますから、この点を配慮して、敷地共有者等の賛否に支障が生じない限度において、ある程度幅のある定め方が許されるべきであり、また適当であるといえます。そのため、決議においては、「再建建物の建築に要する費用の概算額」を定めることとしています。

なお、再建に現実に要した費用が決議で定められた概算額を超えることになっても、やむを得ない事情によって増額したのであれば、再建決議の拘束力（区分所有法第64条）が失われるものとはなりません。

3　再建建物の建築に要する費用の分担に関する事項及び再建建物の区分所有権の帰属に関する事項（同項第3号及び第4号）

再建は、再建に参加する敷地共有者等（具体的には、再建決議に賛成した敷地共有者等、再建決議に参加する旨を回答した敷地共有者等及び買受指定者として敷地共有持分等を買い受けた者（又はそれらの承継人）が、再建に参加する敷地共有者等に該当します）が行うわけですが、再建決議の時点では、再建に参加する敷地共有者等が確定していません。そのため、それが確定した時点で改めて協議をしなくても、費用の分担割合や専有部分の分配等が自動的に定まるように決定の方法や基準を定める必要があります。

再建建物の区分所有権の帰属に関する事項としては、誰が再建建物のどの専有部分を帰属することになるのかについての決定の仕方や基準を定める必要があります。また、再建により生じる余剰の専有部分を売却する予定があるときは、余剰の専有部分の帰属とその清算方法も定めておく必要があります。

再建費用の分担に関する事項と再建建物の区分所有権の帰属に関する事項は密接に関連するものですから、この両者を一体的に定めることも可能です。また、区分所有権の帰属に関する事項の定め方として、特定の敷地共有者等に対しては専有部分の割当てをせずに相当な対価を支払う旨の定めをすることも、それが敷地共有者等の衡平を害しないものであれば可能です。

なお、この決議事項については、各敷地共有者等の衡平を害しないように定めなければならないとされており（第４条第３項）、費用の分担や区分所有権の帰属に関して衡平を害するような定めがされた場合には、再建決議は無効となる可能性があります。

Q26 再建決議のための集会を招集する場合には、どのような事項を通知する必要がありますか。

A 旧法では、再建決議を会議の目的とする集会の招集通知をする場合には、会議の目的たる事項を示すほかに、議案の要領を通知しなければならないこととされていました（旧法第2条第4項において準用する区分所有法第35条第1項本文及び第5項）。再建決議の議案の要領とは、改正法第4条第2項各号に定めた内容を含んだ再建計画を指します。

改正法では、会議の目的たる事項及び再建決議の議案の要領に加えて、再建を必要とする理由を通知事項としています。「再建を必要とする理由」とは、当該敷地に建物を再建することが必要である積極的な理由を意味するものです。再建決議を目的とする敷地共有者等集会を招集する者は、議案を提案するに当たって、敷地売却などの他の選択肢との比較をも考慮した上で、再建が必要であり、かつ合理的であると判断した理由について、可能な限り具体的根拠を示して記載する必要があります。これにより、敷地売却決議との比較検討をすることができることとなるなど、敷地共有者等が再建決議の賛否を決するに当たって必要かつ重要な情報が提供されることとなり、再建決議の合理性が担保されることになります。

Q27 再建決議のための敷地共有者等集会の前に開催される説明会においては、誰が、何を行う必要がありますか。

A 再建という重要な行為を多数決により決定するに当たっては、敷地共有者等が、決議の賛否を検討するために必要な事項に関して十分な説明を受け、質問する機会が保障されていることが重要です。特に、改正法では、再建決議のほかに新たに敷地売却決議制度（第5条）が創設され、区分所有建物の全部が滅失した場合におけるその敷地の処遇について、再建以外にも敷地の売却を多数決で行うことが可能となり、集会の開催前の段階から手続保障を充実させる必要性が高まったといえます。

そこで、改正法では、集会の開催前の段階から敷地共有者等に対する手続保障を充実させるため、再建決議をするための敷地共有者等集会の招集者は、集会の開催に先立って説明会を開催しなければならないものとすることとしています。

具体的には、敷地共有者等集会の招集者は、敷地共有者等集会の開催日より1か月以上前までに、招集に際して通知すべき事項（議案の要領及び再建を必要とする理由。Q26参照）に関する説明会を開催しなければならないこととしています（第4条第6項）。なお、この説明会の開催の手続については敷地共有者等集会の招集の手続の規定が準用されています（同条第7項）ので、敷地共有者等に対して、説明会の開催の通知を発する必要があります。ただし、説明会の通知の時期は、開催日の1週間以上前までに発すれば足りますので、再建決議をするための敷地共有者等集会とその説明会の日程を定めた上で、これらの会議のための通知を一括して行うことも可能です。

説明会の開催が義務付けられた趣旨に照らせば、招集者は、説明会において、まず、通知事項に関する説明を行った後、説明会に出席した敷地共有者等から質問があれば、それに答える必要があると考えられます。もっとも、敷地共有者等からの質問に回答するために調査が必要な場合には、その場で直ちに回答する必要はなく、調査をした後に適宜の方法で回答すれば足りると考えられます。また、通知事項に関する説明の中に建築等に関する専門的な事項が含まれている場合等には、必要に応じて、招集者の説明を補助する趣旨で、専門家等に同席してもらうことが適当な場合もあると考えられます。

なお、説明会を開催しなかった場合や、説明会において決議の結果に影響を及ぼすような虚偽の説明がされた場合には、再建決議の手続に重大な瑕疵があるとして、決議が無効になる可能性があります。

Q28　再建決議があった場合、決議に賛成しなかった者に対する売渡請求権を行使するための手続の概略は、どのようになっていますか。

A　再建決議は、多数決に基づいて再建を行うための制度ですから、決議が成立したとしても、全員同意でない限り、決議に賛成しなかった敷地共有者等が存在することになります。決議に賛成しなかった敷地共有者等には、決議に反対した者のほか、議決権を行使しなかった者（積極的に賛成の意思を示さなかった者）も含まれます。

再建決議が成立したとしても、再建事業の実現のためには、決議に基づいて建築業者との間での契約を締結する等の様々な行為を敷地共有者等で共同して行っていく必要がありますので、反対者がいては再建事業の円滑な遂行に支障が生じます。そこで、決議に基づく再建を実現するために、再建決議の効果として再建に参加しない敷地共有者等の敷地共有持分等を時価で売り渡すよう請求する権利を再建参加者の側に認めることとし、この権利の行使により、敷地共有持分等の全部を参加者に集めて再建の実現を容易にするとともに、再建に参加しない敷地共有者等に対しては時価による資本回収の手段を確保することとしています。

決議に賛成しなかった者に対して売渡請求権を行使するための手続は、以下のとおりです。

1　決議に賛成しなかった者に対する催告

再建決議があった場合、再建決議をするための敷地共有者等集会の招集者は、遅滞なく、決議に賛成しなかった敷地共有者等に対して、再建決議の内容により再建に参加するか否かを書面で回答するよう催告をしなければなりません（第4条第9項において準用する区分所有法第63条第1項）。なお、再建決議の議事録においては、各敷地共有者等の賛否をも記載しなければならないこととされていますが（第4条第8項）、これは、この決議に賛成しなかった者に対する催告の相手方を明確にしておくために必要とされているものです。

この催告により、決議に賛成しなかった者は、この催告の段階で、再度、決議された内容で再建に参加するか否かを判断する機会が与えられることになります。

決議に賛成しなかった敷地共有者等が死亡したり、第三者に権利を譲渡してしまったりしている場合には、その承継人に対して催告をすることになります。

2　決議に賛成しなかった者による催告に対する回答

催告を受けた敷地共有者等は、催告を受けた日から２か月以内に、再建に参加するか否かを書面により回答しなければなりません（第４条第９項において準用する区分所有法第63条第２項）。この期間内に回答をしなかった敷地共有者等は、再建に参加しない旨を回答したものとみなされます（第４条第９項において準用する区分所有法第63条第３項）。

これにより、催告に対して再建に参加しない旨の回答をした敷地共有者等及び期限内に回答をしなかった敷地共有者等が、決議に基づく再建に参加しない敷地共有者等として確定することになります。

3　売渡請求権の行使

再建に参加しない敷地共有者等が確定すると、これらの敷地共有者等に対する敷地共有持分等の売渡請求権が生じることになります。

この売渡請求権を行使できるのは、

①　再建決議に参加する敷地共有者等（再建決議に賛成した者のほか、前記１の催告に対し再建に参加する旨を回答した敷地共有者等を含みます）

②　①の者の承継人

③　これらの者全員の合意により敷地共有持分等を買い受けることができる者として指定された者（買受指定者）

です（第４条第９項において準用する区分所有法第63条第４項前段）。

敷地共有者等だけでは再建に参加しない敷地共有者等の敷地共有持分等を買い受けるのは資力の面で困難な場合があると考えられますが、再建に参加するデベロッパー等を買受指定者として指定することにより、このような問題を解決することができます。

売渡請求権を行使することができる期間は、前記２の催告に対する回答期限が満了した日から２か月以内です（第４条第９項において準用する区分所有法第63条第４項前段）。この期間内に売渡請求権が行使されないと、第４条第9項において準用する区分所有法第64条の再建の合意を擬制されない者が敷地共有者等として残ることになり、その敷地に建物を建築するためには、この敷地共有者等との間で別途の合意が必要となることになります。

Q29 売渡請求権が行使されると、当事者間にどのような法律関係が生じるのですか。

A 売渡請求権はいわゆる形成権であり、これが行使されると、その意思表示が相手方に到達した時に、相手方の何らの応答なくして、その相手方が有する敷地共有持分等を売買の目的とし、売買代金を時価（Q30参照）とする売買契約が成立し、敷地共有持分等が売渡し請求をした者に移転します。そして、相手方には、売渡請求権を行使した者に対して敷地共有持分等の持分の移転登記手続等をする義務が生じる一方、売渡請求権を行使した者には、相手方に対して時価による売買代金の支払義務が生じ、双方の義務は同時履行の関係（民法第533条）に立ちます。

Q30 売渡請求権が行使された場合における「時価」とはどのようにして定められるものですか。

A 売渡請求権が行使された場合における「時価」とは、売渡請求権を行使した当時における敷地共有持分等の客観的な取引価格をいい、敷地利用権が所有権である場合には敷地全体の更地の評価額をもとにして求められる額が「時価」となるでしょうし、敷地利用権が賃借権、地上権その他の権利であったときは、更地の評価額をもとにして算出された賃借権等の評価額が「時価」となるでしょう。

このように、「時価」は客観的な取引価格ですから、売渡請求権を行使した者から示された価格が「時価」ではありませんし、この額が低すぎるからといって売渡し請求の効力が否定されるわけではありません。実際には、「時価」は、当事者間の協議によって定められることになりますが、その価格について争いがある場合には、売買代金請求訴訟等の訴訟手続の中で、裁判所によって認定されることになります。

Q31　再建は、誰がどのようにして実行するのですか。

A　再建決議に基づく再建は、再建決議に賛成した敷地共有者等、決議には賛成しなかったが催告に対して決議の内容により再建に参加する旨の回答をした敷地共有者等、敷地共有持分等を買い受けた買受指定者及びこれらの者の承継人が主体となって実行することになります。

これらの者の間には、建物の再建という共同事業を目的とする組合契約類似の合意の成立が擬制され（第４条第９項において準用する区分所有法第64条）、この合意に基づいて再建が行われることになります。

Q32 再建決議がされたのに、再建が行われない場合はどうなるのですか。

A 売渡し請求は、再建を実現するための手段として再建事業に参加する者に対して認められたものですから、再建の参加者が売渡請求権を行使して不参加者の敷地共有持分等を強制的に買い取ったまま、いつまでも再建の実行に着手しないで放置することを許容することは、衡平を欠くものと考えられます。

そこで、再建決議から2年を経過しても建物の再建の工事の着手がない場合には、売渡し請求を受けて自己の敷地共有持分等を売り渡した者は、売り渡した際の代金額を提供して、その権利を売り渡すことを請求することができます（第4条第9項において準用する区分所有法第63条第6項。再売渡請求権）。この再売渡請求権を行使することができる期間は、再建決議が行われた日から2年を経過した日から6か月以内です。また、再売渡請求権を行使する相手方は、売渡し請求を受けて売り渡した敷地共有持分等を現に有する者であり、売渡請求権を行使した者が第三者に敷地共有持分等を譲渡していたときは、その譲渡を受けた者に対して再売渡請求権を行使することになります。

もっとも、決議後2年以内に再建工事の着手が行われていないとしても、正当な理由があって再建工事に着手することができない場合もあります。例えば、再建について近隣住民との交渉が長引くような場合が挙げられます。そこで、決議後2年が経過してもこのような正当な理由があれば再売渡請求権は生じませんが（第4条第9項において準用する区分所有法第63条第6項ただし書）、工事を妨げる正当な理由がなくなった場合には、その理由がなくなった日の翌日から起算して6か月以内に工事に着手しないとき再売渡し請求ができるようになります。この場合、再売渡請求権を行使することができるのは、再売渡請求権を行使することができる者がその理由がなくなったことを知った日又はその理由がなくなってから2年を経過した日のいずれか早い時期までです（第4条第9項において準用する区分所有法第63条第7項）。

再売渡請求権が行使されると、第4条第9項において準用する区分所有法第64条により再建の合意を擬制されない者が敷地共有者等として復帰することになりますので、その敷地に建物を建築するためには、再売渡請求権を行使して敷地共有者等となった者との間で別途の合意が必要となることになります。

Q33 再建決議がされた場合、全部滅失した区分所有建物の敷地利用権について抵当権を有していた者の権利はどうなるのですか。

A 区分所有建物が全部滅失した場合であっても、敷地利用権であった所有権には影響は生じませんから、所有権に設定されていた抵当権にも何ら影響は生じません(注)。また、敷地利用権が地上権であった場合にも、地上権に設定されていた抵当権には何ら影響は生じません。

(注)　土地建物が同一の所有者に属する場合に、土地のみに設定された抵当権が実行された場合の法定地上権の成立については、抵当権設定時に建物が存在することが必要ですが、再建決議によって建物が再建された場合、全部滅失した元の建物が抵当権設定前から存在したものであれば、その建物が現存していた場合と同一の範囲で法定地上権が成立するものと解されます(大審判昭和10年8月10日民集14巻1549号)。

(参考)　升田純「阪神・淡路大震災と財産法上の緊急課題(9)」NBL571号42頁(1995)。

［第５条関係］

Q34　敷地売却決議制度を創設した理由は何ですか。

A　災害により区分所有建物が全部滅失した場合における敷地の処遇に関して考えられる合理的な方策としては、新たに区分所有建物を再建するか、敷地を売却するかのいずれかであると考えられます。とりわけ、再建のための資金調達が困難である場合には、敷地共有者等としては、敷地を売却して、その代金の分配を受けることを望むのが通常であると思われます。

全部滅失した区分所有建物の敷地は、民法上の共有関係にあるのが通常であり、共有物について売却などの処分をするためには、民法の共有に関する規律に従えば、共有者の全員の同意が必要となります。しかしながら、敷地の売却に常に全員の同意が必要であるとすると、一人でも売却に反対する者がいると売却を実現することができず、敷地が管理もされないまま放置されることにもなりかねません。このような事態は、被災した敷地共有者等の生活の再建という観点からも、また、被災地の復興という観点からも望ましいことではないと考えられます。

そこで、改正法においては、滅失した区分所有建物の敷地の利用、処分の在り方として合理的な選択肢の一つであると考えられる敷地の売却について、敷地共有者等の議決権の多数決により可能とする制度（敷地売却決議制度）を創設することとしています。

Q35　敷地売却決議に議決権の5分の4以上の多数を要求した理由は何ですか。

A　改正法は、区分所有建物が全部滅失した場合について、敷地売却決議制度を創設していますが、共有関係にある敷地の売却（準共有関係にある敷地についての権利の売却も同様です）は、本来であれば、敷地共有者等全員の同意が必要となります（民法第251条参照）。本来全員の同意を必要とする敷地の売却を多数決により実現することを可能とすると、本人の意思に反して権利の処分が強制される敷地共有者等が生じることになりますので、決議の反対者の意思に反してでも売却を実行することの正当性を担保するためには、多数決の要件は厳格である必要があると考えられます。

また、区分所有法では、個々の区分所有者にとって区分所有権の処分を伴うこととなる区分所有建物の建替えについては5分の4以上という特別の多数決で行うことができるとされているところ（区分所有法第62条第1項）、敷地の売却も、敷地共有持分等の処分であるという点で建替えに類するものであることから、建替えと同程度の多数決要件とすることが相当であると考えられます。

さらに、敷地売却決議は、飽くまで、敷地共有者間で敷地の売却について意思決定をするにすぎません。決議が成立した後は、決議に基づいて敷地の売却を実行しなければなりませんが、その円滑な実行のためには、できるだけ多数の敷地共有者等が決議に賛成していることが望ましいでしょう。

加えて、敷地売却決議においては、自己の意思に反して権利の処分が強制される決議の反対者に経済的損失が生じないようにするため、決議の賛成者側が反対者の権利を時価で買い取る旨の売渡し請求制度を設けていますが、多数決要件を低くしすぎると、それだけ売渡し請求の対象となる者が増え、権利を買い取るための費用も増大し、結局、売却を実行するために要するコストが増大するといった側面も無視できません。

これらの事情を考慮して、改正法では、敷地売却決議の多数決要件を敷地共有者等の議決権の5分の4以上の多数としています。

Q36 敷地利用権が賃借権や地上権など所有権以外の権利であった場合であっても、敷地売却決議をすることはできますか。

A 敷地利用権（区分所有法第2条第6項参照）は、所有権である場合のほか、賃借権や地上権といった所有権以外の権利である場合もあります。

改正法では、敷地共有者等が多数決により敷地共有持分等に係る土地を売却する敷地売却決議制度を創設していますが、敷地共有持分等が所有権以外の権利である場合には、その権利を売却することができることとしています（第5条第1項の括弧書きで「これに関する権利を含む。」としているのは、この趣旨です）。

もっとも、敷地売却決議は、敷地共有者等集会の決議ですから、その決議の効力は敷地共有者等及びその承継人に対してのみ効力を生じるのであって（第3条第1項において準用する区分所有法第46条第1項）、敷地共有持分等が所有権以外の権利である場合、敷地の所有者に対しては決議の効力が及びません。

敷地共有持分等が地上権である場合には、地上権は物権であることから、敷地の所有者の承諾がなくとも自由に譲渡することができます。

他方、敷地共有持分等が賃借権である場合には、原則として、敷地の所有者の承諾がなければその賃借権を譲渡することはできません（民法第612条第1項）(注)。

（注）　第2条の災害として指定された災害が被災借地借家法第2条第1項の特定大規模災害として指定され、かつ、同法第5条の土地の賃借権の譲渡又は転貸の許可の特例に関する措置が適用されている場合には、賃借権の譲渡について敷地の所有者の承諾が得られないときでも、同条の規定に基づき、裁判所に対し、敷地の所有者の承諾に代わる賃借権の譲渡の許可の裁判を求める申立てをすることが考えられます。

Q37　敷地売却決議の手続の概要はどのようなものですか。

A　敷地売却決議をするための敷地共有者等集会を開催するための要件とその手続は、再建決議と同様です。具体的な手続の概要については、Q18及びQ24を参照してください。

Q38　敷地売却決議においては、どのような事項を定めなければなりませんか。

A　敷地売却決議は、敷地の売却という重大な処分を内容とする決議ですから、各敷地共有者等は、決議に基づいて実行される売買契約の概要が定まっていなければ、敷地売却決議の賛否を決することが困難であると考えられます。また、決議に基づく売買契約の実現を確保するためにも、決議の成立後に実行しようとする売買契約の概要が定まっている必要があるでしょう。

このような観点からは、売買契約の概要として、契約の重要な要素である売却の相手方と売却代金の額に関する事項を決議事項とすることが考えられます。もっとも、敷地売却決議は、敷地共有者等の間における意思決定であるにとどまり、敷地の売却に係る契約は、実際に決議が成立した後に実行されることになりますので、決議がされる段階においては、売却の相手方及び売却による代金はいずれも確定したものではありません。

そこで、改正法では、敷地売却決議における決議事項として、「相手方となるべき者」、「売却による代金の見込額」を定めなければならないこととしています。

Q39 敷地売却決議において、売却代金の分配に関する事項を決議事項としていないのはなぜですか。

A 共有関係にある敷地を売却することにより得られた代金については、売買代金の分配は敷地共有持分に従って分配されることが衡平にかなうと考えられます。

そこで、敷地売却決議においては、売却により得られる代金は、敷地共有者等の持分割合に従って機械的に分配されることを前提とすることとしています。そのため、売却代金の分配に関する事項を決議事項とはしていません。

Q40　敷地売却決議をするための集会を招集する場合には、どのような事項を通知する必要がありますか。

A　敷地売却決議においても、再建決議をするための敷地共有者等集会を招集する場合と同様、会議の目的たる事項を示すほかに、議案の要領（敷地売却決議における議案の要領とは、第５条第２項各号に定める内容を含んだ売却計画を指します）に加えて、売却を必要とする理由を通知事項としています。

「売却を必要とする理由」とは、当該敷地を売却することが必要である積極的な理由を意味するものです。敷地売却決議を目的とする敷地共有者等集会を招集する者は、議案を提案するに当たって、再建などの他の選択肢との比較をも考慮した上で、売却が必要であり、かつ合理的であると判断した理由について、可能な限り具体的根拠を示して記載する必要があります。これにより、再建決議との比較検討をすることができることとなるなど、敷地共有者等が敷地売却決議の賛否を決するに当たって必要かつ重要な情報が提供されることとなり、敷地売却決議の合理性が担保されることになります。

Q41　敷地売却決議のための敷地共有者等集会の前に開催される説明会においては、誰が、何を行う必要がありますか。

A　敷地の売却という重要な行為を多数決により決定するに当たっては、敷地共有者等が、決議の賛否を検討するために必要な事項に関して十分な説明を受け、質問する機会が保障されていることが重要です。また、改正法では、敷地売却決議のほかに再建決議をすることもできることとしていますので（第4条）、敷地共有者等が、区分所有建物の全部が滅失した場合におけるその敷地の処遇についてこれらの選択肢を比較して検討することができるような手続保障を図ることが相当であると考えられます。

そこで、集会の招集者は、開催前の段階から敷地共有者等に対する手続保障を充実させる観点から、敷地売却決議をするための敷地共有者等集会の再建決議の場合と同様、集会の開催に先立って説明会を開催しなければならないものとすることとしています。

具体的には、敷地共有者等集会の招集者は、敷地共有者等集会の開催日より1か月以上前までに、招集に際して通知すべき事項（議案の要領及び売却を必要とする理由。Q40参照）に関する説明会を開催しなければならないこととされています（第5条第3項において準用する第4条第6項）。なお、この説明会の開催の手続については敷地共有者等集会の招集の手続の規定を準用しています（第5条第3項において準用する第4条第7項）ので、敷地共有者等に対して、説明会の開催の通知を発する必要があります。ただし、説明会の通知の時期は、開催日の1週間以上前に発すれば足りますので、敷地売却決議をするための敷地共有者等集会とその説明会の日程を定めた上で、これらの会議のための通知を一括して行うことも可能です。

説明会の開催が義務付けられた趣旨に照らせば、敷地共有者等集会の招集者は、説明会において、まず、通知事項に関する説明を行った後、説明会に出席した区分所有者から質問があれば、それに答える必要があると考えられます。もっとも、敷地共有者等からの質問に回答するために調査が必要な場合には、その場で直ちに回答する必要はなく、調査をした後に適宜の方法で回答すれば足りると考えられます。また、通知事項に関する説明の中に専門的な事項が含まれている場合等には、必要に応じて、招集者の説明を補助する趣旨で、専門家等に同席してもらうことが適当な場合もあると考えられます。

なお、説明会を開催しなかった場合や、説明会において決議の結果に影響を及ぼすような虚偽の説明がされた場合には、敷地売却決議の手続に重大な瑕疵があるとして、決議が無効になる可能性があると考えられます。

Q42 敷地売却決議があった場合、決議に賛成しなかった者に対する売渡請求権を行使するための手続の概略は、どのようになっていますか。また、売渡請求権が行使されると、当事者間にどのような法律関係が生じるのですか。

A　敷地売却決議は、多数決に基づいて敷地の売却を行うための制度ですから、決議が成立したとしても、全員同意でない限り、決議に賛成しなかった敷地共有者等が存在することになります。決議に賛成しなかった敷地共有者等には、決議に反対した者のほか、議決権を行使しなかった者（積極的に賛成の意思を示さなかった者）も含まれます。

敷地売却決議が成立したのみでは、売却の相手方となるべき者との間で当然に売買契約が成立するわけではなく、実際に売却を実現するためには、決議に基づいて売買契約を締結するなど、決議の後に引き続く様々な行為を敷地共有者間で共同して行う必要がありますので、敷地共有者間に売却に反対する者がいると、売却の実現が困難になることが想定されます。

そこで、決議に基づく売却を実現するために、再建決議があった場合と同様、売却に参加しない敷地共有者等の敷地共有持分等を時価で売り渡すよう請求する権利を敷地売却決議の効果として売却参加者の側に認めることとし、この権利の行使により、敷地共有持分等の全部を参加者に集めて売却の実現を容易にするとともに、売却に参加しない敷地共有者等に対しては時価による資本回収の手段を確保することとしています。

決議に賛成しなかった者に対して売渡請求権を行使するための手続及び売渡請求権が行使された場合における当事者間の法律関係については、再建決議があった場合と同様です。その具体的な内容については、Q28 から Q30 までを参照してください。

Q43　敷地の売却は、誰がどのようにして実行するのですか。

A　敷地売却決議に基づく敷地の売却は、敷地売却決議に賛成した敷地共有者等、決議には賛成しなかったが催告に対して決議の内容により売却に参加する旨の回答をした敷地共有者等、敷地共有持分等を買い受けた買受指定者及びこれらの者の承継人が主体となって実行することになります。

これらの者の間には、敷地の売却という共同事業を目的とする組合契約類似の合意の成立が擬制され（第5条第3項において準用する区分所有法第64条）、この合意に基づいて売却が行われることになります。

Q44 敷地売却決議がされたのに売却が行われない場合は、どうなるのですか。

A　売渡し請求は、敷地の売却を実現するための手段として敷地の売却事業に参加する者に対して認められたものですから、敷地売却の参加者が売渡請求権を行使し敷地売却の不参加者の敷地共有持分等を強制的に買い取ったまま、いつまでも敷地の売却の実行に着手しないで放置することを許容することは、衡平を欠くものと考えられます。

そこで、敷地売却決議から2年を経過しても敷地売却決議に基づく売買契約による権利の移転がない場合には、敷地売却決議に基づく売渡し請求により自己の敷地共有持分等を売り渡した者は、売渡し請求の際の代金額を提供して、その権利を売り渡すことを請求することができます（第5条第3項において準用する区分所有法第63条第6項。再売渡請求権。再建決議の場合とは、再売渡請求権が発生するための要件が異なる点に注意が必要です）。この再売渡請求権を行使できる期間は、敷地売却決議が行われた日から2年を経過した日から6か月以内です。また、再売渡請求権を行使する相手方は、売渡し請求を受けて売り渡した敷地共有持分等を現に有する者であり、売渡請求権を行使した者が第三者に敷地共有持分等を譲渡していたときはその者に対して再売渡請求権を行使することになります。

もっとも、決議後2年以内に敷地売却決議に基づく売買契約による権利の移転が行われていないとしても、正当な理由があって売買契約による権利の移転ができない場合もあります。例えば、売買契約に基づいて権利を移転するに当たり、敷地共有持分等に設定されている抵当権の抹消のために抵当権者との交渉に時間がかかるような場合が挙げられます。そこで、決議後2年が経過してもこのような正当な理由があれば再売渡請求権は生じませんが（第5条第3項において準用する区分所有法第63条第6項ただし書）、権利の移転を妨げる正当な理由がなくなった場合には、その理由がなくなった日の翌日から起算して6か月以内に権利の移転がされなかったときに再売渡し請求ができるようになります。この場合、再売渡請求権を行使することができるのは、再売渡請求権を行使することができる者がその理由がなくなったことを知った日又はその理由がなくなってから２年を経過した日のいずれか早い時期までです（第５条第３項において準用する区分所有法第 63 条第７項）。

再売渡請求権が行使されると、第５条第３項において準用する区分所有法第 64 条により敷地売却の合意を擬制されない者が敷地共有者等として復帰することになりますので、敷地を売却するためには、再売渡請求権を行使して敷地共有者等となった者との間で別途の合意が必要となることになります。

Q45　敷地売却決議がされた場合、全部滅失した区分所有建物の敷地利用権について抵当権を有していた者の権利はどうなるのですか。

A　区分所有建物が全部滅失した場合であっても、敷地利用権であった所有権には影響は生じませんから、所有権に設定されていた抵当権にも何ら影響は生じません。また、敷地利用権が地上権であった場合にも、地上権に設定されていた抵当権には何ら影響は生じません。

法律上は、敷地売却決議に基づき、抵当権が設定されたままで建物の敷地を売却することも可能ですが、実際には、抵当権が設定されたままの敷地を買い受ける者は多くないと思われますから、敷地売却決議に基づく売却を円滑に進めるに当たっては、抵当権者との間で合意をして抵当権を消滅させることになると考えられます。

仮に、抵当権が設定されたままの状態で敷地が売却された場合には、買受人が抵当権消滅請求（民法第379条以下）や代価弁済（同法第378条）を行うことも考えられます。

［第6条関係］

Q46 区分所有建物が全部滅失した場合に、一定期間、敷地共有者等による共有物の分割の請求を制限しているのはなぜですか。

A 何らかの原因により区分所有建物の全部が滅失した場合には、建物区分所有関係は終了し、当該区分所有建物に係る敷地利用権が共有関係にあったときは、その敷地について敷地共有者等による共有関係だけが残ることとなります。そして、民法上は、共有者はいつでも共有物の分割を請求することができることとされています（同法第256条第1項、準共有者につき同法第264条において準用する同法第256条第1項）。

しかしながら、敷地共有者等がいつでも敷地について共有物の分割の請求をすることができることとすると、例えば、再建決議や敷地売却決議が成立した後に共有物の分割の請求がされると、一旦成立した再建決議に基づく再建計画や、敷地売却決議に基づく売買契約の内容について見直しを余儀なくされる事態が生じるなど、再建決議又は敷地売却決議をすることが事実上困難又は不可能となるおそれがあります。

そこで、改正法第6条では、旧法第4条と同様、敷地共有者等の一部による共有物の分割の請求によって再建決議や敷地売却決議が事実上困難又は不可能となることを防ぐため、再建決議又は敷地売却決議をする余地のある間、この分割の請求を原則的に禁止することとしています（注）。

（注）　全部滅失した区分所有建物が団地内にあった場合であって、一括建替え等決議（第18条第1項）をするための要件を満たすときは、再建決議及び敷地売却決議のほか、一括建替え等決議をする余地のある間、団地内の土地の共有物分割請求が原則として禁止されることとなります。

Q47 敷地共有者等による共有物の分割の請求が禁止されるのは、いつからですか。

A 第6条は、①政令で定める災害により区分所有建物が全部滅失した場合と、②政令で定める災害により区分所有建物が大規模一部滅失した場合において、当該区分所有建物が取壊し決議（第11条）又は区分所有者全員の同意に基づき取り壊されたときとに分けて、共有物の分割の請求が禁止される期間の始期を定めています。

①政令で定める災害により区分所有建物が全部滅失した場合は、第2条の大規模な災害を定める政令の施行の日から起算して1か月を経過する日の翌日から、共有物の分割の請求を禁止することとしています（第6条第1項）。この点は、旧法から変更を加えていません。

民法上、共有者はいつでも共有物の分割を請求することができるとされています（同法第256条第1項）。改正法では、再建決議（一括建替え等決議（第18条第1項）をするための要件を満たしている場合には一括建替え等決議を含みます）、又は敷地売却決議をする余地のある間、この分割の請求を原則的に禁止することとしていますが、敷地共有者等は、政令で定める大規模な災害により区分所有建物が全部滅失した場合には、自らの意思によらずに敷地の共有関係に入りながら、本来いつでもすることができることとされている共有物の分割が原則として禁止されるという地位に置かれることになります。

そこで、再建決議、敷地売却決議又は一括建替え等決議をすることが事実上困難又は不可能となることを防ぐために、原則として共有物の分割の請求を禁止することとしつつ、分割の請求を望む敷地共有者等の権利にも配慮して、政令の施行の日から1か月間は、分割の請求を許容することとして、分割の請求を禁止するまでに一定の猶予期間を設けています。

他方、②政令で定める災害により区分所有建物が大規模一部滅失した場合において、当該区分所有建物が取壊し決議（第11条）又は区分所有者全員の同意に基づき取り壊されたときについては、①の場合とは異なり、分割の請求を禁止するまでに一定の猶予期間を設けることはしていません（第6条第2項）。したがって、この場合の分割の請求が禁止される期間の始期は、

第２条の災害を定める政令の施行の日になります。

取壊し決議等によって区分所有建物が取り壊された場合には、取壊し事業に参加した敷地共有者等（又はその承継人）は、取壊し後の敷地について多数決による処分を見通した上で建物を取り壊すことから、区分所有建物の全部が滅失した場合とは異なり、敷地共有者等による共有物の分割の請求を制限するに当たって、猶予期間を設けることとはしていません。

Q48 共有物の分割が禁止されている期間、敷地共有者等の法律関係はどうなるのですか。

A　分割禁止期間の開始前に共有物の分割の請求がなかった場合、分割禁止期間（第６条第１項及び第２項いずれも、第２条の災害を定める政令の施行の日から起算して３年を経過する日までの間としています）が満了するまでは、第６条第１項ただし書又は同条第２項ただし書の場合でない限り、分割の請求をすることはできなくなります。

この間、敷地共有者等は、原則として分割の請求のないことを前提として、第３条が準用する区分所有法の規定に従って、管理者を置き、敷地共有者等集会を開いて敷地の管理をすると共に、改正法の定めるところにより、再建決議（一括建替え等決議（第18条第１項）をするための要件を満たしている場合には一括建替え等決議を含みます）や敷地売却決議をすることができることとなります。

なお、この分割禁止期間中であっても、敷地共有者等は、その有する敷地共有持分等を任意に譲渡することは可能です。議決権は、それを行使する時点における敷地共有者等が行使することとなりますが、決議の効力（売渡し請求や再建又は売却の合意の擬制等）は敷地共有者等の承継人に及ぶことになります。

Q49 再建決議や敷地売却決議をすることができないと認められる顕著な事由がある場合には、分割禁止期間中であっても共有物の分割の請求を許容することとしたのはなぜですか。

A 5分の1を超える議決権を有する敷地共有者等が分割の請求をする場合その他再建、売却いずれの決議（一括建替え等決議（第18条第1項）をするための要件を満たしている場合には、一括建替え等決議を含みます）もすることができないと認められる顕著な事由がある場合には、もはや敷地共有者等の分割の請求を制限する意義は失われることとなります。また、このような場合には、敷地を分割して利用することを早期に認めることとする方が、かえって土地の有効利用に資することになりますし、場合によっては、分割により敷地共有者等の範囲を縮小していくことにより土地の一体的な利用を図る途が開かれるようになることもあります。

このような観点から、第6条第1項ただし書（第2項ただし書でも準用されています）は、敷地全部について再建決議（一括建替え等決議（第18条第1項）をするための要件を満たしている場合には、一括建替え等決議を含みます）や敷地売却決議をすることすらできない顕著な事由がある場合には、分割禁止期間中であっても共有物の分割の請求を許容することとするものです。

Q50　再建決議及び敷地売却決議をすることができない顕著な事由がある場合とは、どのような場合ですか。

A　再建や売却の決議をすることができない顕著な事由がある場合とは、例えば、議決権の５分の１を超える敷地共有持分等を有する敷地共有者等が分割の請求をする場合をいいます。

このほか、再建決議や敷地売却決議をするための敷地共有者等集会においてこれらの決議案が否決され、議案に反対した議決権の数、反対の理由、再建決議や敷地売却決議をすることができる期間の残日数に照らし、再度の集会において再建決議や敷地売却決議がされる見込みが立たないときにも、この顕著な事由があるものと解されます。ただし、決議案が否決された場合であっても、敷地共有者等の互譲により再度の集会において決議がされる余地が常になくなるわけではありませんから、決議案が否決されたことのみをもって当然に顕著な事由があるということはできません。

この顕著な事由の存否は、敷地共有者等各自が、分割の請求に基づく分割についての協議に応ずるかどうかを決める際に判断することになります。敷地共有者等の判断が一致せず、分割の協議が行われないため、共有物分割訴訟が提起された場合（民法第258条第１項、同法第264条において準用する同法第258条第１項）には、裁判所が、その訴訟において判断することになります。

Q51

分割禁止期間中に第６条第１項ただし書又は第２項ただし書に定める顕著な事由があるとして分割がされ、その後においてなお建物の敷地又はこれに関する権利を数人が有する状態が続く場合、その敷地共有者等は、再建決議や敷地売却決議をすることができますか。

A　分割禁止期間中に建物の敷地又はこれに関する権利が分割された場合であっても、分割に係る土地が建物の敷地であったことに変わりはなく、分割後の共有者が有する権利が、その建物に係る敷地利用権であったもの（敷地共有持分等）であることにも変わりありません。したがって、分割後の共有者は、敷地共有持分等を有する者（敷地共有者等）であることになり、改正法に基づき、再建決議（一括建替え等決議（第18条第１項）をするための要件を満たしている場合には、一括建替え等決議を含みます）や敷地売却決議をすることができると考えられます。

第3章　区分所有建物の一部が滅失した場合における措置

[第3章総論]

Q52　区分所有建物が大規模一部滅失した場合には、どのような措置をとることができますか。

A　区分所有建物が大規模一部滅失した場合には、①区分所有者及び議決権の各4分の3以上の多数決により滅失した部分を復旧する旨の決議（復旧決議。区分所有法第61条第5項）、②区分所有者及び議決権の各5分の4以上の多数決により滅失した建物を建て替える旨の決議（建替え決議。区分所有法第62条）の各措置をとることができます。

さらに、政令で定める大規模な災害により区分所有建物が大規模一部滅失した場合には、前記の措置に加え、改正法により、③区分所有者、議決権及び敷地利用権の持分の価格の各5分の4以上の多数決により区分所有建物及び敷地を売却する旨の決議（建物敷地売却決議。第9条）、④区分所有者、議決権及び敷地利用権の持分の価格の各5分の4以上の多数決により区分所有建物を取り壊し、かつその敷地を売却する旨の決議（建物取壊し敷地売却決議。第10条）、⑤区分所有者及び議決権の各5分の4以上の多数決により区分所有建物を取り壊す旨の決議（取壊し決議。第11条）の各措置をとることができます。

Q53　改正法第3章では、どのようなことを定めていますか。

A　政令で定める大規模な災害により区分所有建物が大規模一部滅失した場合について、このような区分所有建物が長期間放置されることを防止し、被災地の健全な復興を促進するため、新たに、①区分所有建物及びその敷地を売却する旨の決議（建物敷地売却決議。第9条）、②区分所有建物を取り壊し、その敷地を売却する旨の決議（建物取壊し敷地売却決議。第10条）、③区分所有建物を取り壊す旨の決議（取壊し決議。第11条）の各決議の制度を設けています。

また、区分所有者の保護を図りつつ、集会を円滑に行うことができるように、区分所有者集会（注）の招集通知に関する特例（第8条）を設けるなど、必要な規定を整備しています（Q56、Q58、Q59参照）。

（注）　区分所有者集会とは、第2条の政令で定める大規模な災害により区分所有建物が大規模一部滅失した場合において、その政令の施行の日から起算して1年を経過する日までの間に、改正法及び区分所有法の定めるところにより、区分所有法第34条の規定により開かれる集会をいいます（第7条）。

Q54 改正法において、区分所有建物が大規模一部滅失した場合における措置を設けたのはなぜですか。

A 区分所有法上、区分所有建物が大規模一部滅失した場合には、復旧決議（区分所有法第61条第5項）又は建替え決議（区分所有法第62条）をすることができますが、復旧や建替えは多額の費用を要するため、区分所有者が復旧や建替えをすることを断念することも考えられます。このような場合に、大規模一部滅失した区分所有建物を取り壊し、あるいは区分所有建物をその敷地と共に売却することが考えられますが、建物の取壊しや建物及び敷地の売却については特別な規定が設けられていないため、民法の原則により区分所有者全員の同意が必要となり（同法第251条参照）、1人でも反対すると、建物の取壊しや建物及び敷地の売却を実現することができないことになります。地震等の大規模な災害により大規模一部滅失した区分所有建物は、通常、そのままの状態では使用を継続することが困難なことが多いものと考えられますが、このような建物が取壊し等の処分も管理もされないまま長期間放置されることになりますと、被災地の復興の妨げになりかねません。

東日本大震災においては、同大震災により重大な被害を受けた区分所有建物について、復旧や建替えではなく、全員の同意により区分所有建物を取り壊した事例がみられましたが、これには著しい労力を要するとの問題点が指摘されました。

そこで、改正法においては、政令で定める大規模な災害により区分所有建物が大規模一部滅失した場合における措置として、建物敷地売却決議制度、建物取壊し敷地売却決議制度、及び取壊し決議制度を新たに設け、多数決により、区分所有建物の取壊しや、建物及び敷地の売却等の方策をとることができるものとしました。

Q55 大規模一部滅失に至らない区分所有建物を改正法の適用対象としなかったのはなぜですか。

A 大規模な災害により区分所有建物が大規模一部滅失した場合には、区分所有建物は、通常、そのままの状態では使用を継続することが困難なことが多いものと考えられます。そして、このような場合における復旧や建替えには多額の費用を要することから区分所有者が復旧や建替えを断念し、大規模一部滅失した区分所有建物が管理もされないまま長期間放置されるおそれがあります。そこで、区分所有建物が大規模一部滅失した場合には、区分所有建物とその敷地の処分について特別の措置を講じる必要性が大きいものと考えられます。

これに対し、区分所有建物の損傷が大規模一部滅失に至らない場合には、必要な修繕工事を行って建物の利用を継続することが経済的合理性にかなうことが多いものと考えられます。

そこで、改正法においては、大規模一部滅失に至らない区分所有建物については、特別の措置を講じることにはしませんでした。

[第7条関係]

Q56 区分所有建物が大規模一部滅失した場合における措置として、区分所有者集会の特例（第7条）を設けることにしたのはなぜですか。

A 区分所有建物が大規模一部滅失した場合であっても、未だ建物として存続していることから、当該建物の法律関係には引き続き区分所有法が適用され、区分所有者は、区分所有法に基づいて集会（区分所有者集会）を開くことができます。他方、改正法において新たに設けられた建物敷地売却決議（第9条）、建物取壊し敷地売却決議（第10条）及び取壊し決議（第11条）に関しては、区分所有法のみならず、改正法の規定に従って集会が開かれることになります。そうすると、改正法の規定に従って開かれる集会については、区分所有者は区分所有法の定めるところによって集会を開くことができる旨を定める区分所有法第3条との関係が問題となります。

そこで、区分所有法と改正法の適用関係を明らかにするため、改正法においては、区分所有者は、改正法及び区分所有法の定めるところによって区分所有者集会を開くことができる旨の区分所有者集会の特例を設けることにしたものです。

Q57 改正法第 3 章で定める措置には、どのような期間制限が設けられていますか。

A 第 7 条は、政令で定める大規模な災害により区分所有建物が大規模一部滅失した場合においては、区分所有者は、災害を定める政令の施行の日から起算して 1 年が経過する日までの間は、改正法及び区分所有法の定めるところにより、区分所有者集会を開くことができると規定しています。

したがって、区分所有者集会において決議される建物敷地売却決議（第 9 条)、建物取壊し敷地売却決議（第 10 条）及び取壊し決議（第 11 条）は、政令の施行の日から起算して 1 年以内にしなければなりません(注)。

このような期間制限を設けたのは、災害により重大な被害を受けた区分所有建物は、通常はそのままの状態で使用を継続することが困難な状態にあることが多いものと考えられることから、早期に取壊しや売却等、必要な処分をすることが相当であると考えられることによります。

なお、旧法が適用された阪神・淡路大震災においては、建替えの発意から建替え決議がされるまでの期間は平均して約 9 か月であったとされています。また、東日本大震災においては、区分所有者全員の同意に基づき取壊しが行われましたが、その多くは、災害発生から 1 年以内に取壊しについて区分所有者全員の同意が得られていました。これらの災害における実情も踏まえ、期間制限は、政令の施行の日から起算して 1 年以内としました。

（注） 東日本大震災については、第 2 条の災害として同震災を定める政令が平成 25 年 7 月 31 日に施行されました。第 7 条は、「政令の施行の日から起算して一年を経過する日までの間」と規定しており（初日不算入の原則を定めた民法の規定（同法第 140 条）は適用されません)、初日を算入して一年間ということですから、東日本大震災について、改正法第 3 章で定める措置は、平成 26 年 7 月 30 日まで適用があることになります。

[第8条関係]

Q58　区分所有建物が大規模一部滅失した場合について、区分所有者集会の招集の通知に関する特例を設けることにしたのはなぜですか。

A　区分所有者集会を招集するには、各区分所有者にその旨の通知をしなければなりません（区分所有法第35条第1項本文）。

そして、区分所有法においては、集会の招集の通知は、区分所有者が管理者に対して前もって通知を受けるべき場所を届け出ているときにはその場所に宛てて、この届出がされていないときには区分所有者の所有する専有部分が所在する場所に宛てて、それぞれ発すれば足りることとされています（区分所有法第35条第3項前段）。また、建物内に住所を有する区分所有者又は管理者に通知場所の届出をしない区分所有者に対する招集通知は、規約に特別の定めがあるときは、建物内の見やすい場所（掲示場、建物の出入口等）に掲示してすることができることとされています（同条第4項前段）。

しかし、大規模な災害が発生して区分所有建物が大規模一部滅失した場合には、建物の損壊やライフラインの停止などにより、多くの区分所有者が区分所有建物から離れて生活することを余儀なくされることなどが想定されるため、区分所有者集会の招集の通知を前記のような方法で行うことは相当ではないと考えられます。

そこで、政令で定める大規模な災害により区分所有建物が大規模一部滅失した場合に、区分所有者集会の招集の通知をするときは、区分所有法第35条第3項及び第4項の規定は適用しないこととし（第8条第1項）、原則として、区分所有者が所在する場所に宛てて通知をすることとしました[注]。

（注）　なお、この特例は、建物敷地売却決議等を行う場合に限られるものではなく、区分所有建物が政令で定める大規模な災害により大規模一部滅失した場合に区分所有者により行われる集会全般について適用されます。

Q59　区分所有建物が大規模一部滅失した場合に、区分所有者集会を招集しようとする者は、どのように招集の通知をするのですか。

A　政令で定める大規模な災害により区分所有建物が大規模一部滅失した場合の区分所有者集会の招集の通知に関しては、改正法において、以下のような特例が設けられています。

１　政令で定める大規模な災害により区分所有建物が大規模一部滅失した場合における区分所有者集会の招集の通知は、原則として、区分所有者が所在する場所に宛ててする必要があります（第８条第１項参照）（Q58参照）。

そのため、区分所有者集会を招集する者は、各区分所有者の所在場所を調査して各区分所有者に通知をすることになります。

もっとも、区分所有者が災害の発生後に管理者に対して通知を受けるべき場所を通知したときは、その場所に宛てて区分所有者集会の招集通知を発すれば足りることとしています（第８条第２項前段）。なお、この場合の通知は、「通常それが到達すべき時に到達したもの」とみなされます（同項後段）。

２　また、改正法は、大規模な災害が発生した場合に適用されることから、必ず区分所有者の所在する場所又は区分所有者が災害の発生後に管理者に通知した場所に宛てて通知をしなければならないものとすると、区分所有者の所在が不明となっている場合には、当該区分所有者に対して集会の招集の通知をすることができず、集会の開催自体が困難となる事態も想定されます。

そこで、改正法では、区分所有者集会を招集する者が区分所有者の所在を知ることができないときは、集会の招集の通知は、当該区分所有建物又はその敷地内の見やすい場所に掲示してすることによって行うことができることとしています（第８条第３項）。

３　掲示による集会の招集通知は、掲示をしたときに到達したものとみなされます（第８条第４項本文）。ただし、各区分所有者の集会への参加の機会を不当に奪われることがないようにするため、区分所有者集会を招集する者が当該区分所有者を知らないことについて過失があったときは、この掲示による通知の到達の効力は認められないこととしています（同項ただし書）。なお、「所在を知ることができないとき」とは、敷地共有者等集会の場合と同様、集会を招集する者に合理的に期待される程度の所在調査を尽くしてもなお、区分所有者の所在を知ることができない場合をいうものです（Q20参照）。具体的にどの程度の調査を尽くせば足りるかについても、敷地共有者等集会を招集する場合と同様ですから、Q21を参照してください。

[第9条から第11条関係]

Q60 建物敷地売却決議制度、建物取壊し敷地売却決議制度及び取壊し決議制度を設けることにしたのはなぜですか。

A 大規模な災害によって区分所有建物が大規模一部滅失した場合には、そのままの状態では建物を利用することが困難なことが多いものと考えられます。このような場合に、区分所有法は、復旧決議（区分所有法第61条第5項）又は建替え決議（区分所有法第62条）の規定を設けていますが、大規模な災害が発生した場合には、区分所有者が被災により財産や職を失って当座の生活に困窮し、復旧や建替えの費用を支出することができずに、これを断念せざるを得ないことも十分に想定されるところです。他方、大規模な災害によって区分所有建物が大規模一部滅失した場合には、①復旧や建替えの費用はもとより、建物を取り壊すための費用すら調達することができず、建物と敷地を早期に売却して新たな生活を再建するための資金を得たい、②建物を取り壊して更地にした状態であればその敷地を買い受けたいと申し出る者がおり、建物を取り壊した上で敷地を売却して新たな生活を再建するための資金を得たい、あるいは③建物を建て替えるか、これを断念して敷地を売却するかについては十分に時間をかけて検討したいが、建物をそのまま放置することは危険があることなどから、まずは建物を取り壊したい、といったニーズが生じるものと考えられます。また、大規模に損壊した区分所有建物が復旧も建替えもされないまま放置されることは被災地の復興の観点から望ましくない事態です。

そこで、改正法においては、区分所有建物が大規模一部滅失した場合における措置として、建物敷地売却決議制度、建物取壊し敷地売却決議制度及び取壊し決議制度を設けることとしました(注)。

(注)　建物取壊し敷地売却決議は、取壊し決議（第11条）及び敷地売却決議（第5条）の決議の内容を一度の決議で実現するものであり、これらの決議制度を設ければ、建物取壊し敷地売却決議制度を設ける必要はないとも考えられます。

しかし、取壊し決議と敷地売却決議の集会の招集権者や議決権者が異なっていること等からすれば、これらの決議を同時に行うことができるのかは法律上不明確であるといわざるを得ません。

そこで、建物取壊し敷地売却決議制度を設けることにより、建物の取壊しと敷地の売却を一度の決議ですることができることを法律上明確にしています。

Q61

建物敷地売却決議及び建物取壊し敷地売却決議の多数決の基準として区分所有者、議決権に加えて敷地利用権の持分の価格を考慮しているのはなぜですか。取壊し決議においては敷地利用権の持分の価格を考慮していないのはなぜですか。

A　建物敷地売却決議及び建物敷地売却決議は、区分所有者、議決権(注)及び敷地利用権の持分の価格の各5分の4以上の多数ですることができるものとしています（第9条第1項）。

建物敷地売却決議は、区分所有建物及び敷地を売却することを内容としており、建物取壊し敷地売却決議は、区分所有建物を取り壊した上で敷地を売却することを内容としています。このように、これらの決議においては、区分所有建物の取壊しや売却のみならず、その敷地を売却することも、その内容としています。そのため、決議をするに当たっては、区分所有建物に関する権利のみならず、敷地利用権についての利用・処分の権利を有する区分所有者の多数が売却に賛成することも必要になると考えられます。

そこで、多数決の基準として、区分所有者及び議決権に加え、敷地利用権の持分の価格についても考慮することとしています。

他方で、取壊し決議は、区分所有建物を取り壊すことのみを内容とするものであり、敷地の売却等の処分を伴うものではないことから、敷地利用権の持分の価格を考慮していません。

（注）　建物敷地売却決議、建物取壊し敷地売却決議及び取壊し決議は、大規模一部滅失したとはいえ、建物が残存していることから、当該建物の法律関係には引き続き区分所有法が適用されます（Q4参照）。したがって、区分所有者集会における議決権の割合は、規約に別段の定めがない限り、区分所有法第14条に定める割合によることとなります（区分所有法38条参照）。

Q62 建物敷地売却決議、建物取壊し敷地売却決議及び取壊し決議に5分の4以上の多数を要求したのはなぜですか。

A 政令で定める大規模な災害により大規模一部滅失した区分所有建物について、当該建物及びその敷地を売却することは、共有物の処分に当たるため、本来であれば、区分所有者全員の同意が必要です（民法第251条参照）。区分所有建物及びその敷地の売却を多数決により実現することを可能とすると、本人の意思に反して権利の処分が強制される区分所有者が生じることになります。そのような決議の反対者の意思に反してでも売却を実行することの正当性を担保するためには、多数決の要件は厳格である必要があります。

また、区分所有法は、個々の区分所有者にとって区分所有権の処分を伴うこととなる区分所有建物の建替えについては5分の4以上という特別多数決で行うことができるとされています（区分所有法第62条第1項）。大規模一部滅失した区分所有建物及びその敷地の売却も、権利の処分であるという点で建替えに類するものであることから、これと同程度の多数決要件とすることが相当であると考えられます。

さらに、建物敷地売却決議は、飽くまで、区分所有者間で建物及びその敷地を売却するという意思決定をするにすぎず、決議が成立した後は、決議に基づいて売却事業を実行しなければなりません。売却事業の円滑な実行のためには、できるだけ多数の区分所有者が決議に賛成していることが望ましいといえます。

加えて、建物敷地売却決議においては、決議の反対者に経済的損失が生じないようにするため、決議の賛成者側が反対者の権利を時価で買い取る旨の売渡し請求制度を設けていますが（Q71参照）、多数決要件を緩和すると、それだけ売渡し請求の対象となる者が増え、権利を買い取るための費用も増大し、結局、売却を実行するために要する社会的、経済的コストが増大するといった側面も無視できません。

これらの事情を考慮して、改正法では、建物敷地売却決議の多数決要件は、区分所有者、議決権及び敷地利用権の持分の価格の各5分の4以上の多数とすることとしました。

建物取壊し敷地売却決議も、建物を取り壊した上で敷地を売却するものであって共有物である建物と敷地の処分に当たりますし、取壊し決議も、建物を取り壊すものであって共有物である建物の処分に当たります。そこで、建物敷地売却決議と同様に、多数決要件は、５分の４以上の多数とすることとしました。

Q63 敷地利用権が賃借権や地上権など所有権以外の権利であった場合でも、建物敷地売却決議及び建物取壊し敷地売却決議をすることはできますか。

A 敷地利用権（区分所有法第2条第6項参照）は、所有権のほか、賃借権や地上権といった所有権以外の権利であることもあります。

敷地利用権である賃借権や地上権を区分所有者が準共有している場合であっても、これらの権利を区分所有権と分離して区分所有者が引き続き有する必要性は乏しく、かえって分離処分に伴う法律上又は事実上の不都合(注1)に鑑みると、被災した区分所有者が区分所有権とその敷地に関する権利を共に売却し、これらの権利を第三者に取得させるのが適当であると考えられます。

そこで、敷地利用権が数人で有する地上権又は賃借権である場合であっても、建物敷地売却決議により、建物と共にこれらの権利を売却することができることとしています(注2)。

もっとも、建物敷地売却決議の効力は、区分所有者及びその承継人に対してのみ効力を生じるのであり、敷地利用権が所有権以外の権利である場合における敷地の所有者に対しては及びません。

その場合、敷地利用権が地上権である場合には、敷地の所有者の承諾がなくても、その地上権を売却することができます。これに対して、敷地利用権が賃借権である場合には、敷地の所有者の承諾がなければ、その賃借権を売却することができません（民法第612条第1項）。もっとも、敷地の所有者が賃借権を第三者に譲渡することを承諾しないときは、敷地利用権者は、裁判所に対し、その承諾に代わる賃借権の譲渡の許可の裁判を申し立てることができると考えられます（借地借家法第19条）。

以上は、建物取壊し敷地売却決議についても基本的に同様です(注2)(注3)(注4)。

（注1）　区分所有法第22条第1項は、規約に別段の定めがあるときを除いて、専有部分と敷地利用権の分離処分を禁止しています。その理由は、敷地利用権と専有部分の分離

処分を認めると、①区分所有建物の敷地の不動産登記簿が膨大となり権利関係の一覧性が欠如すること、②専有部分とこれに対応する権利とが別の者に帰属することに伴い、法律関係が複雑になること、③マンションの実際上の管理の場面において不都合が生じることが挙げられています（法務省民事局参事官室編『新しいマンション法――一問一答による改正区分所有法の解説』（社団法人商事法務研究会、1983）114頁以下参照）。

（注２）　第９条第１項及び第10条第１項の括弧書きで「敷地（これに関する権利を含む。）」としているのはこの趣旨です。

（注３）　建物取壊し敷地売却決議が成立した場合において、その敷地利用権が賃借権であって、敷地の所有者が賃借権の譲渡を承諾しないときには、敷地利用権者は、建物取壊し敷地売却決議に基づいて建物を取り壊した後に、大規模な災害の被災地における借地借家に関する特別措置法第５条により、裁判所に対し、その承諾に代わる賃借権の譲渡の許可の裁判を申し立てること（ただし、第２条の災害として指定された災害が大規模な災害の被災地における借地借家に関する特別措置法第２条第１項の特定大規模災害として指定され、かつ、同法第５条の土地の賃借権の譲渡又は転貸の許可の特例に関する措置が適用されていることが前提となります）が考えられます。

（注４）　取壊し決議は、敷地の処分を伴うものではなく、敷地利用権が賃借権又は地上権など所有権以外の権利であった場合でも、当然に同決議をすることができます。敷地の所有者との関係については、建物を取り壊した後、敷地の売却等の処分をしようとする段階になって問題となるにすぎません。

Q64 建物敷地売却決議、建物取壊し敷地売却決議及び取壊し決議の手続の概略は、それぞれどのようになっていますか。

A 建物敷地売却決議、建物取壊し敷地売却決議及び取壊し決議の手続の概略は、次のとおりです。

1　招集手続

(1)　招集権者

①　区分所有建物が大規模一部滅失していても建物は存続していますから、区分所有者集会の招集に関しては、通常の場合と同様に区分所有法の規律が適用されます（Q56 第7条関係参照）。

すなわち、管理組合に管理者がいる場合には管理者が（区分所有法第34条第1項）、管理組合法人が設立されている場合には理事が（区分所有法第47条第12項）、それぞれ招集権者となります。

集会を招集する必要があるのに管理者又は理事が集会招集の手続をとらないときは、区分所有者の5分の1以上で議決権の5分の1以上を有する者は、招集権を有する管理者又は理事に対して、集会を招集するよう請求することができます（区分所有法第34条第3項本文）。この請求をするときは、会議の目的たる事項（建物敷地売却決議においては、建物敷地売却決議をすること）を示さなければなりません。この5分の1という定数は、規約で引き下げる（例えば10分の1とする、又は区分所有者の頭数のみの5分の1で足りるものとする）ことができます（同項ただし書）。

この請求があったときは、管理者又は理事は、遅滞なく招集の手続をとるべきですが、その手続をとらないときは、招集の請求をした5分の1以上の区分所有者が直接に集会を招集することができます。この場合には、これらの区分所有者が連名で招集通知を発します。

②　管理者が選任されていない場合には、区分所有者の5分の1以上で議決権の5分の1以上を有するものが、集会を招集することができます（区分所有法第34条第5項本文）。この5分の1という定数も規約で引き下げることができます（同項ただし書）。

⑵　招集の通知

①　建物敷地売却決議を目的として区分所有者集会を招集するには、各区分所有者にその通知をしなければなりません。通知は、法律上は必ずしも書面でする必要はなく、電話や口頭でも足りますが、後日の紛争を防止するためには、書面で行うのが適当でしょう。

招集者は、区分所有者集会の少なくとも2か月前に、会議の目的たる事項(建物敷地売却決議をすること)、議案の要領及び第9条第5項各号に規定する通知事項を示して、各区分所有者に通知を発しなければなりません（第8条第5項、第9条第4項、第5項)。

②　招集の通知は、区分所有者が所在する場所に宛ててしなければなりません。ただし、区分所有者が災害が発生した後に管理者に対して通知を受けるべき場所を通知したときは、その場所に宛てて通知すれば足り（第8条第2項)、また、招集者が過失なくして区分所有者の所在を知ることができないときは、建物又はその敷地内の見やすい場所に掲示することをもって通知に代えることができます（第8条第3項。Q59参照)。

なお、区分所有者全員の同意があるときは、招集の手続を経ないで区分所有者集会を開くことができます（区分所有法第36条)。

2　議事及び議決権の行使

⑴　議 決 権

議決権は、規約に別段の定めがなければ、区分所有法第14条に定める割合によります（区分所有法第38条)。具体的には、その有する専有部分の床面積の割合によることになります（区分所有法第14条第1項)。

⑵　議　　事

建物敷地売却決議以外の議事の運営上必要な決議については、区分所有法の規律が適用されます。例えば、議事録等の保管者については区分所有法第42条第5項において準用する第33条第1項が、議長に関する別段の決議については区分所有法第41条が適用されます。

⑶　議決権の行使

議決権は、書面で又は代理人によって行使することができます（区分所有法第39条第2項)。規約又は集会の決議により、書面に代えて電磁的方法によって議決権を行使することもできます（同条第3項)。

一つの専有部分を数人で共有するときは、共有者は、議決権を行使する者一人を定めなければなりません（区分所有法第40条）。

⑷　書面又は電磁的方法による決議

区分所有者全員の承諾があるときは、集会を開催せずに書面又は電磁的方法により決議をすることができ、書面又は電磁的方法による決議は、集会の決議と同一の効力を有します（区分所有法第45条）。

3　議　　長

集会における議長は、規約に別段の定めがある場合及び別段の決議をした場合を除き、管理者又は集会を招集した区分所有者の一人がなります（区分所有法第41条）。

4　議 事 録

⑴　議事録の作成

議長は、集会の議事録を作成しなければなりません（区分所有法第42条第1項）。議事録は電磁的記録により作成することもできます。

議事録には、議事の経過の要領及びその結果を記載することが必要であり、議長及び集会に出席した区分所有者の二人が署名押印する必要があります（同条第2項、第3項）。なお、議事録が電磁的記録で作成されているときは、当該電磁的記録に記録された情報については、議長及び集会に出席した区分所有者の二人は、電子署名及び認証業務に関する法律第2条第1項の電子署名の措置を取る必要があります（同条第4項、区分所有法施行規則第4条）。

また、建物敷地売却決議をした区分所有者集会の議事録には、その決議についての各区分所有者の賛否をも記載し、又は記録しなければなりません（第9条第8項）。これは、建物敷地売却決議後の売渡し請求の手続を実行するために、各区分所有者が決議に賛成したか否かの区分が明らかにされている必要があるためです。

これに反して、議事録を作成せず、又は議事録に記載すべき事項を記載せず、若しくは虚偽の記載をした場合には、議長は、20万円以下の過料に処せられます（区分所有法第71条第3号）。

⑵　議事録等の保管・閲覧

①議事録のほか、②書面による決議又は敷地共有者等の全員の書面による合意があった場合における、当該決議又は当該合意に係る書面、③電磁的方

法による決議又は敷地共有者等全員の電磁的方法による合意があった場合における、当該決議又は当該合意に係る電磁的方法により作成された電磁的記録は、管理者若しくは規約又は区分所有者集会の決議で定められた者が保管することになります（区分所有法第42条第5項において準用する区分所有法第33条第1項、区分所有法第45条4項において準用する区分所有法第33条第1項）。

これに反して、議事録等を保管しなかった場合には、管理者（なお、管理者がいない場合で、規約又は区分所有者集会の決議で保管すべきとされたものは除かれます）は、20万円以下の過料に処せられます（区分所有法第71条第1号）。

また、この議事録等の保管者は、利害関係人の請求があったときは、正当な理由がある場合を除いて、閲覧を拒んではなりません（区分所有法第42条第5項において準用する区分所有法第33条第2項、区分所有法第45条第4項において準用する区分所有法第33条第2項）。

これに反して、保管者が、正当な理由がないのに議事録等の閲覧を拒んだ場合には、保管者は、20万円以下の過料に処せられます（区分所有法第71条第2号）。

Q65 建物敷地売却決議においては、どのような事項を定めなければなりませんか。

A 建物敷地売却決議においては、①売却の相手方となるべき者の氏名又は名称、②売却による代金の見込額及び③売却によって各区分所有者が取得することができる金銭の額の算定方法に関する事項を定めなければなりません（第9条第2項）。これらを決議事項としたのは、次のような理由によります。

建物敷地売却決議は、各区分所有者の有する区分所有権及び敷地利用権を処分することを内容とする重大な決議ですから、決議に基づいて締結される売買契約の概要が定まっていなければ、各区分所有者が建物敷地売却決議への賛否を決定することは困難であると考えられます。また、決議に基づく売買契約の実現性を確保するためにも、決議に基づいて買主との間で締結する売買契約の概要が定まっている必要があります。

そこで、区分所有権と敷地利用権を処分しようとする各区分所有者にとって重要な関心事項であると考えられる、①売却の相手方となるべき者の氏名又は名称、②売却による代金の見込額及び③売却によって各区分所有者が取得することができる金銭の額の算定方法に関する事項を決議事項としています。

なお、売却の相手方「となるべき者」などとしているのは、売買契約は、決議が成立した後に実際に締結されることから、決議がされる段階においては、売却の相手方や売却による代金、更には各区分所有者が取得することができる具体的な額は、いずれも確定したものではないためです。

③については、売買契約が締結された後に改めて売却参加者との間で協議をしなくても、売却によって各区分所有者が取得することができる金銭の額が自動的に定まるように算定方法や基準を定める必要があります。なお、この決議事項については、各区分所有者の衡平を害しないように定めなければなりません（第9条第3項）（Q66参照）。

Q66　建物敷地売却決議における、売却によって各区分所有者が取得することができる金銭の額の算定方法に関する事項について、各区分所有者の衡平を害しない定め方とは、どのような定め方ですか。

A　建物敷地売却決議においては、売却によって各区分所有者が取得することができる金銭の額の算定方法に関する事項は、各区分所有者の衡平を害しないように定めなければならないものとしています（第９条第３項）(注)。

各区分所有者の衡平を害する場合とは、売却によって取得することができる金銭の額について、合理的理由なく、特定の区分所有者を有利又は不利に取り扱うことをいいます。

したがって、決議においては、特定の区分所有者を合理的理由なく有利又は不利に扱うことがないよう算定方法を定めることが必要です。

具体的には、売却の対象となる区分所有建物の損傷状況等は様々であることが考えられるため、事案に応じて算定方法を決定する必要があります。例えば、建物が相当損傷を受けたためにその価値がほとんどなく、売却代金の見込額のほとんどが敷地の価値であると認められるような場合には、敷地利用権の持分の価格の割合に従って売却によって取得することができる代金を分配するのが衡平にかなう場合が多いものと考えられます。他方、大規模一部滅失したとはいえ建物にも一定の価値が認められるような場合には、建物の価値を建物についての基準（例えば、専有部分の床面積割合や共用部分の共有持分割合が考えられます）で分配し、敷地の価値を敷地利用権の持分の価格の割合に従って分配するといった方法が考えられるでしょう。

なお、当該決議事項の定めが各区分所有者の衡平を害するようなものである場合は、その決議は無効になりますが、５分の４以上の多数決が得られたことの重みがあることから、司法審査においては、その決議が多数決原理の裁量を逸脱していないかの審理をすることになるでしょう。もちろん、説明会を開催しなかった場合や、説明会において決議の結果に影響を及ぼすような虚偽の説明がされた場合には、決議の手続に重大な瑕疵があるとして、決議が無効になる可能性があることは当然です。

（注）　建物取壊し敷地売却決議において、敷地の売却によって各区分所有者が取得することができる金銭の額の算定方法を定めることとはしていないことについては、Q77を参照してください。

Q67　建物敷地売却決議をするための集会を招集する場合には、どのような事項を通知する必要がありますか。

A　建物敷地売却決議を会議の目的とする区分所有者集会を招集する場合には、会議の目的たる事項（建物敷地売却決議をすること。区分所有法第35条第１項）及び議案の要領（第８条第５項）のほか、第９条第５項に規定する①売却を必要とする理由、②復旧又は建替えをしない理由及び③復旧に要する費用の概算額を通知しなければなりません。これらの事項を通知しなければならないものとした理由は次のとおりです。

建物敷地売却決議においては、売却の相手方となるべき者の氏名又は名称、売却による代金の見込額、売却によって各区分所有者が取得することができる金銭の額の算定方法に関する事項を決議の内容として定めなければならないこととしています（第９条第２項各号）から、議案の要領を通知することによって、「売却をした場合にどうなるか」という点に関する情報を事前に知る機会が区分所有者に保障されているといえます。

しかし、区分所有者が区分所有建物及びその敷地を売却すべきかどうかを判断する場合に必要な情報は、これらの事項に限られるものではなく、その判断の合理性を担保するためには、売却に関する広範な情報を提供することが必要であると考えられます。

特に、区分所有者は、大規模一部滅失した区分所有建物を復旧すること、建物を取り壊して新たな区分所有建物を建てることと、建物及びその敷地を売却することとの利害得失を比較して、建物敷地売却決議に賛成するかどうかの最終的な決断を下すのが通常であると考えられます。そのため、建物を復旧した場合に関する情報についても、区分所有者に対して事前に提供することが必要であると考えられます。

そこで、改正法においては、議案の要領のほか、区分所有者が売却の要否を判断するために必要と考えられる情報として①売却を必要とする理由（Q68参照）、②復旧又は建替えをしない理由及び③復旧に要する費用の概算額を区分所有者に通知しなければならないことにしています（第９条第５項）。②の建替えをしない理由とは、将来にわたって再建をしないことを意味するものではなく、決議を行う時点において建替え決議や全員同意に基づく建替えをしないことが合理的であると考えられる理由を指します。

Q68　建物敷地売却決議における「売却を必要とする理由」として、どのような事項を通知する必要がありますか。

A　建物敷地売却決議における「売却を必要とする理由」とは、集会の招集者において、大規模一部滅失した区分所有建物及びその敷地を売却することが必要であると考える理由を指します。

建物敷地売却決議を目的とする区分所有者集会を招集する者は、議案を提案するに当たって、復旧、建替えや取壊しなどの他の選択肢との比較をも考慮した上で、建物及び敷地を売却することが必要であり、かつ、合理的であると判断した理由について、可能な限り具体的根拠を示して記載する必要があります。例えば、復旧をしたとしても大規模一部滅失前の効用を完全に回復することが困難である上に、容積率の関係で既存不適格となっており、建替えにより同一の規模の建物を建築することが困難であること、大規模一部滅失した建物を取り壊した後は敷地を売却する予定であったが、建物と敷地の買受け希望者がおり、その価格も適正であると認められること、といった事情が考えられます。

このような具体的な理由が示されることにより、他の決議との比較検討をすることができることとなるなど、各区分所有者が建物敷地売却決議の賛否を決定するに当たって必要かつ重要な情報が提供されることとなり、建物敷地売却決議の合理性が担保されることになります。

Q69　建物敷地売却決議において、「建替えに要する費用の概算額」が通知事項とされていないのは、なぜですか。

A　建物敷地売却決議をするための集会の招集の通知をする際、「復旧に要する費用の概算額」をも通知しなければなりません（第9条第5項第3号）が、「建替えに要する費用の概算額」は通知事項としていません。

建替えに要する費用の概算額は、具体的な建替え計画を前提としなければ算定が困難であると考えられます。そのような具体的な建替え計画の作成には、一定の時間や費用がかかることが想定されますが、大規模一部滅失した区分所有建物の全てについて、具体的な建替え計画を立てなければ建物敷地売却決議等をすることができないとすると、被災した区分所有者に対し、過大な負担を負わせることにもなりかねません。

そこで、「建替えに要する費用の概算額」は、法定の通知事項とはしていません。

もっとも、通知事項としている「建替えをしない理由」（第9条第5項第2号）の説明において、従前と同様の建物を建て替える場合の一般的、概括的な費用が示された上で、集会の招集者が決議の時点において建替えをしないと判断した具体的な理由が示されることが望ましいと考えられます。そのため、実際には、「建替えをしない理由」の中で、建替えの一般的、概括的な費用が区分所有者に示されることが多いものと考えられます。

Q70 建物敷地売却決議をするための区分所有者集会の前に開催される説明会においては、誰が、何を行う必要がありますか。

A 建物敷地売却決議は、各区分所有者の有する区分所有権及び敷地利用権の処分を多数決により決定するものですから、その決議に当たっては、各区分所有者が、決議の賛否を検討するために必要な事項に関して十分な説明を受け、集会の招集者に質問をする機会が保障されていることが重要です。また、改正法では、建物敷地売却決議のほかに取壊し決議（第11条）及び建物取壊し敷地売却決議（第10条）をすることができることとしていますので、各区分所有者が、大規模一部滅失した区分所有建物及びその敷地の処遇について、他の選択肢と比較して検討することができるような手続保障を図ることが相当であると考えられます。

そこで、集会を開催する前の段階から、区分所有者に対する手続保障を充実させるために、建物敷地売却決議をするための区分所有者集会の招集者は、集会の開催に先立って説明会を開催しなければならないものとしています。

具体的には、区分所有者集会の招集者は、建物敷地売却決議をするための区分所有者集会の開催日より１か月以上前までに招集に際して通知すべき事項（議案の要領及び第９条所定の通知事項。Q67参照）に関する説明会を開催しなければなりません（第９条第６項、第７項）。なお、この説明会の開催手続については区分所有者集会の招集手続に関する規定を準用しています（第９条第７項）ので、区分所有者に対して、説明会の開催通知を発する必要があります。ただし、説明会の開催通知の時期は、開催日の１週間以上前に発すれば足りることとしていますので、建物敷地売却決議をするための区分所有者集会とその説明会の日程を決めた上で、これらの会議のための通知を一括して行うことも可能です。

説明会の開催が義務付けられた趣旨に照らせば、招集者は、説明会において、まず、通知事項に関する説明を行った後、説明会に出席した区分所有者から質問があれば、それに答える必要があると考えられます。もっとも、区分所有者からの質問に回答するために調査が必要な場合には、その場で直ちに回答する必要はなく、調査をした後に適宜の方法で回答すれば足りると考えられます。また、通知事項に関する説明の中に専門的な事項が含まれている場合には、必要に応じて、招集者の説明を補助する趣旨で、専門家等に同席してもらうことが適当な場合もあると考えられます。

なお、説明会を開催しなかった場合や、説明会において決議の結果に影響を及ぼすような虚偽の説明がされた場合には、建物敷地売却決議の手続に重大な瑕疵があるとして、決議が無効になる可能性があります。

Q71　建物敷地売却決議があった場合、決議に参加しない区分所有者は、どのように扱われますか。

A　建物敷地売却決議においては、再建決議及び敷地売却決議と同様、決議に基づく売却を実現するために、決議に参加しない区分所有者(注)の区分所有権及び敷地利用権を時価で売り渡すよう請求する権利（売渡請求権）を認めています（第9条第9項において準用する区分所有法第63条）。

そこで、決議に参加しない区分所有者は、売渡し請求をされることにより、その区分所有権及び敷地利用権を手放さざるを得なくなる一方、その引換えとして区分所有権及び敷地利用権の時価相当額の代金の支払を受けることができます。

売渡請求権を行使するための手続、売渡請求権が行使された場合における当事者間の法律関係は、再建決議及び敷地売却決議と同様です（Q28、Q29、Q42参照）(注)。

（注）　建替え決議（区分所有法第62条第1項）においては、売渡し請求を受けた建替え不参加者が、建物の明渡しによりその生活上著しい困難を生ずるおそれがあって、しかも建替え決議の遂行に甚だしい影響を及ぼさないと認められる顕著な事由があるときは、裁判所は、その者の請求により、建物の明渡しについて相当の期限を許与することができるとされています（同法第63条第5項）が、建物敷地売却決議においては、このような制度は設けていません（第9条第9項において区分所有法第63条第5項を準用していない）。

これは、大規模一部滅失した区分所有建物について、そのままの状態で放置されることは社会経済上相当ではなく、建替えや復旧がされないのであれば、区分所有者間において早期にその処分がされるのが望まれるところ、相当の期限が許与されることによってその決議の遂行に甚だしい影響が一般的・類型的に認められるものと考えられるからです。なお、同様の理由から、建物取壊し敷地売却決議及び取壊し決議においても、区分所有法第63条第5項は準用していません。

Q72　建物敷地売却決議が成立した後に、売渡請求権が行使された場合の「時価」は、どのようにして定められますか。

A　売渡請求権が行使された場合の「時価」は、売渡請求権を行使した当時における区分所有権及び敷地利用権の客観的取引価格をいいます。

時価の算定基準は、具体的な事案に応じた検討が必要となりますが、例えば、区分所有建物が相当損傷を受けたために建物（区分所有権）にはほとんど財産的価値がなく、売却による代金の見込額のほとんどが敷地の価値であると認められるような場合には、区分所有権及び敷地利用権の時価は、敷地の更地価格と建物の取壊し費用との差額をもとに、当該区分所有者の敷地共有持分の割合を考慮して時価を算定するのが合理的な場合が多いものと考えられます。また、大規模一部滅失したものの区分所有建物にも一定の価値が認められるような場合には、建物の価値と敷地の価値を考慮して、それぞれの持分割合に従って時価を算定するのが合理的であると考えられるときもあるでしょう。

なお、建物敷地売却決議において決議された売却による代金の見込額や売却によって各区分所有者が取得することができる金銭の額の算定方法に基づいて算定した区分所有権及び敷地利用権の価格は、時価の評価に当たっての考慮要素とすることは可能ですが、決議に参加しない区分所有者の権利保護の観点からは、これが直ちに時価であるとは評価されないことに注意が必要です。

時価は、まずは当事者間の協議によって定められることになりますが、その価格について争いがある場合には、最終的には売買代金請求訴訟等の訴訟手続の中で、裁判所によって認定されることになります。

Q73　建物敷地売却決議が成立した後、建物及びその敷地の売却は、誰がどのようにして実行するのですか。

A　建物敷地売却決議に基づく区分所有建物及びその敷地の売却は、建物敷地売却決議に賛成した区分所有者、決議に賛成しなかったが催告に対して決議の内容により売却に参加する旨の回答をした区分所有者、区分所有権及び敷地利用権を買い受けた買受指定者及びこれらの者の承継人が主体となって実行することになります。

これらの者の間には、区分所有建物及びその敷地の売却という共同事業を目的とする組合契約類似の合意の成立が擬制され（第９条第９項において準用する区分所有法第64条）、この合意に基づいて売却が行われることになります。

Q74 建物敷地売却決議がされたのに、売却が行われない場合は、どうなるのですか。

A 建物敷地売却決議においても、再建決議と同様、再売渡請求権を認めています（第9条第9項において準用する区分所有法第63条第6項本文）。

そこで、決議の日から2年以内に決議に基づく売買契約による区分所有建物及びその敷地についての権利の移転がない場合には、売渡し請求により自己の区分所有権及び敷地利用権を売り渡した者は、売渡し請求の際の代金額を提供して、その権利を売り渡すことを請求することができます。再売渡請求権が認められる期間等は、再建決議等と同様です（Q32、Q44参照）。

Q75 建物敷地売却決議がされた場合、区分所有権及び敷地利用権に抵当権を有していた者の権利はどうなるのですか。

A 区分所有建物が大規模一部滅失した場合であっても、建物が残存している以上、敷地利用権に設定された抵当権はもとより、区分所有権に設定された抵当権も消滅することなく存続しています。また、建物敷地売却決議は、区分所有者及びその承継人に対してのみ効力が生じることから、建物敷地売却決議があっても、抵当権者の地位には何ら影響は生じません。

法律上は、建物敷地売却決議に基づき、一部の区分所有権及び敷地利用権に抵当権が設定されたままで区分所有建物とその敷地を売却することは可能ですが、区分所有権及び敷地利用権に抵当権が設定された状態では、いつこの抵当権が実行されて競売に付されるか分かりませんので、実際にはこのような区分所有建物及びその敷地を買い受ける者は多くないと思われます。

そこで、建物敷地売却決議に基づく売却を円滑に進めるに当たっては、抵当権者との間で合意をして抵当権を消滅させることになると考えられます。

仮に、抵当権が設定されたままの状態で区分所有建物及びその敷地が売却された場合には、買受人は、抵当権消滅請求（民法第379条以下）又は代価弁済（同法第378条）を行うことにより、区分所有権及び敷地利用権に設定された抵当権を消滅させることも考えられます。

Q76 建物敷地売却決議がされた場合、区分所有建物を賃借していた賃借人はどうなるのですか。

A 区分所有建物が大規模一部滅失した場合であっても、賃貸借の目的となっている専有部分が残存しているときは、賃借権は消滅することなく存続していることが多いと考えられます。また、建物敷地売却決議は、区分所有者及びその承継人に対してのみ効力を生じることから、建物敷地売却決議があっても、賃借人の地位には何ら影響は生じません。

賃借人がその有する賃借権について対抗要件（民法第605条、借地借家法第31条第1項）を具備しているときは、賃借権は新たに区分所有建物を取得した買受人に対抗することができます。これは、売渡請求権の行使によって区分所有権が売却参加者に移転した場合についても、同様です。

法律上は、建物敷地売却決議に基づき、専有部分に賃借権が設定されたままで区分所有建物とその敷地を売却することは可能ですが、大規模一部滅失した区分所有建物とその敷地を買い受けようとする者が、売買後に当該建物を取り壊して新たな建物を建築して土地の有効利用を企図し、あるいは建物を相当程度にリフォームすることを企図していることは少なくなく、一部の専有部分に賃借権が設定された区分所有建物及びその敷地を購入することは実際には多くはないものと思われます。

そこで、建物敷地売却決議に基づく売却を円滑に進めるに当たっては、賃貸人である区分所有者（建物敷地売却決議に参加しなかった区分所有者から売渡し請求により区分所有権及び敷地利用権を買い受けたものも同じです）は、賃借人と交渉して、契約を合意解約し、あるいは定期賃貸借契約（借地借家法第38条以下）(注)に切り替えるなどして、少なくとも一定の時期までには賃借人に専有部分の明渡しを求めておくことが望ましいと考えられます。

なお、賃借人との間で合意解約ができなければ、賃貸借の期間の定めがあるときは、その期間満了前6か月から1年の間に契約の更新の拒絶をし（借地借家法第26条第1項）、期間の定めがなければ6か月前に解約の申入れをし（同法第27条第1項）、 賃貸借契約を終了させることができます。この場合には、区分所有者に建物の使用を必要とする事情などの「正当の事由」があることが要件となりますが（同法第28条第１項）、建物敷地売却決議の対象となる建物は、大規模一部滅失した建物に限られますから、通常、そのままの状態で使用を継続することが困難な場合が多く、賃貸人からの財産上の給付の申出の有無などの事情をも総合考慮の上、正当の事由の存在が肯定される場合が多いのではないかと考えられます。

（注）ただし、平成11年法律第153号による改正後の借地借家法が施行される日（平成12年３月１日）前に設定された居住の用に供する建物の賃貸借（ただし、改正前の借地借家法第38条第１項の規定による賃貸借を除く）については、当分の間、定期賃貸借への切り替えはできないことに留意する必要があります。

Q77 建物取壊し敷地売却決議においては、どのような事項を定めなければなりませんか。

A 建物取壊し敷地売却決議においては、①区分所有建物の取壊しに要する費用の概算額、②取壊しに要する費用の分担に関する事項、③建物の敷地の売却の相手方となるべき者の氏名又は名称、④建物の敷地の売却による代金の見込額を定めなければならないものとしています（第10条第2項）。これらを決議事項としたのは、次のような理由によります。

取壊しに要する費用は、最終的には各区分所有者が負担することとなりますから、各区分所有者にとって重要な関心事項であるといえます。もっとも、建物の取壊しは決議が成立した後に実行されることから、決議がされる段階においては、その費用は確定したものではありません。そのため、決議においては、「費用の概算額」を定めることとしています。

また、取壊しに要する費用の分担に関する事項については、決議の時点では取壊し費用は確定していませんが、実際に取り壊された後に確定した取壊し費用の分担について、改めて売却参加者との間で協議をしなくても、各区分所有者が負担する額が自動的に定まるように算定方法や基準を定める必要があります。なお、この決議事項については、各区分所有者の衡平を害しないように定めなければなりません（第10条第3項において準用する第9条第3項。Q66参照）。

③、④を決議事項としている趣旨は、建物敷地売却決議と同様です（Q65参照）。

なお、建物取壊し敷地売却決議においては、建物敷地売却決議とは異なり、建物の敷地の売却による代金について、各区分所有者が取得することができる金銭の額の算定方法を定めることとはしていません。これは、敷地売却決議（第5条）と同様、共有関係にある敷地を売却することにより得られた代金については、その分配は敷地共有持分に従って分配されることが衡平にかなうと考えられることによります（Q39参照）。

Q78 建物取壊し敷地売却決議における建物の取壊しに要する費用の分担について、各区分所有者の衡平を害しない定め方とは、どのような定め方ですか。

A 建物取壊し敷地売却決議においては、区分所有建物の取壊しに要する費用の分担に関する事項は、各区分所有者の衡平を害しないように定めなければならないものとしています（第10条第3項において準用する第9条第3項）(注)。

各区分所有者の衡平を害する場合とは、建物の取壊しに要する費用の分担について、合理的理由なく、特定の区分所有者を有利又は不利に取り扱うことをいいます（Q66をも参照）。

具体的には、取壊しの対象となる区分所有建物の損傷状況等は様々であると考えられるため、事案に応じて算定方法を定める必要がありますが、基本的には、専有部分の床面積割合や共用部分の共有持分割合によることが衡平にかなう場合が多いものと考えられます。もっとも、従前から共用部分に関する費用負担について各区分所有者の共用部分の持分割合と異なる規約を定めていた場合（区分所有法第14条第4項）など、区分所有建物によっては前記の基準（専有部分の床面積割合や共用部分の共有持分割合）とは異なる基準によるのが相当である場合も考えられます。

なお、当該決議事項の定めが各区分所有者の衡平を害するようなものである場合は、その決議は無効になりますが、5分の4以上の多数決が得られたことの重みがあることから、司法審査においては、その決議が多数決原理の裁量を逸脱していないかを審理することになるでしょう。もちろん、説明会を開催しなかった場合や、説明会において決議の結果に影響を及ぼすような虚偽の説明がされた場合には、決議の手続に重大な瑕疵があるとして、決議が無効になる可能性があることは当然です。

（注）　建物取壊し敷地売却決議においては、敷地の売却によって各区分所有者が取得することができる金銭の額の算定方法を定めることとはしていないことについては、Q77を参照してください。

Q79 建物取壊し敷地売却決議をするための集会を招集する場合には、どのような事項を通知する必要がありますか。

A 建物取壊し敷地売却決議においても、建物敷地売却決議と同様（Q67参照）、区分所有者が建物の取壊し及び敷地の売却の要否を判断するために必要と考えられる情報を提供しなければなりません。

このような観点から、建物取壊し敷地売却決議においては、会議の目的たる事項及び議案の要領のほか、①区分所有建物の取壊し及びこれに係る建物の敷地の売却を必要とする理由（Q68参照）、②復旧又は建替えをしない理由（Q67参照）及び③復旧に要する費用の概算額を通知しなければならないものとしています（第10条第3項において準用する第9条第5項）。

Q80 建物取壊し敷地売却決議における「区分所有建物の取壊し及びこれに係る建物の敷地の売却を必要とする理由」として、どのような事項を通知する必要がありますか。

A 建物取壊し敷地売却決議における「区分所有建物の取壊し及びこれに係る建物の敷地の売却を必要とする理由」とは、集会の招集者が大規模一部滅失した区分所有建物を取り壊し、かつ、その敷地を売却することが必要であると考える理由を指します。

建物取壊し敷地売却決議を目的とする区分所有者集会を招集する者は、議案を提案するに当たって、復旧や建替え、建物及び敷地の売却等の他の選択肢との比較をも考慮した上で、建物を取壊した上でその敷地を売却することが必要であり、かつ合理的であると判断した理由について、可能な限り具体的根拠を示して記載する必要があります。例えば、復旧をしたとしても大規模一部滅失前の効用を完全に回復することが困難である上に、容積率の関係で既存不適格となっており、建替えにより同一の規模の建物を建築することが困難であること、区分所有者において大規模一部滅失した建物を取り壊すことを条件として、取壊し後の敷地を買い受ける希望者がおり、その価格も適正であると認められること、といった事情が考えられます。

Q81 建物取壊し敷地売却決議において通知すべき事項として「建替えに要する費用の概算額」が規定されていないのは、なぜですか。

A 「建替えに要する費用の概算額」が通知事項とされていない理由は、建物敷地売却決議の場合と同様ですので、Q69を参照してください。

Q82 建物取壊し敷地売却決議をするための区分所有者集会の前に開催される説明会は、誰が、何を行う必要がありますか。

A 建物取壊し敷地売却決議においても、建物敷地売却決議と同様、区分所有者に対する手続保障を充実させるために、集会に先立って説明会を行わなければならないものとしています（第10条第３項において準用する第９条第６項及び第７項）。

その内容や説明会を開催しなかった場合の効果等については、建物敷地売却決議と同様です（Q70参照）。

Q83 建物取壊し敷地売却決議があった場合、決議に参加しない区分所有者は、どのように扱われますか。

A 建物取壊し敷地売却決議においても、建物敷地売却決議と同様、決議に基づく売却を実現するために、決議に参加しない区分所有者の区分所有権及び敷地利用権を時価で売り渡すよう請求する権利（売渡請求権）を認めています（第10条第3項において準用する区分所有法第63条）。

そこで、決議に参加しない区分所有者は、売渡し請求をされることにより、その区分所有権及び敷地利用権を手放さざるを得なくなる一方、その引換えとして区分所有権及び敷地利用権の時価相当額の代金の支払を受けることができます。

売渡請求権を行使するための手続及び売渡請求権が行使された場合における当事者間の法律関係は、建物敷地売却決議と同様です（Q71参照）。

Q84 建物取壊し敷地売却決議がされた後に売渡請求権が行使された場合の「時価」は、どのようにして定められますか。

A 建物取壊し敷地売却決議における「時価」は、売渡請求権を行使した当時における区分所有権及び敷地利用権の客観的取引価格をいいます（Q72 参照）。

時価の算定基準は、具体的な事案に応じた検討が必要となりますが、建物取壊し敷地売却決議は、災害により大規模一部滅失した区分所有建物について、まずは取り壊すことが相当であると大多数の区分所有者が判断したためにされる決議ですから、建物（区分所有権）にはほとんど財産的価値が認められない場合が多いものと考えられます。そのような場合には、区分所有権及び敷地利用権の時価は、敷地の更地価格と建物の取壊し費用との差額をもとに、当該区分所有者の敷地共有持分割合を考慮して算定するのが合理的な場合が多いものと考えられます。

Q85 建物の取壊し及びその敷地の売却は、誰がどのようにして実行するのですか。

A 建物取壊し敷地売却決議に基づく区分所有建物の取壊しは、決議に賛成した者、決議に賛成はしなかったが催告に対して決議の内容により建物の取壊し及び敷地売却に参加する旨の回答をした者、区分所有権及び敷地利用権を買い受けた買受指定者及びこれらの者の承継人が主体となって実行することになります。

これらの者の間には、区分所有建物の取壊し及びその敷地の売却という共同事業を目的とする組合契約類似の合意の成立が擬制され（第10条第3項において準用する区分所有法第64条）、この合意に基づいて建物の取壊し及びその敷地の売却が行われることになります。

Q86 建物取壊し敷地売却決議がされたのに、取壊しが行われない場合は、どうなるのですか。また、建物が取り壊されたのに、その敷地が売却されない場合はどうですか。

A 建物取壊し敷地売却決議においても、再建決議等と同様、再売渡請求権を認めています（第10条第3項において準用する区分所有法第63条第6項本文）。

そこで、決議の日から2年以内に区分所有建物の取壊しの工事に着手しない場合には、売渡し請求により自己の区分所有権及び敷地利用権を売り渡した者は、売渡し請求の際の代金額を提供して、その権利を売り渡すことを請求することができます。再売渡請求権が認められる期間等は、再建決議等と同様です（Q32、Q44参照）。

Q87 建物取壊し敷地売却決議がされた場合、区分所有建物及び敷地利用権に抵当権を有していた者の権利はどうなるのですか。

A 区分所有建物が大規模一部滅失した場合であっても、抵当権が存続し続けること、決議の効果が第三者には及ばないことは、建物敷地売却決議と同様です（Q75参照）。

もっとも、専有部分が抵当権の目的となったままの状態では、決議に基づいて建物の取壊し工事に着手しようとすると、その抵当権者から自己の抵当権を侵害するものであるという理由で、工事差止めの請求が行われることにもなりかねません。

そこで、決議の参加者は、あらかじめ抵当権者と交渉して、その抵当権を消滅させるか、取壊しについての承諾を取り付けるなどの措置を講ずる必要があります。また、売渡請求権の行使により取得した建物に抵当権が存する場合には、抵当権消滅請求（民法第379条以下）や代価弁済（同法第378条）を行うことにより、区分所有権及び敷地利用権に設定された抵当権を消滅させることも考えられます。

Q88　建物取壊し敷地売却決議がされた場合、区分所有建物を賃借していた賃借人はどうなるのですか。

A　区分所有建物が大規模一部滅失した場合であっても、賃貸借の目的となっている専有部分が残存しているときは賃借権が存続している場合が多いと考えられること、決議の効力は第三者には及ばず、賃借人の地位には何らの影響もしないことは、建物敷地売却決議と同様です。また、売渡請求権を行使した場合であっても賃借人が対抗要件（民法第605条、借地借家法第31条第1項）を備えている限り、賃貸借契約は、その賃借人と新たな区分所有者（又は買受指定者）との間に承継されることになります。

建物敷地売却決議においては、法律上は賃借権が設定されたままで建物と敷地の売却を行うことができるのに対して、建物取壊し敷地売却においては、専有部分に賃借権が設定された状態で決議に基づき建物の取壊しを行うと、賃貸借契約上の使用収益義務違反となり、賃借人から建物の取壊しの差止めの請求を受ける可能性があります。

そこで、建物の取壊しを円滑に進めるに当たっては、あらかじめ賃借人と交渉して、契約を合意解約するなどして、少なくとも一定の時期までには賃借人に専有部分の明渡しを求めておくことが望ましいと考えられます。

なお、賃借人との間で合意解約ができない場合について契約の更新の拒絶又は解約の申入れにより賃貸借契約を終了させることができる場合が考えられることは、建物敷地売却決議と同様です（Q76参照）。

Q89 取壊し決議においては、どのような事項を定めなければなりませんか。

A 取壊し決議においては、①区分所有建物の取壊しに要する費用の概算額及び②取壊しに要する費用の分担に関する事項を定めなければならないものとしています（第11条第2項）。

これらの事項は、各区分所有者にとって重要な関心事項であるといえる一方で、決議の段階では取壊しに要する費用は確定したものではないことから、決議においては、「費用の概算額」を定めることとしています（Q77参照）。

また、取壊しに要する費用の分担に関する事項については、改めて取壊し参加者との間で協議をしなくても、各区分所有者が負担する額が自動的に定まるよう算定方法ないし基準を定める必要があります。なお、この決議事項については、各区分所有者の衡平を害しないように定めなければなりません（第11条第3項において準用する第9条第3項）。

Q90　建物の取壊しに要する費用の分担について、各区分所有者の衡平を害しない定め方とは、どのような定め方ですか。

A　取壊しに要する費用の分担についての定め方は、建物取壊し敷地売却決議の場合と同様ですので、Q78 を参照してください。

Q91 取壊し決議をするための集会を招集する場合には、どのような事項を通知する必要がありますか。

A 取壊し決議においても、建物敷地売却決議等と同様（Q67参照）、区分所有者が区分所有建物の取壊しの要否を判断するために必要と考えられる情報を提供しなければなりません。

このような観点から、取壊し決議においては、会議の目的たる事項及び議案の要領のほか、①取壊しを必要とする理由（Q80参照）、②復旧又は建替えをしない理由（Q67参照）及び③復旧に要する費用の概算額を通知しなければならないものとしています（第11条第3項において準用する第9条第5項）。

Q92 取壊し決議における「取壊しを必要とする理由」として、どのような事項を通知する必要がありますか。

A 取壊し決議における「取壊しを必要とする理由」とは、集会の招集者が大規模一部滅失した区分所有建物を取り壊すことが必要であると考える理由を指します。

取壊し決議を目的とする区分所有者集会を招集する者は、議案を提案するに当たって、復旧や建替え、建物及び敷地の売却等の他の選択肢との比較をも考慮した上で、建物を取り壊すことが必要であり、かつ合理的であると判断した理由について、可能な限り具体的根拠を示して記載する必要があります。例えば、区分所有建物の損傷状況からして倒壊等の危険性があり、復旧に係る費用を踏まえると、早期に取壊しをすることが相当であると考えられること、取壊し後に区分所有建物を再建することを計画しているものの、決議の時点においては再建計画の策定や資金調達が間に合わないこと、あるいは、敷地の容積率の関係で既存不適格となっており、建替えにより同一の規模の建物を建築することは困難であるため、将来的には売却を予定しているものの、決議の時点において買主が見つかっておらず、売却先を募集するためにも早期に取壊しを行うことが相当であることなど、取壊しを行うことが必要かつ相当であると考えられる事情を記載することが求められます。

Q93 通知すべき事項として「建替えに要する費用の概算額」が規定されていないのは、なぜですか。

A 「建替えに要する費用の概算額」が通知事項とされていない理由については、建物敷地売却決議の場合と同様です。Q69を参照してください。

Q94 取壊し決議をするための区分所有者集会の前に開催される説明会は、誰が、何を行う必要がありますか。

A 取壊し決議においても、建物敷地売却決議や建物取壊し敷地売却決議と同様、区分所有者に対する手続保障を充実させるために、集会に先立って説明会を行わなければならないものとしています（第11条第3項において準用する第9条第6項及び第7項）。

その内容や説明会を開催しなかった場合の効果等については、建物敷地売却決議等と同様です（Q70参照）。

Q95　取壊し決議があった場合、決議に参加しない区分所有者は、どのように扱われますか。

A　取壊し決議においても、建物敷地売却決議や建物取壊し敷地売却決議と同様、決議に基づく売却を実現するために、決議に参加しない区分所有者の区分所有権及び敷地利用権を時価で売り渡すよう請求する権利（売渡請求権）を認めています（第11条第3項において準用する区分所有法第63条）。

そこで、決議に参加しない区分所有者は、売渡し請求をされることにより、その区分所有権及び敷地利用権を手放さざるを得なくなる一方、その引換えとして区分所有権及び敷地利用権の時価相当額の代金の支払を受けることができます。

売渡請求権を行使するための手続及び売渡請求権が行使された場合における当事者間の法律関係は、建物敷地売却決議等と同様です（Q71参照）。

Q96　取壊し決議がされた後に売渡請求権が行使された場合の「時価」は、どのようにして定められますか。

A　売渡請求権が行使された場合の「時価」は、売渡請求権を行使した当時における区分所有権及び敷地利用権の客観的取引価格をいいます（Q72参照）。

時価の算定基準は、具体的な事案に応じた検討が必要となりますが、取壊し決議は、災害により大規模一部滅失した区分所有建物について、まずは取り壊すことが相当であると大多数の区分所有者が判断したためにされる決議ですから、建物（区分所有権）にはほとんど財産的価値が認められない場合が多いものと考えられます。そのような場合には、区分所有権及び敷地利用権の時価は、敷地の更地価格と建物の取壊し費用との差額をもとに、当該区分所有者の敷地共有持分割合を考慮して算定するのが合理的な場合が多いものと考えられます。

Q97　建物の取壊しは、誰がどのようにして行うのですか。

A　取壊し決議に基づく区分所有建物の取壊しは、取壊し決議に賛成した者、決議に賛成はしなかったが催告に対して決議の内容により取壊しに参加する旨の回答をした者、区分所有権及び敷地利用権を買い受けた買受指定者及びこれらの者の承継人が主体となって実行することになります。

これらの者の間には、区分所有建物の取壊しという共同事業を目的とする組合契約類似の合意の成立が擬制され（第11条第3項において準用する区分所有法第64条）、この合意に基づいて取壊しが行われることになります。

Q98　取壊し決議がされたのに、取壊しが行われない場合は、どうなるのですか。

A　取壊し決議においても、再建決議等と同様、再売渡請求権を認めています（第11条第３項において準用する区分所有法第63条第６項本文）。

そこで、決議の日から２年以内に区分所有建物の取壊しの工事に着手しない場合には、売渡し請求により自己の区分所有権及び敷地利用権を売り渡した者は、売渡し請求の際の代金額を提供して、その権利を売り渡すことを請求することができます。再売渡請求権が認められる期間等は、再建決議等と同様です（Q32、Q44参照）。

Q99　取壊し決議がされた場合、区分所有建物に抵当権を有していた者の権利はどうなるのですか。

A　取壊し決議がされた場合における抵当権者の地位は、建物取壊し敷地売却決議がされた場合と同様ですので、Q87を参照してください。

Q100 取壊し決議がされた場合、区分所有建物を賃借していた賃借人はどうなるのですか。

A 取壊し決議がされた場合における区分所有建物の賃借人の地位は、建物取壊し敷地売却決議がされた場合と同様ですので、Q88を参照してください。

[第12条関係]

Q101　大規模な災害により区分所有建物が大規模一部滅失した場合に、建物敷地売却決議、建物取壊し敷地売却決議取壊し決議及び一括建替え等決議がいずれも成立しなかったときは、どうなるのですか。

A　区分所有建物が大規模一部滅失すると、通常、そのままの状態では使用を継続することが困難な場合が多いものと考えられます。このような区分所有建物について復旧や建替えがされないと、残存する共用部分や敷地の共同使用ができず、このような場合に、建物区分所有関係を維持することは社会的見地から相当ではありません。そこで、区分所有法においては、大規模一部滅失した日から6か月以内に復旧決議又は建替え決議若しくは一括建替え決議がされないときは、各区分所有者は、他の区分所有者に対し、建物及びその敷地に関する権利を時価で買い取るべく請求することができることとしています（区分所有法第61条第12項）。

旧法では、この買取請求権を行使することができるようになる期間について、災害による被災地の混乱等を考慮してこれを伸長し、政令の施行の日から起算して1年としていました（旧法第5条）。

改正法では、区分所有建物が大規模一部滅失した場合における区分所有者がとることができる措置として、区分所有法上の復旧決議、建替え決議及び一括建替え決議のほかに、建物敷地売却決議（第9条）、建物取壊し敷地売却決議（第10条）、取壊し決議（第11条）及び一括建替え等決議（第18条）が新設されました。

そこで、改正法では、旧法と同じく、買取請求権を行使することができる期間は政令の施行の日から起算して1年以内としつつ、区分所有法上の復旧決議や建替え決議のほか、建物敷地売却決議、建物取壊し敷地売却決議、取壊し決議及び一括建替え等決議の各決議がいずれもされないときは、各区分所有者は、他の区分所有者に対し、自らの建物及び敷地に関する権利を時価で買い取るよう請求することができることとしています（第12条）。

第4章　団地内の建物が滅失した場合における措置

[団地総論]

Q102　区分所有法上、団地とはどのようなものを指しますか。

A　区分所有法にいう団地とは、以下の二つの要件が満たされている場合を指します。

① 一団地、すなわち、一団をなす土地内に数棟の建物があること

② その団地内に、①の建物の所有者（区分所有建物にあっては区分所有者。以下、両者を併せて団地建物所有者といいます）の共有に属する土地又は附属施設があること（団地建物所有者が土地又は附属施設に関する賃借権、地上権等の権利を準共有している場合を含みます）

この場合には、①の建物の団地建物所有者全員で、その団地内の土地、附属施設又は区分所有建物の管理を行うための団地管理組合を構成することになり、区分所有法の規定に従って、集会を開き、規約を定め、管理者を置くことができます（区分所有法第 65 条）。また、団地管理組合が法人（団地管理組合法人）になることも可能です（区分所有法第 66 条、第 47 条第 1 項）。

一般には、「団地」という言葉から、一定の区域内に複数の中高層の区分所有建物が建っている場合を想像されるでしょうが、一定の区域内に数棟の建物があっても、その区域内に複数の建物の区分所有者の共有に属する土地や附属施設が存在しなければ、区分所有法にいう団地関係は成立しないことになります。また、「団地」という言葉は、土地の属性に着目したものとなっていますが、土地の共有関係が存在しない場合でも、附属施設の共有関係が存在すれば、団地関係が成立する場合もあるわけです。さらに、区分所有建物のみならず、単独所有の建物、例えば、一戸建ての建物等も団地関係を構

成することが可能で、土地か附属施設の共有関係が存在すれば、一戸建ての建物だけで構成される団地関係が成立することになりますし、一戸建ての建物と区分所有建物とが混在する場合にも、同じように団地関係が成立することがあります。

なお、一つの建物について、複数の団地関係が重層的に成立し、その建物の団地建物所有者が同時に複数の団地管理組合の構成員になるということも起こり得ます。次頁の一団地内に数棟の建物がある図1から図4までは、いずれも団地関係が成立する例ですが、図3においては、通路の共有関係を媒介としてA棟からD棟までの建物の団地建物所有者による団地管理組合が成立するとともに、土地の共有関係を媒介として、A棟及びB棟の建物の団地建物所有者による団地管理組合、C棟及びD棟の建物の団地建物所有者による団地管理組合がそれぞれ成立することになります。

［区分所有法上の団地］

○　A～D は建物を示し、その周辺は土地を示す。図 4 の「附」は集会所等の附属施設を示す。着色部分は、共有関係にあることを示す。

○　いずれの図も、区分所有法第 65 条の団地関係が成立する（図 3 は、A 棟～D 棟全体の団地関係のみならず、A 棟及び B 棟の団地関係並びに C 棟及び D 棟の団地関係が成立する）。

○　団地関係が成立した場合には、団地内の建物の所有者（「団地建物所有者」）は、土地の管理等を行うため、集会を開き、規約を定め、及び管理者を置くことができる（区分所有法第 65 条）。

図 1

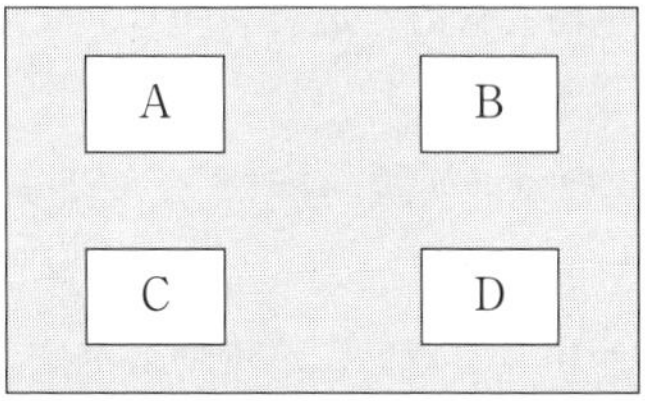

図 2

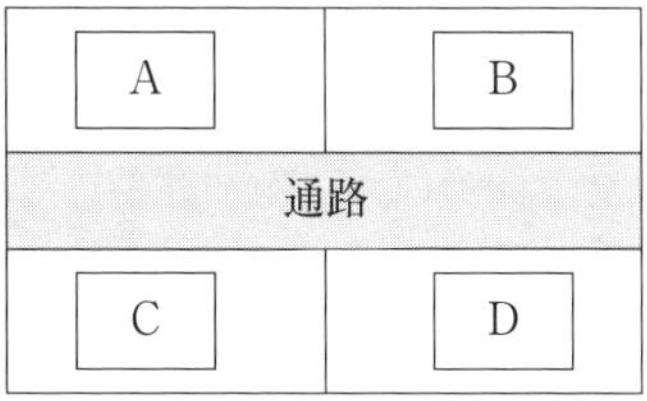

図 3

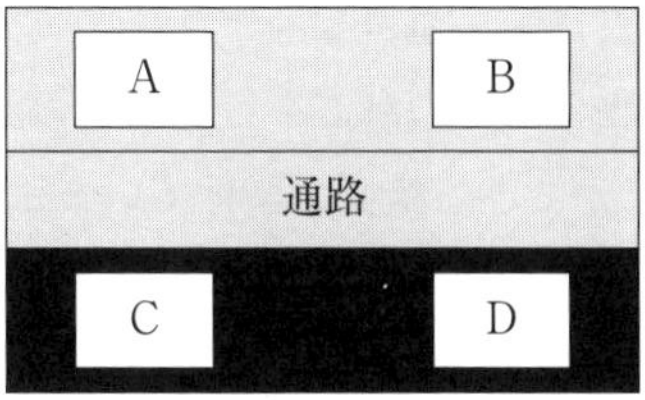

図 4

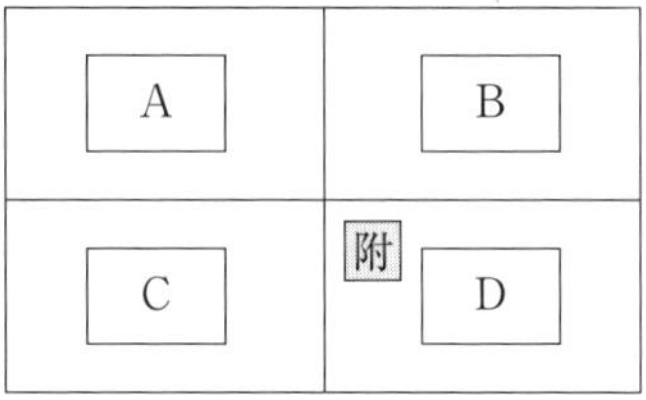

Q103　団地内の建物が滅失した場合における措置には、どのようなものがありますか。

A　改正法においては、団地内の建物が滅失した場合における措置（第4章）として、次のような措置を設けています。

1　集会及び管理者に関する規定（第13条、第14条）

団地内の建物が滅失した場合に、滅失した建物も含めた集会を開き、管理者を置くことができることとしています（Q107参照）。

2　団地内の建物が滅失した場合における再建承認決議、建替え承認決議、建替え再建承認決議（第15条から第17条まで）

団地内の建物が滅失した場合に、多数決により、①滅失した建物の再建の承認（再建承認決議。Q113参照）、②滅失した建物以外の建物の建替えの承認（団地内の建物が滅失した場合における建替え承認決議。Q114参照）及び③滅失した建物以外の建物の建替え及び滅失した建物の再建の双方を行うことの承認（建替え再建承認決議。Q115参照）をすることができる措置を設けています。

3　一括建替え等決議（第18条）

団地内の区分所有建物が滅失した場合に、多数決により、滅失した区分所有建物の再建を含め、団地内の全ての区分所有建物の一括的な建替えをすることができる措置（一括建替え等決議。Q124参照）を設けています。

Q104 改正法において、団地内の建物が滅失した場合における措置を設けたのはなぜですか。

A 区分所有法においては、Q102のとおり団地に関する規定が設けられており、団地内の土地の管理等に関する規定や団地内の建物を建て替える場合における承認決議に関する規定等が設けられています。

もっとも、区分所有法上の団地に関する規定は、団地内の建物の所有者（「団地建物所有者」）をその対象としていますので、Q102図1の団地において災害により団地内のA棟が滅失した場合には、A棟の元区分所有者（敷地共有者等）には、区分所有法上の団地に関する規定が適用されないこととなります。

そうすると、A棟の敷地共有者等との関係では民法の共有に関する規定の定めるところにより団地内の土地の管理を行うことになりますし、団地内の建物を建て替えるにはA棟の敷地共有者等の全員の同意が必要となります（民法第251条）。また、団地内の建物が滅失した場合における再建の承認に関する規定は設けられていないことから、A棟の再建には、A棟からD棟までの敷地共有者全員の同意が必要となるのが原則です（同条）。このように、区分所有法においては団地内の建物が滅失した場合における規定が設けられていないことから、団地内の土地の管理、団地内の建物の建替えや滅失した建物の再建等が困難となり、ひいては復興の妨げになるおそれもあります。

そこで、団地内の建物が滅失した場合における措置を設けることにしました。

Q105 団地内の建物が滅失した場合における措置が適用されるのは、どのような団地ですか。

A 団地内の建物が滅失した場合における措置が適用されるのは、次の3つの要件を満たしている団地です（次頁の図参照）。

①　一団地内にある数棟の建物（団地内建物）の全部又は一部が区分所有建物であること(注1)

②　その団地内の土地（これに関する権利を含む）が当該団地内建物の所有者（区分所有建物にあっては区分所有者）の共有に属すること

③　政令で定める大規模な災害によりその団地内の全部又は一部の建物が滅失したこと（区分所有建物にあっては、(a)全部が滅失したこと、又は(b)大規模一部滅失した場合において、取壊し決議又は区分所有者全員の同意に基づき取り壊されたこと）

①の要件を要求しているのは、区分所有法上は、団地内の全ての建物が一戸建ての建物である場合にも団地関係が成立する（区分所有法第65条）ものの、そのような場合には、関係者の人数も比較的少なく、区分所有建物が含まれている団地と比べて、被災時における特則を設ける必要性、合理性は乏しいと考えられることによるものです。

②の要件を要求しているのは、区分所有法上は、土地を共有しておらず、集会所等の附属施設のみを共有する場合にも団地関係が成立するものの、そのような場合には、土地が共有となっていない以上、他の建物の所有者等の承認を得ることなく、建物の再建や建替えを行うことができ、承認決議が問題となる場面が存在しないことによるものです。

区分所有法上の建替え承認決議（区分所有法第69条）等においても、同様の理由から、団地内の全ての建物が一戸建ての建物である場合及び附属施設のみを共有する場合は、決議の対象から除外されています。

③の要件は、改正法を適用するための当然の要件ということができます。区分所有建物が大規模一部滅失したにすぎない場合には、Q104で記載したような問題は生じず、特別の措置を設ける必要性が乏しいことから、団地内の建物が滅失した場合における措置の対象とはしていません。また、団地内

の全部又は一部の建物が滅失すれば足り、滅失した建物が区分所有建物である必要はありません(注２)。第４章の章名を団地内の「建物」が滅失した場合における措置とし、区分所有建物が滅失した場合における措置としていないのはそのためです。

（注１）　①の要件は、政令で定める大規模な災害により建物が滅失した当時においてこれを満たしていれば足り、例えば、①の要件を満たす団地について、政令で定める大規模な災害により全部の区分所有建物が滅失した場合であっても、①の要件を満たすこととなります。

（注２）　例外として、一括建替え等決議においては、団地内の全部の建物が区分所有建物である必要があり、滅失した建物も区分所有建物であった場合に限られます（Q124参照）。

[団地内の建物が滅失した場合における措置（第４章）の対象]

○　○は、承認決議の対象となることを示す。Ａ棟は、政令で定める災害により滅失した建物を示す。

○　団地内に区分所有建物が一つ以上あれば対象となり、滅失したのが区分所有建物である必要はない（例外として一括建替え等決議（第18条）は、全ての建物が区分所有建物である必要がある）。

○　図３は、Ａ棟及びＢ棟との間に団地関係が成立しており、○は、当該団地関係における承認決議が可能であることを示す。

○　以下のように、土地を共有している場合が対象となる（通路や附属施設のみを共有している場合（図２、図４）は含まれない）。

図１　○

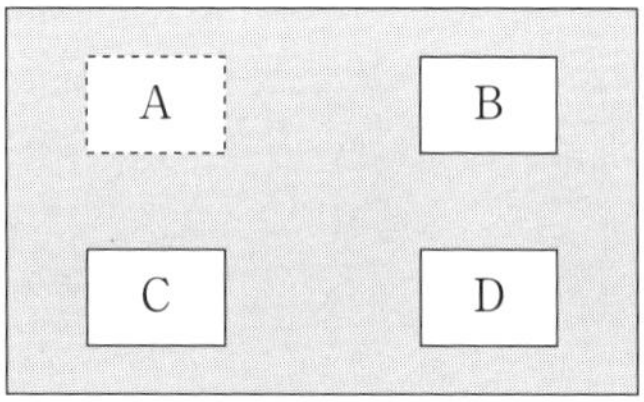

図２

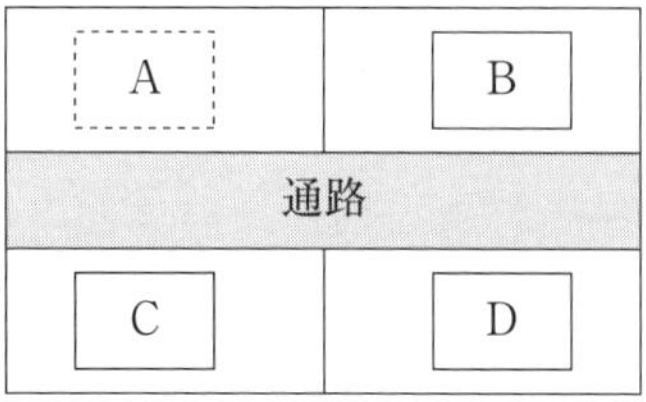

図３　○

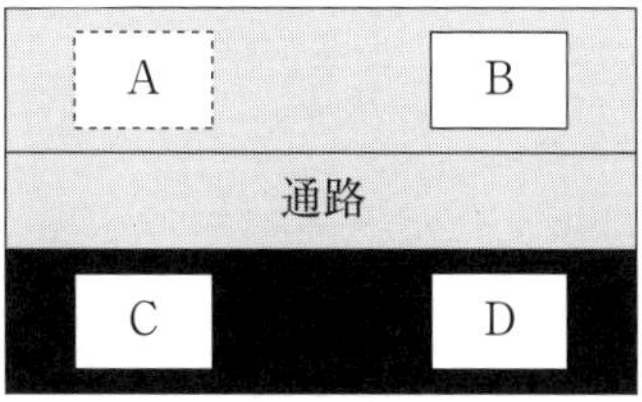

図４

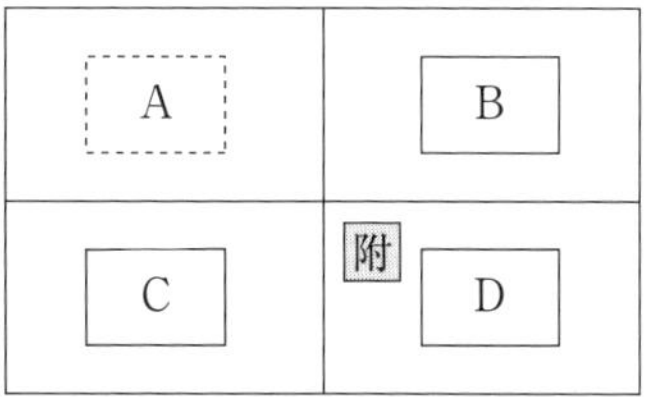

Q106 団地内の建物が滅失した場合における措置が適用される期間を3年間としたのはなぜですか。

A　団地内の建物が滅失した場合における措置（第4章）は、団地内の全部又は一部の建物が滅失（区分所有建物については全部滅失。なお、全部滅失の定義についてはQ5を参照）した場合における措置を定めています。

そして、区分所有建物の全部が滅失した場合における措置（第2章）が適用される期間は、政令の施行の日から起算して3年間としているところ（第2条。Q15参照）、団地内の建物が滅失した場合における措置が適用される期間は、区分所有建物の全部が滅失した場合における措置（第2章）が適用される期間と一致させることが分かりやすいものと考えられます。

そこで、団地内の建物が滅失した場合における措置が適用される期間を政令の施行の日から起算して3年間としました。

［第 13 条、第 14 条関係］

Q107 団地内の建物が滅失した場合における管理者及び集会に関する規律を設けることにしたのはなぜですか。

A 区分所有法においては、団地内の土地又は附属施設が団地内の建物の所有者の共有に属する場合には、それらの所有者（団地建物所有者）は、集会を開き、管理者を置くことができるものとされています。

もっとも、団地に関する区分所有法の規定は、団地内の建物が現存していることを前提としており、団地内の建物のうち滅失した建物の所有者には適用されません。そこで、例えば、Q105 の図１のようにＡ棟が滅失した場合には、Ｂ棟からＤ棟までの所有者は集会を開き、管理者を置くことができるものの、Ｂ棟からＤ棟までの所有者による集会の決議の効力は、Ａ棟の所有者であった者には及ばず、Ａ棟の所有者であった者との関係では、民法の共有に関する規律に従うこととなります。また、Ａ棟の所有者であった者を含めて集会を開き、管理者を置くということはできません。

そこで、団地内の建物が滅失した場合であっても、滅失した建物の所有者をも含めた集会を開き、管理者を置くことができるものとして、団地内の建物の再建や建替えを行う間の暫定的な土地の管理等を行うことができるようにしています。

なお、このような暫定的な位置付けを踏まえ、区分所有法の団地とは異なり、規約を定めることができるものとはしていません（Q17 参照）。

Q108　団地建物所有者等集会の構成員となるのは、どのような人ですか。「団地建物所有者等」とはどのような人のことをいうのですか。

A　団地建物所有者等集会の構成員は、「団地建物所有者等」（第13条）であり、具体的には、次のとおりです。

①　団地内建物の所有者（区分所有建物にあっては、区分所有者）

②　敷地共有者等

③　区分所有建物以外の建物であって政令で定める大規模な災害により滅失したものの所有に係る建物の敷地に関する権利を有する者

①は、区分所有法上の団地の集会の構成員となる者であり、区分所有法においては、団地建物所有者と呼称されています（区分所有法第65条）。

②は、区分所有者であったものを指します（Q12参照）。

③は、一戸建ての建物の所有者であった者を指します。

なお、団地建物所有者等集会においては、団地内の土地の管理等を行うことから、①から③のいずれの者についても、団地内の土地を共有していることが前提となります（第13条）。

Q109　改正法の団地建物所有者等集会と区分所有法上の団地の集会とは、どのような関係にありますか。

A　区分所有法上の団地の集会の構成員は「団地建物所有者」とされていることから、滅失した建物の所有者であった者は集会の構成員から除外されるものの、現存する建物の所有者を構成員として、なお区分所有法上の団地の集会を開くことは可能です。具体的には、Q105の図１のようにＡ棟が滅失した場合に、Ｂ棟からＤ棟までの所有者を構成員とする集会を開くことはできます。

また、第13条においては、「集会を開き、及び管理者を置くことができる」としており、団地内の建物が滅失した場合であっても、この規定による集会を開かず、区分所有法上の団地の集会（前記の例でいえば、Ｂ棟からＤ棟までの所有者を構成員とする集会）を開くことは妨げられません。

もっとも、滅失した建物の所有者であったもの（前記の例でいえば、滅失したＡ棟の所有者）は、区分所有法上の団地の集会の構成員から除外されることから、区分所有法上の団地の集会を開いたとしても、その決議の効力は、滅失した建物の所有者であった者には及びません。

Q110 団地建物所有者等が置く管理者や団地建物所有者等に関して準用される区分所有法の規定には、どのようなものがありますか。また、敷地共有者等集会と異なる点は、どのような点ですか。

A 第14条第1項においては、団地建物所有者等が置く管理者について区分所有法の管理者についての規定（第1章第4節）を準用するとともに、団地建物所有者等が開く集会（団地建物所有者等集会）について区分所有法の集会についての規定（第1章第5節）を準用することとしています。

これらの規定の準用によって、団地内の土地の管理等に関しては、原則として団地内の建物が滅失する前と同様に、集会を開き、管理者を置くことができることとなり、団地内の建物の再建又は建替えを行うまでの間、団地内の土地の管理等を円滑に行うことができるようにしています。

もっとも、団地建物所有者等集会は、団地内の建物の再建又は建替えを行う間の暫定的な土地の管理等を行うものであるという位置付けから、規約を定めることは認められておらず、これに伴い、規約に関する規定については準用の対象から除外しています（第13条及び第14条参照）。

また、第14条においては、敷地共有者等集会に関する第3条とは異なり、占有者の意見陳述権（区分所有法第44条）及び占有者に対する集会の議決の効力（区分所有法第46条2項）に関する規定を準用しています。これは、敷地共有者等集会においては、敷地上の建物が全部滅失し、又は取り壊されていることが前提となっているため、敷地上の建物を占有する者を観念することができないのに対し、団地建物所有者等集会においては現存する建物に占有者が存在し得るという違いがあることによるものです。

Q111 第14条第1項において準用する区分所有法の規定の読替えはどのようなことを定めているのですか。

A 第14条第1項において準用する区分所有法の規定については、区分所有者とあるのを団地建物所有者等と読み替えるほか、団地建物所有者等集会においては規約を定めることを認めていない（Q107）ことから、規約に関する部分を除くよう読み替えるなどしています。また、以下の規定については、それぞれ以下の趣旨から、読替えを行っています。

1　区分所有法第26条第1項

「共用部分並びに第二十一条に規定する場合における当該建物の敷地及び附属施設（次項及び第四十七条第六項において「共用部分等」という。）」とあるのを「特別措置法第十三条に規定する場合における当該土地」と読み替えています。なお、区分所有法第66条においては、当該文言を「土地等並びに第六十八条の規定による規約により管理すべきものと定められた同条第一項第一号に掲げる土地及び附属施設並びに同項第二号に掲げる建物の共用部分」と読み替えています。ここでいう「土地等」とは「第六十五条に規定する場合における当該土地若しくは附属施設」を意味するものです。

このような読替えを行う趣旨は、次のとおりです。すなわち、区分所有法第26条第1項は、管理者の権限について定めたものであるところ、共用部分については、区分所有法第66条においても規約により管理すべきものとされた場合を除いて管理の対象とはされておらず、団地建物所有者等集会においては、規約を定めることは認められていませんので（Q107参照）、規約によって共用部分を管理することは想定することができません。また、第13条においては、団地建物所有者等の共有に属している土地の管理等をすることができるものとしており、附属施設はその対象から除外しています（Q105参照）。そこで、管理者は、共有となっている土地の管理をすることができる（共用部分や附属施設は管理の対象とならない）旨を明らかにするため、読替えを行っています。

2　区分所有法第26条第2項

「第十八条第四項（第二十一条において準用する場合を含む。）の規定による損害保険契約に基づく保険金額並びに共用部分等」を「特別措置法第十三条に規定する場合における当該土地」と読み替えています。

このような読替えを行う趣旨は、次のとおりです。すなわち、区分所有法第26条第2項は、管理者はその職務に関し、①区分所有法第18条第4項（区分所有法第21条において準用する場合を含みます）の規定による損害保険契約に基づく保険金額、及び②共用部分等（共用部分並びに区分所有法第21条に規定する場合における当該建物の敷地及び附属施設をいいます）について生じた損害賠償金等について区分所有者を代表して請求及び受領する旨を定めています。そして、前記1のとおり、管理者の管理対象から共用部分及び附属施設を除外していることを踏まえ、①の損害保険契約は、共用部分に関する保険契約について定めたものですから、これを除外するとともに、②の共用部分等のうち、共用部分及び附属施設に関する部分を除く必要があります。そこで、区分所有法第26条第1項と同様の読替えを行っています。

3　区分所有法第35条第2項及び第40条

「専有部分が数人の共有に属するとき」とあるのを「建物若しくは専有部分が数人の共有に属するとき又は一の建物であつて特別措置法第二条の政令で定める災害により滅失したものの所有に係る建物の敷地に関する権利若しくは一の専有部分を所有するための敷地利用権に係る特別措置法第二条に規定する敷地共有持分等を数人で有するとき」と読み替えています。なお、区分所有法第66条においては、「建物又は専有部分」が数人の共有に属するときと読み替えられています。

このような読替えを行う趣旨は、次のとおりです。すなわち、区分所有法第35条第2項は、議決権の基礎となる権利を共有している場合について、そのうち一人の者に通知すれば足りることを定め、区分所有法第40条は、同様の場合について、議決権を行使すべき者一人を指定しなければならないことを定めています。区分所有者集会においては、区分所有者以外の者が存在しないことから、専有部分が数人の共有に属するときとされていますが、団地においては、区分所有建物以外の建物（一戸建ての建物）の所有者も存在することから、建物又は専有部分が数人の共有に属するときとされています。

団地建物所有者等集会の構成員としては、①区分所有者、②区分所有建物以外の建物の所有者、③敷地共有者等及び④区分所有建物以外の建物であって、政令で定める大規模な災害により滅失したものの所有に係る建物の敷地に関する権利を有する者がいることから、議決権の基礎となる権利が共有となっている場合について、それぞれ規定を設ける必要があります。そして、①、②について定めたものが「建物若しくは専有部分が数人の共有に属するとき」であり、区分所有法第66条と同様の読替えとなっています。また、③について定めたものが、「一の専有部分を所有するための敷地利用権に係る特別措置法第二条に規定する敷地共有持分等を数人で有するとき」であり、第４条の読替えと同様となっています。さらに、④について定めたものが、「一の建物であつて特別措置法第二条の政令で定める災害により滅失したものの所有に係る建物の敷地に関する権利…を数人で有するとき」であり、第13条と同様の規定振りとしています。

Q112 団地建物所有者等の所在が分からない場合には、どのようにして集会を招集すればよいのですか。

A 団地建物所有者等集会の招集通知は、管理者に対して通知を受けるべき場所を通知したときを除き、団地建物所有者等の所在する場所に通知しなければならないのが原則です（第14条第1項において準用する区分所有法第35条第1項及び第3項）。

もっとも、団地建物所有者等が被災により避難しているような場合には、その所在を知ることができないようなことも想定されるところです。

そこで、敷地共有者等集会について定めた第3条第2項及び第3項と同様に（Q19参照）、管理者に通知を受けるべき場所を通知した者を除き、団地建物所有者等の所在を知ることができないときは、招集通知は、団地内の見やすい場所に掲示してすれば足りるものとしています（第14条2項）。ただし、所在を知らないことについて過失があったとき(注)にまで、掲示による通知を認めることは相当ではないことから、このような場合には、通知の到達の効力を生じないものとしています（第14条第3項ただし書）。

（注）「所在を知らないことについて過失があったとき」の意味については、Q20参照。

Q113　再建承認決議制度を設けることにしたのはなぜですか。

A　次頁の図のように、災害により団地内の区分所有建物A棟が滅失した場合には、A棟の元区分所有者が建物を再建しようとすることが考えられます。

そして、共有物である土地の上に建物を再建することは、共有物である土地の変更に当たることから、A棟の再建には、A棟における再建決議（第4条）に加え(注1)、A棟からD棟までの敷地共有者全員の同意が必要となるのが原則です（民法第251条）。

しかし、常に全員の同意を必要とすると、一人でも再建を承認しない者がいる場合には、A棟の再建をすることが困難になってしまい、ひいては復興を阻害することにもなりかねません。

また、区分所有法において、団地内の建物を建て替える場合については、建替え承認決議制度（区分所有法第69条）が設けられており、団地建物所有者の議決権の4分の3以上の承認による建替えが可能とされています(注2)。そして、他の建物の団地建物所有者等に及ぼす影響という観点からすると、建替えが行われる場合と、滅失した建物の再建が行われる場合とで、さほど違いがあるとはいえません。

そこで、改正法においては、政令で定める大規模な災害により団地内の建物が滅失した場合について、区分所有法上の建替え承認決議制度（区分所有法第69条）に準じて再建承認決議制度を設けることとし、団地建物所有者等の議決権の4分の3以上の承認による再建を可能としました。

（注1）　滅失したA棟が区分所有建物ではなく、一戸建ての建物である場合には、再建決議はもとより不要ですが、A棟の再建にはA棟からD棟の敷地共有者全員の同意が原則として必要となります。

（注2）　建替え承認決議制度が設けられた趣旨については、「多数の敷地共有者全員から同意を得ることは実際には困難な場合が多く、団地内の建物の建替えは、ほとんど不可能になっているという指摘がありました。一方で、区分所有建物においては、その建物の区分所有権と敷地利用権とは分離して処分することができないため、区分所有建物が含まれている団地の団地建物所有者としては、敷地利用権の持分に独立の財産価値を見いだし

ている場合は少なく、敷地全体が区分所有形態の建物の敷地として使用されることについても、現在の建物一代限りではなく、むしろ、永続的に使用されることを承認していると考えられ、建替えについての全員同意の要件を緩和する合理性がある」（吉田徹編著『一問一答改正マンション法』（商事法務、2003）91頁）とされています。

［再建承認決議制度（第15条）］

○　A棟は、政令で定める災害により滅失し、再建をしようとする建物を示す。
○　団地内に区分所有建物が一つ以上あれば対象となり、滅失したのが区分所有建物である必要はない。

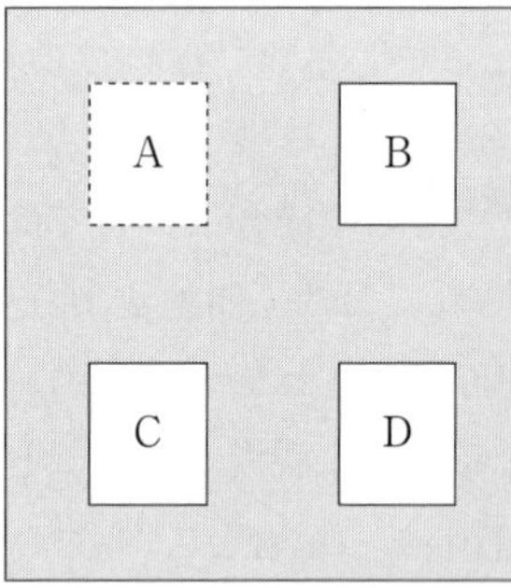

【原則】
①　建物の滅失により、A棟はB棟～D棟の団地関係から離脱。
②　再建の決議自体は、A棟単独で可能。しかし、A棟が再建を行うには、土地の共有者であるA棟～D棟全員の同意が必要（民法第251条）。
→　×　A棟の再建は困難。
　　×　A棟が滅失する前にA棟を建て替える場合には、A棟～D棟の団地建物所有者の議決権（土地の持分）4分の3以上の賛成で建替えが可能であった（建替え承認決議・区分所有法第69条）こととの均衡を欠く。

【再建承認決議制度】
○　A棟～D棟に係る団地建物所有者等の議決権（土地の持分）の4分の3以上の賛成により、A棟の再建を可能とする。
○　再建承認議決は、A棟の離脱によりB棟～D棟の団地の集会で行うこととなるのではなく、A棟～D棟の集会で行うこととする（これにより、B棟～D棟の議決権ではなく、A棟～D棟の議決権の4分の3以上の賛成となる）。

Q114 団地内の建物が滅失した場合における建替え承認決議制度を設けることにしたのはなぜですか。

A 団地内の建物の建替えをする場合については、建替え承認決議制度（区分所有法第 69 条）が設けられており、団地建物所有者の議決権の 4 分の 3 以上の承認による建替えが可能とされています。

もっとも、次頁の図のように災害により団地内の A 棟が滅失した場合には、A 棟の所有者には、区分所有法の団地に関する規定（区分所有法第 2 章）の適用はなく、区分所有法上の建替え承認決議の規定（区分所有法第 69 条）も適用されないこととなります。そこで、A 棟が滅失した場合において、B 棟を建て替えるときは、B 棟から D 棟の所有者による建替え承認決議（区分所有法第 69 条）に加え、A 棟に係る敷地共有者等の全員の同意を得なければならないことになります（民法第 251 条）。これでは、団地内の建物の建替えが困難となりますし、団地内の建物が滅失する以前は A 棟から D 棟の団地建物所有者の議決権の 4 分の 3 以上の賛成により建替えを行うことができたこととの均衡を考慮する必要もあると考えられます。

以上を踏まえ、建替え承認決議制度（区分所有法第 69 条）に準じて団地内の建物が滅失した場合における建替え承認決議制度（第 16 条）を設けることとし、団地建物所有者等の議決権の 4 分の 3 以上の承認による建替えを可能としました。

[団地内の建物が滅失した場合における建替え承認決議制度（第16条）]

○　A棟は政令で定める災害により滅失した建物を、B棟は建替えをしようとする建物を示す。
○　団地内に区分所有建物が一つ以上あれば対象となり、滅失したのが区分所有建物である必要はない。

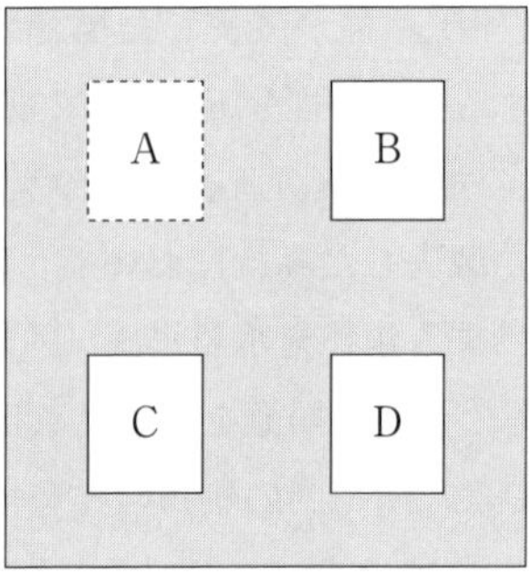

【原則】
①　建物の滅失により、A棟は、B棟～D棟の団地関係から離脱。
②　A棟に係る敷地共有者等には、区分所有法の団地に関する規定（第2章）は適用されないため、B棟の建替えには、別途、A棟に係る敷地共有者等全員の同意が必要（民法第251条）。
→　×　B棟の建替えは困難。
　　×　A棟が滅失する前に、B棟を建て替える場合には、A棟～D棟の団地建物所有者の議決権（土地の持分）4分の3以上の賛成で建替えが可能であったこととの均衡を欠く。

【建替え承認決議】
○　A棟～D棟に係る団地建物所有者等の議決権（土地の持分）の4分の3以上の賛成により、B棟の建替えを可能とする。
○　建替え承認決議は、A棟の離脱により、B棟～D棟の団地の集会で行うこととなるのではなく、A棟～D棟の集会で行うこととする（これにより、B棟～D棟の議決権ではなく、A棟～D棟の議決権の4分の3以上の賛成となる）。

Q115　建替え再建承認決議制度を設けることにしたのはなぜですか。

A　団地内の建物が滅失した場合に関しては、再建承認決議（第15条）及び建替え承認決議（第16条）により、

①　滅失した一棟の建物を再建することについての承認（第15条第1項）

②　滅失した二棟以上の建物を再建することについての一括した承認（第15条第6項）（Q121参照）

③　滅失した建物以外の一棟の建物を建て替えることについての承認（第16条第1項）

④　滅失した建物以外の二棟以上の建物を建て替えることについての一括した承認（第16条第2項において準用する第15条第6項）（Q121参照）

をすることができます。

もっとも、これらの規定によっては、現存する建物の建替え及び滅失した建物の再建を一括して行うこと（例えば、次頁の図において、現存するB棟の建替えと滅失したA棟の再建を一括して行うこと）については対応することができません（注）。

そこで、建替え再建承認決議制度（第17条）を設けることとし、団地建物所有者等の議決権の4分の3以上の承認により、現存する建物の建替え及び滅失した建物の再建を一括して行うことを可能としました。

（注）　現存する建物についての建替え承認決議及び滅失した建物についての再建承認決議を別々に行うことによって、現存する建物の建替え及び滅失した建物の再建を行うことも可能です。もっとも、このように別々の承認決議に付することにすると、相互に矛盾した承認決議又は一貫しない承認決議となるなどのおそれがあります（Q121参照）。

[建替え再建承認決議（第17条）]

○　A棟は政令で定める災害により滅失し、建替えしようとする建物を、B棟は建替えをしようとする建物を示す。

○　団地内に区分所有建物が一つ以上あれば対象となり、減失したのが区分所有建物である必要はない。

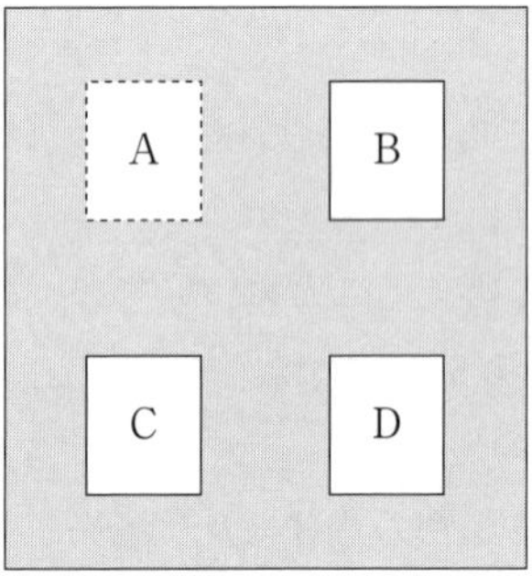

【一括付議】

①　区分所有法においては、二つ以上の建物を建て替える場合に、一括して建替え承認決議に付することができる旨の規定あり（一括付議。区分所得法第69条第6項、第7項）。

②　再建承認決議及び建替え承認決議においても、同様の規定を設けている（第15条第6項、第7項、第16条第2項）。

→　しかし、これらの規定では、再建のみの一括、建替えのみの一括はできるが、建替えと再建を一括して行うことはできない。

【建替え再建承認決議】

○　建替えと再建を一括して承認決議に付する旨の決議を設ける。具体的には、以下の要件による。

・A棟～D棟の集会において、団地建物所有者等の4分の3以上の賛成

・建替え再建承認決議に付すことについて、再建をしようとするA棟と建替えをしようとするB棟との合意

Q116

再建承認決議等の多数決要件を4分の3以上としているのはなぜですか。従前と同一規模の建物を再建する場合でも4分の3以上の承認が必要なのですか。団地内の建物が滅失した場合における建替え承認決議や建替え再建承認決議についてはどうですか。

A　再建を行う場合に、従前と全く同一の位置に全く同一の規模の建物を再建することは一般的ではなく、通常は何らかの変更を加えるものと考えられます。また、仮に同一の位置に同一の規模の建物を再建する場合であっても、工事に伴いそれ以外の敷地部分の使用が必要になることも多いでしょうし、建物の耐用年数の残存期間が大幅に延長されることになることから、敷地の利用関係について重要な変更を生じさせることになります。

こうした点を考慮すると、再築する建物の位置や規模を問わず、少なくとも、団地内の土地や附属施設を変更する場合の決議（区分所有法第66条、第17条第1項）に必要な4分の3以上の承認を得なければならないものとすることが相当であると考えられます。また、団地内の建物が滅失する前に団地内の建物の建替えをする場合には、建替え承認決議（区分所有法第69条）により団地建物所有者の議決権の4分の3以上の承認を得ることで建替えをすることができたこととの均衡を考慮する必要もあります。

そこで、建替え承認決議（区分所有法第69条）と同様に、再建承認決議においては、従前と同一規模の建物を再建する場合を含め、再建の内容いかんにかかわらず、団地建物所有者等の議決権の4分の3以上の承認を得なければならないものとしたものです。

団地内の建物が滅失した場合における建替え承認決議（第16条）や建替え再建承認決議（第17条）についても、同様の趣旨から、団地建物所有者等の議決権の4分の3以上の承認を得なければならないものとしています。

Q117 再建承認決議を行う場合の議決権の割合は、どのように計算するのですか。団地内の建物が滅失した場合における建替え承認決議や建替え再建承認決議についてはどうですか。

A 再建承認決議の議決権は、再建をしようとする建物（特定滅失建物）が所在していた土地の持分の割合によることとしています（第15条第2項）。

団地内の建物が滅失する前には、団地管理組合の集会の議決権は、団地内の建物の団地建物所有者が共有する土地又は附属施設の持分の割合によることとされており、規約で別段の定めがある場合には、それによることとされています（区分所有法第66条、第38条）。もっとも、Q107のとおり、団地建物所有者等集会においては、その暫定的な位置付けから、規約を定めることは認めていませんので、再建承認決議を行う場合の議決権についても、規約で議決権割合を変えることはできません(注)。

団地内の建物が滅失した場合における建替え承認決議の議決権は、建替えをしようとする建物（特定建物）の所在する土地の持分の割合によります（第16条第2項において準用する第15条第2項）。また、建替え再建承認決議の議決権は、建替えをしようとする建物（特定建物）及び再建をしようとする建物（特定滅失建物）の所在する土地の持分の割合によります（第17条第3項において準用する第15条第2項）。いずれの議決権についても規約による議決権割合の変更を認めていないことは、再建承認決議の議決権と同様です。

(注)　区分所有法上の建替え承認決議においても、議決権は、建替えをしようとする建物が所在する土地の持分の割合によることとされており、議決権割合を規約により変更することは認められていません（区分所有法第69条第2項）。

Q118

再建承認決議を行う場合の手続はどのようなものですか。再建決議の手続とは、どのような点で異なりますか。建替え承認決議や建替え再建承認決議についてはどうですか。

A　再建承認決議を行う場合の手続は、基本的には、区分所有法上の建替え承認決議と同様の手続となっています。

具体的には、原則として団地建物所有者等集会の一般の手続に従って集会が招集され、開催されるものとしつつ（第14条第1項）、決議事項の重要性に鑑みて、集会の招集通知は集会の開催日の2か月以上前に発出する必要があるものとするとともに、招集通知には議案の要領に加えて新たに建築する建物の設計の概要も示さなければならないものとしています（第15条第4項）。

招集通知の時期や通知事項についての特則が設けられている点は、再建決議と同様です（第4条第4項及び第5項）が、再建するのは飽くまでも他の建物であって、自分が権利を有する建物の取壊しや費用負担等の問題を伴わないことから、説明会の開催までは義務付けておらず、この点が再建決議とは異なっています（第4条第6項及び第7項）。

以上のことは、団地内の建物が滅失した場合における建替え承認決議や建替え再建承認決議についても同様です。すなわち、これらの承認決議は、原則として団地建物所有者等集会の一般の手続に従って集会が招集され、開催されるものとしつつ（第14条第1項）、決議事項の重要性に鑑みて、集会の招集通知は集会の開催日の2か月以上前に発出する必要があるものとするとともに、招集通知には議案の要領に加えて新たに建築する建物の設計の概要も示さなければならないものとしています（第16条第2項及び第17条第3項において準用する第15条第4項）。また、これらの決議には説明会の開催までは義務付けておらず、この点が建替え決議や再建決議とは異なっています（第4条第6項及び第7項、区分所有法第62条第6項及び第7項）。

Q119 再建決議をした建物に係る敷地共有者等について、再建承認決議に賛成する旨の議決権を行使したものとみなすこととしたのはなぜですか。建替え承認決議や建替え再建承認決議についてはどうですか。

A　Q113の図において、滅失したＡ棟を再建するためには、滅失したＡ棟において再建決議（第４条）(注)をした上で、Ａ棟からＤ棟までの団地建物所有者等において再建承認決議（第15条）をすることになります。

この場合に、滅失したＡ棟の再建決議が議決権の５分の４以上の多数の賛成により成立したにもかかわらず、その再建決議に反対した者が、Ａ棟からＤ棟までの団地建物所有者等による再建承認決議において改めて団地建物所有者等としての立場で再建に反対することができるものとすることは、合理的ではありません。

そこで、区分所有法上の建替え承認決議と同様（区分所有法第69条第３項）に、再建決議があった場合には、再建決議をした建物（特定滅失建物）に係る敷地共有者等は、再建承認決議においては、当該承認決議に賛成する旨の議決権の行使をしたものとみなすこととし、再建に改めて反対することができないようにしています（第15条第３項本文）。

他方で、滅失したＡ棟の再建に反対した者が、Ｂ棟の区分所有者でもあり、Ｂ棟の敷地利用権に基づいて議決権を行使するような場合に、その議決権についても再建承認決議に賛成したものとみなすことは相当ではないと考えられます。そこで、再建決議をした建物（特定滅失建物）に係る敷地共有者等が、再建を行う建物以外の建物の敷地利用権又は敷地共有持分等に基づいて有する議決権の行使については、再建承認決議に賛成する旨の議決権の行使をしたものとはみなさないものとしています（第15条第３項ただし書）。

団地内の建物が滅失した場合における建替え承認決議（第16条）や建替え再建承認決議（第17条）についても、同様の趣旨から、①建替え承認決議においては、建替え決議をした建物の区分所有者は、その承認決議に賛成する旨の議決権を行使したものとみなし（第16条第２項において準用する第

15条第３項本文)、②建替え再建承認決議においては、建替え決議をした建物の区分所有者及び再建決議をした建物に係る敷地共有者等は、その承認決議に賛成する旨の議決権を行使したものとみなしつつ（第17条第３項において準用する第15条第３項本文)、それぞれその例外を設けています（第16条第２項及び第17条第３項において準用する第15条第３項ただし書)。

（注）滅失したＡ棟が区分所有建物以外の建物であった場合は、Ａ棟の所有に係る建物の敷地に関する権利を有する者の同意があることが、再建承認決議をするための要件となります（第15条第１項第２号)。また、滅失したＡ棟が区分所有建物であった場合には、再建決議がある場合だけでなく、Ａ棟の敷地共有者等の全員の同意がある場合も、再建承認決議をするための要件を満たすこととなります（同項第１号)。

なお、団地内の建物が滅失した場合における建替え承認決議や建替え再建承認決議についても、同様の規定が設けられています（第16条１項各号及び第17条１項各号)。

Q120　建物の再建によって、団地内の他の建物の将来の建替えや再建が制約される場合、その建物の区分所有者や敷地共有者等の利益は、どのようにして保護されるのですか。団地内の建物が滅失した場合における建替え承認決議の場合や建替え再建承認決議の場合についてはどうですか。

A　団地内の建物が滅失した場合に、滅失した建物の再建をするときには、団地建物所有者等集会において議決権の4分の3以上の多数による承認決議が要求されていることから、これによって、他の建物の団地建物所有者等が不当な不利益を受けるような事態の大半は回避することができるものと考えられます。

もっとも、再建を実施する建物の団地建物所有者等が敷地の持分割合の大部分を有しているような場合には、その建物の団地建物所有者等が自らの利益のみを図った再建を計画したときでも、団地建物所有者等集会において議決権の4分の3以上の多数による承認決議を得られることがないとはいえません。

そこで、区分所有法上の建替え承認決議と同様（区分所有法第69条第5項）に、団地内の建物の再建がその建物以外の建物の建替えや再建に特別の影響を及ぼすようなときには、団地全体の議決権の4分の3以上の賛成が得られていることに加えて、特別の影響を受ける建物の区分所有者や敷地共有者等が有する議決権の合計のうち、4分の3以上の議決権を有する者(注1)が再建承認決議に賛成していることを、再建承認決議の成立要件としています（第15条第5項）。

なお、「特別の影響を及ぼすべきとき」とは、滅失した建物の再建によって他の建物の建替えや再建に顕著な支障が生じ、それが当該他の建物の所有者が有する敷地利用権（滅失した建物については、その建物に係る敷地に関する権利）を具体的に侵害するものと評価することができる場合を指しています。例えば、滅失した建物の床面積が再建によって大幅に増大し、敷地利用権の持分割合に従えば他の建物に割り付けられるべき容積率を侵食することとなって、将来、他の建物が同様の建替えや再建を実施しようとしても、それが制限されるような場合には、「特別の影響を及ぼすべきとき」に当たることになります。

団地内の建物が滅失した場合における建替え承認決議（第16条）や建替え再建承認決議（第17条）についても、同様の趣旨から、建替え又は再建によって「特別の影響を及ぼすべきとき」は、団地全体の議決権要件に加え、特別の影響を受ける建物の区分所有者や敷地共有者等が有する議決権の合計のうち、４分の３以上の議決権を有する者(注２)が承認決議に賛成していることを成立要件としています（第16条第２項及び第17条第３項において準用する第15条第５項）。

（注１）（注２）　本文の記載は、特別の影響を受ける他の建物が区分所有建物であった場合又は当該他の建物が滅失した当時において区分所有建物であった場合を念頭に記載しています（第15条第５項第１号及び第２号）。特別の影響を受ける建物が区分所有建物以外の建物であった場合は当該建物の所有者が、当該他の建物が滅失した建物であって、区分所有建物以外の建物であった場合はその敷地に関する権利を有する者が、それぞれ賛成していることを、再建承認決議の成立要件としています（同項第３号及び第４号）。

これらは、団地内の建物が滅失した場合における建替え承認決議や建替え再建承認決議についても、同様です（第16条第２項及び第17条第３項において準用する第15条第５項）。

Q121

団地内の2棟以上の滅失した建物を再建する場合における再建承認決議は、どのような手続によることになりますか。また、団地内の建物が滅失した場合において、2棟以上の建物の建替えや、建替えと再建を一括して行うような場合についてはどうですか。

A

1　再建承認決議

団地内の2棟以上の滅失した建物を再建する場合に、建物ごとに別々に再建承認決議をすることは差し支えありません。

もっとも、滅失した2棟の建物を新たな1棟の建物とする場合や、一体的な計画の下で2棟の建物を再建する場合等においては、別々に再建承認決議に付することによって矛盾した承認決議又は一貫しない承認決議がされるおそれがあります(注1)。また、同時期に再建をする建物で一括して承認を得た方が多数の者の賛同を得やすく、あるいは承認を得るのに便利なことがあるものと考えられます。

そこで、区分所有法上の建替え承認決議と同様（区分所有法第69条第6項）に、再建を実施する建物の団地建物所有者等の全員の合意（例えば、Q113の図においてA棟のみならずB棟も滅失し、双方の再建をしようとする場合には、A棟とB棟の団地建物所有者等の全員の合意）があることを条件に、団地内の2棟以上の滅失した建物の再建について、一括して承認決議を得ることができるようにしています（一括付議。第15条第6項）。なお、団地建物所有者等の全員の合意については、後記のとおり、第15条第7項後段にみなし規定があります。

また、再建を実施する場合に、他の建物の再建と一括して承認決議を求めることにするかどうかは、いわば、再建に付随する事項であると考えられます。そこで、当該滅失した建物が区分所有建物であった場合に、その再建決議を行う敷地共有者等集会において、再建決議と同じ敷地共有者等の議決権の5分の4以上の多数決により、他の建物の再建と一括して承認に付する旨の決議があったときは、他の建物の再建と一括して承認に付することができることとしています（一括付議の決議。第15条第7項）。

なお、再建決議を行う敷地共有者等集会においてこの一括付議の決議があったときは、当該再建決議に係る敷地共有者等について、団地建物所有者等集会において一括して承認決議を得ることについての条件である前記の合意（第15条6項に規定する合意）があったものとみなすこととしています（第15条第7項後段）。

2　団地内の建物が滅失した場合における建替え承認決議

団地内の建物が滅失した場合における建替え承認決議（第16条）についても、同様の趣旨から、一括付議を認める規定を設けることとしています（第16条第2項において準用する第15条第6項及び第7項）。

3　建替え再建承認決議

建替え再建承認決議は、団地内の建物の建替え及び滅失した建物の再建を一括付議により行うことを可能とするための規定であることから、建替え再建承認決議に付する決議をするに際しては、建替え又は再建を実施する建物の団地建物所有者等の全員が、建替え及び再建について建替え再建承認決議に付する旨の合意をした場合でなければならないものとしています（第17条第1項ただし書）。また、この団地建物所有者等全員の合意に代えて、建替えの対象となる建物が区分所有建物であるときは建替えを目的とする集会において当該建物の区分所有者及び議決権の各5分の4以上の多数決により、再建の対象となる滅失した建物が区分所有建物であったときは再建を目的とする敷地共有者等集会において議決権の5分の4以上の多数決により、一括付議の決議をすることを認めています（第17条第2項）(注2)。

（注1）　矛盾した承認決議又は一貫しない承認決議の例としては、Q113の図（ただしB棟も滅失しているものとする）の滅失したA棟とB棟を新たな一棟の建物にする場合において、別々に再建承認決議に付したときに、A棟に関する再建承認決議は承認されたものの、B棟に関する再建承認決議が承認されないことが考えられます。

（注2）　建替え再建承認決議は、一括付議としての性質も有する決議であることから、第17条第1項ただし書において第15条第6項に相当する規定を、第17条第2項において第15条第7項に相当する規定を、それぞれ設けています。

そこで、第17条第3項においては、第16条（建替え承認決議）とは異なり、第15条第6項及び第7項を準用していません。

Q122　第16条第3項はどのようなことを定めているのですか。

A　第16条第3項は、2棟以上の建物の建替えについて一括付議の決議（第16条第2項において準用する第15条第7項）を行う場合における集会の招集通知に関して、区分所有法第35条第5項に準じた規律を設けるとともに、区分所有法第62条第5項の適用について所要の読替えを行うものです。

区分所有法第35条は、集会の招集通知に当たって会議の目的たる事項を示すものとしつつ（同条第1項）、会議の目的たる事項が区分所有法第62条第1項（建替え決議）や区分所有法第69条第7項（一括付議の決議）に規定する事項であるときは、議案の要領をも通知しなければならないものとしています（区分所有法第35条第5項）。そして、第16条第2項において準用する第15条第7項の一括付議の決議は、区分所有者集会において、建替え決議（区分所有法第62条第1項）と共にされるものであり、区分所有法第69条第7項と同様の合意であることから、区分所有法第35条第5項と同様に、議案の要領をも通知しなければならないものとしています(注)。

また、区分所有法第62条第5項においては、同法第35条第5項に規定する議案の要領のほか、一定の事項を通知しなければならないものとされています。そして、会議の目的たる事項が第16条第2項において準用する第15条第7項の決議事項であるときは、区分所有法第35条第5項に基づいて建替え決議についての議案の要領を通知する必要があるのみならず、第16条第3項前段に基づいて一括付議の決議についての議案の要領を通知する必要があります。そこで、第16条第3項前段に基づいて一括付議の決議についても議案の要領を通知する必要があることを明確にするため、第16条第3項後段において、区分所有法第62条第5項の適用については、区分所有法第35条第5項とあるのを区分所有法第35条第5項及び特別措置法第16条3項前段としています。

（注）　2棟以上の建物の再建に関する一括付議の決議（第15条第7項）は、敷地共有者等集会（第2条）において、再建決議（第4条第1項）と共にされるものです。会議の

目的たる事項が再建決議である場合における集会の招集通知については、第 3 条第 1 項において準用する区分所有法第 35 条第 5 項の規定により議案の要領をも通知しなければならないものとしていることから、第 15 条においては第 16 条第 3 項と同様の規定は設けていません。

Q123 第17条第3項において、前条第3項中「前項において準用する前条第七項」とあるのを「次条第二項」と読み替えているのはなぜですか。

A 第17条第1項は、建替え再建承認決議について定めるものであり、同条第2項は、第16条第2項において準用する第15条第7項や区分所有法第69条第7項と同様、一括付議の決議について定めるものです。

建替え決議自体は、区分所有法第62条第1項の集会においてされることとなるところ、建替え再建承認決議に付することについての決議（第17条第2項）が会議の目的となる場合には、集会の招集通知について、区分所有法第35条第5項と同様に、会議の目的たる事項を通知する（区分所有法第35条第1項）のみならず、議案の要領をも通知することが相当であると考えられます。

そこで、第17条第3項において、第16条第3項中「前項において準用する前条第七項」を「次条第二項」に読み替えることとしています。これにより、区分所有法第35条第1項本文の通知をする場合において、会議の目的たる事項が第17条第2項に規定する決議事項（すなわち、団地内の建物が滅失した場合における建替え再建承認決議に付することについての決議）であるときは、会議の目的たる事項のほか、議案の要領をも通知しなければならないこととなります。

Q124 団地内の建物の一括建替え等決議の制度を設けたのはなぜですか。

A 区分所有法第70条は、団地内の全部の区分所有建物を一括して建て替える場合について、団地内の建物の一括建替え決議制度を設けています。具体的には、団地内の建物を一括的に建て替えるには、団地建物所有者の全員の同意が必要となるのが原則である（民法第251条）ところ、①団地全体の区分所有者及び議決権（土地の持分割合）の各5分の4以上の賛成及び②建物ごとに区分所有者及び区分所有法第38条に規定する議決権の各3分の2以上の賛成があれば足りるものとされています。これは、団地内の区分所有建物の全部を建て替えることにより建物の配置の変更を含んだ敷地全体の利用方法を一体的に見直し、敷地の有効活用等を可能としたものです。

次頁の図のように災害により団地内の区分所有建物A棟が滅失した場合には、A棟の再建を含む一括的な建替え等を行う必要が生じることも考えられるところ、現行法上、この点に関する規定は設けられていないため、A棟の再建を含む一括的な建替え等を行うには、滅失したA棟の敷地共有者等の全員の同意を得なければならないことになります。

しかし、団地内の区分所有建物の一括的な建替えにより敷地全体の利用方法を一体的に見直し、敷地の有効利用等を可能とするという前記の区分所有法第70条の趣旨は、滅失した区分所有建物の再建を含む一括的な建替えを行う場合についても同様に当てはまるところであり、むしろ、災害により建物が滅失したこと等を契機として敷地全体の利用方法を一体的に見直す必要性が生じるといったことも考えられます。

そこで、団地内の区分所有建物が政令で定める大規模な災害により滅失した場合について、一括建替え決議制度（区分所有法第70条）に準じ、一括建替え等決議制度を設けることにしました（第18条）。これにより、団地建物所有者等集会において、団地建物所有者等の頭数及び議決権の各5分の4以上の賛成（全体要件）、かつ、滅失した建物も含め建物ごとに3分の2以上の賛成（各棟要件）が得られた場合には、滅失した区分所有建物の再建を含む団地内の建物の一括的な建替えを行うことができます。

［一括建替え等決議制度（第18条）］

○　Ａ棟は政令で定める災害により滅失し、再建をしようとする建物を示し、Ｂ棟～Ｄ棟は建替えをしようとする建物を示す。

○　団地内の建物全てが区分所有建物である必要があり、一つでも区分所有建物以外の建物がある場合は対象とならない。

○　団地内に区分所有建物全部の管理又は使用に関する規約（区分所有法第68条）が定められている必要がある。

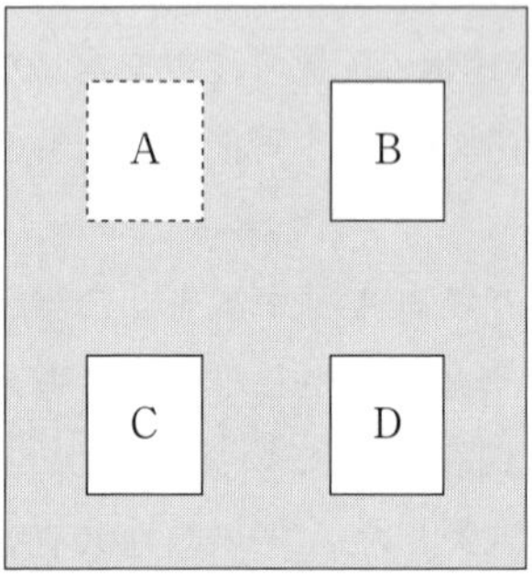

【原則】

①　建物の滅失により、Ａ棟は、Ｂ棟～Ｄ棟の団地関係から離脱。

②　Ｂ棟～Ｄ棟の団地の集会において、一括建替え決議（区分所有法第70条）は可能。しかし、別途Ａ棟全員の同意が必要となる。

【一括建替え等決議制度】

以下の要件により、滅失したＡ棟の再建を含め、団地内の全ての建物の一括的な建替え等をすることを可能に。

○　全体要件

Ａ棟～Ｄ棟の団地建物所有者等の頭数及び議決権（土地の持分）の各５分の４以上の賛成

○　各棟要件

・Ｂ棟～Ｄ棟の区分所有者の頭数及び議決権（床面積割合）の各３分の２以上の賛成

・Ａ棟の議決権（土地の持分）の３分の２以上の賛成

○　一括建替え等決議は、Ａ棟の離脱によりＢ棟～Ｄ棟の団地の集会で行うこととなるのではなく、Ａ棟～Ｄ棟の集会で行う。

Q125　一括建替え等決議を行うことができるのは、どのような団地ですか。

A　一括建替え等の対象となるのは、次の二つの要件を満たしている団地です（第18条第１項本文）。

①　区分所有法第70条第１項本文に規定する場合であること、すなわち、

・　団地内建物の全部が区分所有建物であること

・　団地内建物の敷地（これに関する権利を含む）が当該団地内建物の区分所有者の共有に属すること

・　団地内建物全部の管理又は使用に関する規約（区分所有法第68条）が定められていること

②　政令で定める大規模な災害により団地内の全部又は一部の建物が滅失したこと

①の要件は、区分所有法上の一括建替え決議（区分所有法第70条）と同様の要件です。区分所有法上の一括建替え決議においてこのような要件が求められているのは、敷地を共有し、かつ、区分所有建物全部の管理等に関する規約が定められているような強い団体的拘束を予定していた団地に限り、他の建物を含めた一括建替えを認めることが相当であると考えられることによります。一括建替え等決議においても、このような強い団体的拘束がされていた場合に限って、一括建替え等を認めることが相当であると考えられることから、区分所有法第70条第１項本文に規定する場合であることを要件としています。

なお、①の要件は、政令で定める大規模な災害により建物が滅失した当時においてこれを満たしていれば足り、例えば、①の要件を満たす団地について、政令で定める大規模な災害により全部の区分所有建物が滅失した場合であっても、①の要件を満たすこととなります。

Q126 一括建替え等決議を行う場合の議決要件はどのようなものですか。また、議決権の割合は、どのように計算するのですか。

A 一括建替え等決議を行う場合の議決要件は、団地建物所有者等の頭数及び議決権の各5分の4以上の賛成（全体要件）、かつ、滅失した建物も含め建物ごとに3分の2以上の賛成（各棟要件）が必要です（第18条第1項）。

全体要件について、議決権割合のみならず団地建物所有者等の頭数についても5分の4以上の賛成を要求している点において再建承認決議等と異なっていることに注意が必要です。この場合の議決権割合は、団地内建物の敷地の持分の割合によることとしており、規約による変更は認められない点は、再建承認決議等と同様です（第18条第2項）。

各棟要件については、滅失した建物である場合と現存する建物である場合とで議決要件が異なっています。具体的には、滅失した建物である場合には議決権の3分の2以上の賛成が必要であり、その議決権は、敷地共有持分等の価格の割合によることになります（第18条第1項ただし書、同項第1号）。現存する建物である場合には、区分所有者の頭数及び議決権の3分の2以上の賛成が必要であり、その議決権は、原則として専有部分の床面積の割合によることになります（第18条第1項ただし書、同項第2号）。なお、現存する建物である場合における区分所有者の議決権については、規約に別段の定めがある場合にはそれによります。各棟要件について、頭数を考慮するか否かにおいて違いを設けているのは、現存する建物である場合には議決権のみならずそこに居住等をする者の利益を考慮する必要があるのに対し、滅失した建物である場合にはこれを考慮する必要性がないことによるものです（注）。

（注）　このような違いを強調すると、全体要件においても、現存する建物の団地建物所有者等の頭数のみを考慮することとし、滅失した建物の団地建物所有者等の頭数は考慮しないという考え方もあり得るところです。特に、団地内の全部の建物が滅失した場合に一括的に再建を行う場合については一切頭数を考慮する必要がないとも考えられます。

もっとも、団地内の多くの建物が滅失した場合に、現存するわずかな建物の所有者の頭数のみを考慮するとすれば、団地全体としては圧倒的多数の者が一括建替え等に賛成しているにもかかわらず、現存するわずかな建物の所有者の数人が反対するために頭数の５分の４以上の賛成を得られず、一括建替え等をすることができないといった事態が生じかねません。また、団地内の全部の建物が滅失した場合に一括的に再建を行う場合に頭数を考慮しないものとすると、一棟であっても建物が現存する場合には団地全体の頭数を要求することとの均衡をどのように考えるかという問題も生じます。

そこで、一括建替え等決議が団地建物所有者等に与える影響の重大性に鑑み、一括建替え等決議の全体要件においては、一律に、滅失した建物も含めた団地建物所有者等の頭数を考慮することとしました。

Q127 一括建替え等決議について、団地全体の多数決要件に加えて、建物ごとの多数決要件を設けているのはなぜですか。

A 一括建替え等決議においては、団地全体の多数決要件として、団地建物所有者等及び議決権の各5分の4以上の賛成（全体要件）を必要としていますが、仮に、団地全体の多数決要件のみによって決議が成立することにすると、団地内にある特定の建物の区分所有者の全員が建替えに反対し、又は滅失した建物の敷地共有者等の全員が再建に反対していたとしても、滅失した建物の再建を含む団地内の建物の一括的な建替えができることになってしまいます。

しかし、団地内の建物であっても、建物ごとに被災状況等が異なることに照らすと、団地全体の多数者の意思をもって、建替えや再建を望まない者が多数を占める建物の建替えや再建を強制することは相当ではありません。

また、区分所有法上の一括建替え決議においては、団地全体の多数決要件に加えて、各建物において、区分所有者及び議決権の各3分の2以上の賛成があることを要件としており（区分所有法第70条第1項ただし書）、これとの均衡を図る必要もあります。

そこで、団地内の建物が滅失した場合における一括建替え等決議についても、区分所有法上の一括建替え決議と同様（区分所有法第70条第1項ただし書）に、建物ごとの多数決要件（各棟要件）を設けています。具体的には、滅失した建物については議決権の3分の2以上、現存する建物については、区分所有者の頭数及び議決権の各3分の2以上の賛成を要件としています。

Q128　一括建替え等決議においては、どのような事項を定める必要がありますか。

A　一括建替え等決議においては、区分所有法上の一括建替え決議と同様（区分所有法第70条第３項）に、次の事項を定めなければならないものとしています（第18条第３項）。

①　新たに建築する建物（再建団地内建物）の敷地となる土地（再建団地内敷地）の一体的な利用についての計画の概要

②　再建団地内建物の設計の概要

③　団地内建物の全部の取壊し及び再建団地内建物の建築に要する費用の概算額

④　③の費用の分担に関する事項

⑤　再建団地内建物の区分所有権の帰属に関する事項

建物の建替え又は再建を行う点では、一括建替え等決議と１棟単位で行う建替え決議（区分所有法第62条）や再建決議（第４条）とで差異はないことから、１棟単位で建替え決議や再建決議を行う場合と同様に、②から⑤の事項を決議で定める必要があることとしています。

また、一括建替え等決議は、区分所有法上の一括建替え決議と同様に、団地内の敷地の効率的かつ一体的な利用を可能とする趣旨で設けているものであることから、敷地全体の一体的な利用についての計画の概要を定めなければならないものとしています。

Q129　一括建替え等決議を行う場合の手続はどのようなものですか。1棟の区分所有建物でする建替え決議や再建決議の手続と異なるのは、どのような点ですか。

A　一括建替え等決議を行う場合の手続については、区分所有法上の一括建替え決議（区分所有法第70条）と同様、建替え決議の手続に関する規定の多くを準用しています（第18条第4項）。

①　団地内の建物の全部の取壊し及び新たに建築する建物（再建団地内建物）の建築に要する費用の分担に関する事項や、再建団地内建物の区分所有権の帰属に関する事項については、各団地建物所有者等の衡平を害しないように定める必要があること（区分所有法第62条第3項の準用）

②　集会の招集通知を開催日の2か月以上前に発出する必要があること（区分所有法第62条第4項本文の準用）

③　集会の招集通知をするときは、議案の要領のほか、建替え又は再建を必要とする理由等をも通知する必要があること（区分所有法第62条第5項の準用）

④　集会の開催日の1か月以上前に説明会を開催する必要があること（区分所有法第62条第6項の準用）

⑤　一括建替え等決議に参加しない団地建物所有者等に対しては、その者の有する区分所有権及び敷地利用権（滅失した建物にあっては敷地共有持分等）について時価での売渡しを請求することができること（区分所有法第63条の準用）

⑥　一括建替え等決議に賛成した者等は、一括建替え等決議の内容により建替え又は再建を行う旨の合意をしたものとみなされること（区分所有法第64条の準用）

再建決議においても、建替え決議の手続と同様の手続を設け（第4条第3項から第8項）、あるいは準用しています（第4条第9項）ので、一括建替え等決議を行う場合の手続は、建替え決議や再建決議の手続と基本的には同様であるということができます。

もっとも、一括建替え等決議は、滅失した建物も含め団地内の建物の全部を建替え又は再建の対象とするものですから、建替え決議や再建決議とは異なり、敷地全体の一体的な利用についての計画の概要を定めなければならないものとしています（第18条第３項第１号。Q128参照）。

また、一括建替え等決議は、団地建物所有者等集会において行われるものですから、⑤の売渡し請求については、同一の建物の団地建物所有者等の間において行使されるほか、団地内の異なる建物の団地建物所有者等の間において行使することも認められています。

さらに、団地建物所有者等集会においては規約を定めることを認めていない（Q107参照）ことから、建替え決議の手続のうち規約に関する部分は準用していません（この点は、再建決議と同様です）。

Q130 団地内の建物の取壊しについて、取壊し承認決議制度を設けなかったのはなぜですか。

A 共有となっている土地の上の建物を取り壊した上で、新たな建物を再築することは、共有物である土地の変更に当たることから、団地内の他の建物に係る敷地共有者も含めた全員の同意が必要となります（民法第251条）。そこで、改正法においては団地内の建物が滅失した場合における建替え承認決議（第16条）等を設けているところです。

これに対し、団地内の建物を取り壊すことは、当該建物をどのように利用処分するかという問題にすぎず、取壊しをしたとしても、土地自体の形状を変えるものではありませんし、土地の共有持分が変更されるものでもありません。そこで、団地内の建物の取壊しは、建替え等とは異なり、共有物である土地の変更には当たらず、団地内の他の建物に係る敷地共有者等の承認を得る必要はありません。

このように、団地内の建物を取り壊す場合には、区分所有建物については取壊し決議（第11条）又は全員の合意が、一戸建ての建物についてはその所有者の判断があれば足りることから、改正法においては、取壊し承認決議制度を設けていません。

Q131 団地内の建物及びその敷地を一括して売却することを認める制度を設けなかったのはなぜですか。

A 団地内の一部の建物が全部滅失し、又は一部滅失した場合であっても、他の建物については被害がないという場合も考えられます。そして、一部の建物が被害を受けたからといって、何ら被害を受けていない建物についてまで、団地全体の多数決により、敷地と共に売却されることとなったり、取り壊された上で敷地が売却されることとなったりすることは相当ではないものと考えられます。

また、団地内の建物の一括的な建替えを認めた制度として一括建替え決議（区分所有法第70条）がありますが、これは、極めて限定的な要件の下、団地内建物の敷地として利用してきた土地について飽くまでも従後も同様に団地内建物の敷地として利用するものです。また、改正法において設けることにした一括建替え等決議（第18条）は、団地内の区分所有建物が滅失した場合に、従前可能であった一括建替え決議と同様の決議をすることができるようにするものにすぎません。これに対し、他の建物まで含めて一括して敷地と共に売却したり、取り壊した上で売却したりすることを認めると、一括建替え等をする場合とは異なり、その場所における居住等をすることができなくなり、他の団地建物所有者等の財産や生活に対する影響は極めて大きいものと考えられます。

そこで、改正法においては、一括建替え決議（区分所有法第70条）に相当する一括再建等決議（第18条）や、建替え承認決議（区分所有法第69条）に相当する承認決議（第15条から第17条）の範囲で規定を設けることとし、団地内の建物及びその敷地を一括して売却することを認める制度は創設しないことにしました（注）。

（注）　例えば、A棟からD棟までの区分所有者が敷地を共有している団地において、A棟が大規模一部滅失したという場合には、A棟の区分所有者の集会において建物敷地売却決議をし、A棟の区分所有者が有する区分所有権及び敷地利用権を第三者に譲渡することは可能です。

また、A棟が全部滅失した場合には、A棟に係る敷地共有者等集会において敷地売却決議をし、A棟に係る敷地共有持分等を第三者に譲渡することも可能です。

Q132 団地の敷地の分割を容易にする制度を設けなかったのはなぜですか。

A 法制審議会被災関連借地借家・建物区分所有法制部会においては、団地の敷地の売却を容易にする等の観点から、団地の敷地の分割を容易にする制度を設けることについても検討されました。

もっとも、このような制度については、

・　分割の結果、分割後の土地の利用に支障を来したり、一部の共有者に不当に不利益な分割がされたりする可能性がある

・　制度を設けるに当たっては法律上解決すべき点が多数あり、それらを解決しても格段に有用になるとは考えられない(注)

・　現行法制を前提とした特則を設けても現実的な解決が困難であり、団地法制そのものを抜本的に改正する必要がある

といった指摘があり、団地の敷地の分割を容易にする制度を設ける必要性及び制度を設けるものとした場合における具体的な在り方等については、なお慎重な検討が必要であると考えられます。

そこで、改正法においては、団地の敷地の分割を容易にする制度は設けないことにしました。

(注)　法律上解決すべき点としては、例えば、以下のような点が考えられます。

・　団地には様々なものがあるが、どのような団地を制度の対象とすべきか。

・　分割に反対する共有者の取扱いについて、どのように考えるか。

・　一部の共有者に不当に不利益な分割がされないよう、分割内容の制限を設けるべきか否か、また設けるものとした場合にはどのような制限を設けるか。

・　決議においては、分割の内容をどの程度まで詳細に定める必要があるか。

第5章　罰　則

［第19条関係］

Q133　第19条によって過料の制裁を科されるのは、どのような行為ですか。

A　第19条によって過料の制裁を科される行為は、敷地共有者等集会又は団地建物所有者等集会の議事録等(注)の保管義務に反する行為、保管中の議事録等の閲覧拒絶行為及び議事録の不作成又は不実記載に関する行為です。

1　議事録等の保管義務違反（第19条第1号）

議事録等は、管理者又は集会の決議で定める者が保管しなければならないこととしていますが、このうち、管理者がこの義務に反して議事録等の保管をしなかったときは、過料の対象となります。

なお、集会の決議で定める者について議事録等の保管義務違反があっても、過料の対象としていません（第19条第1号は、「区分所有法第33条第1項本文の規定に違反して」とし、同項ただし書の規定に違反した場合については規定していません）。これは、集会の決議により選任された議事録等の保管者に罰則をもって担保されるような重い保管義務を負わせることは相当でないと考えられるためです。なお、区分所有法においても、議事録等の保管義務違反について過料の制裁に関する規定が設けられていますが、集会の決議により選任された保管者については、過料の対象とされていません（区分所有法第71条第1号）。

2　議事録等の閲覧拒絶（第19条第2号）

議事録等を保管している管理者及び集会の決議で定める者が、現にこれらの書面を保管している場合に、正当な理由がないのに利害関係人からの閲覧請求を拒んだときは、過料の対象となります。もっとも、議事録等を保管していないために閲覧請求に応じられないときは、これに当たりません。なお、閲覧の拒絶ができる正当な理由としては、請求が深夜や休日など不適当な時間に行われた場合や、無用に重複して請求が行われる場合などが考えられます。

3　議事録の不作成又は不実記載（第19条第3号）

議長は、議事録を作成しなければならないこととしていますが、議長がこの義務に違反して議事録を作成しなかったとき、又は議事録に記載すべき事項を記載せず、若しくは虚偽の記載をしたとき（議事録が電磁的記録により作成される場合には、議事録に記録すべき事項を記録せず、若しくは虚偽の記録をしたとき）は、過料の対象となります。

（注）「議事録等」とは、以下の書面又は電磁的記録をいいます。

①　集会の議事録（書面又は電磁的記録により作成しなければならないこととされています。区分所有法第42条第1項）

②　書面決議（第3条第1項又は第14条第1項において準用する区分所有法第45条第1項又は第2項）がされた場合の当該書面決議に係る書面

③　電磁的方法による決議（第3条第1項又は第14条第1項において準用する区分所有法第45条第1項又は第2項）がされた場合に当該電磁的方法により作成される電磁的記録

資料１　罹災都市借地借家臨時処理法改正研究会報告書

序論

１　罹災都市借地借家臨時処理法（昭和２１年法律第１３号。以下「現行法」又は「罹災都市法」という。）の概要

罹災都市法は，政令で定める火災，震災，風水害その他の災害により建物が滅失した場合において，滅失した建物の借家権者等（使用貸借の借主を含む。以下同じ。）が，その建物の敷地又は換地を他の者に優先して賃借し（現行法第２条，優先借地権），又はその建物の敷地又は換地に設定されていた借地権を他の者に優先して譲り受けることができる（現行法第３条，借地権優先譲受権）ほか，その建物の敷地又は換地に借家権者等以外の者により最初に築造された建物について，他の者に優先してその建物を賃借することができる（現行法第１４条，優先借家権）と規定している。

また，罹災都市法は，借地上の建物が政令で定める災害により滅失した場合において，借地権の登記及びその土地上にある建物の登記がないときでも，借地権者は，その土地についての権利を取得した第三者に借地権を対抗することができることも定めている（借地権の対抗要件の特例）。

２　罹災都市法の制定経緯

罹災都市法は，関東大震災後に制定された借地借家臨時処理法（大正１３年法律第１６号。以下「旧臨時処理法」という。）にその起源を有する。関東大震災後に借家権者等が権原なくして多数の仮設的な建物を建築したため，土地の所有者と借家権者等との間で仮設的な建物の撤去等の紛争が生じるなど借地借家関係に混乱が生じ，これに対処するために旧臨時処理法が制定された。その主たる内容は，①優先借家権の創設，②借地権者の建物の滅失による借地権の対抗力の喪失の対策，③借地権者が仮設的な建物の建設を承諾したときは，土地の所有者はこれを理由として借地契約を解除することができない，といったものであった。

その後，我が国は，第二次世界大戦に突入し，多数の建物が空襲や強制疎開によって滅失するという事態となり，これに対処するための戦時の臨時応急立法である戦時緊急措置法（昭和２０年法律第３８号）に基づき，戦時罹災土地物件令（昭和２０年勅令第４１１号。以下「物件令」という。）が制定され，戦災により借地上の建物が滅失した借地権者の保護のほか，戦災により滅失した建物の居住者に仮設的な建物の建築のための敷地利用権を付与することにより借家権者等の保護も図られている。

物件令は，その施行後約１か月で終戦となったところ，同令の根拠法である戦時緊急措置法の廃止により，昭和２１年９月３０日をもって失効することになっていたが，戦災によって住居を失った被災者の保護と罹災都市の復興促進が喫緊の課題であったことから，応急的，時限的な立法として，罹災都市法が制定されるに至った。その主たる内容は，①物件令の廃止に伴い，仮設的な建物の所有者に敷地利用権を付与するほか，②滅失建物（罹災都市法の適用対象となる災害により滅失した建物をいう。以下同じ。）の借家権者等に対する優先借地権，借地権優先譲受権の付与，③借地権の対抗要件の特例，④滅失建物の借家権者等に対する優先借家権の付与，⑤罹災非訟

の創設，というものであった。このように，罹災都市法は，戦災による被災者の住居の確保等を主たる目的とするものであったが，都市火災の頻発により多数の住居が失われるという事態に対応するため，昭和２２年改正により，災害時にも適用されることとなった。その後，罹災都市法は，適用すべき災害を法律で定めることになっていたのを，災害時には迅速にこれを適用することを可能とするため，昭和３１年改正により，同法の適用を政令でもってすることとなった。

3　罹災都市法の適用例とその問題点

罹災都市法は，主として風水害や大火災に適用され，これまで３０回程度にわたって適用事例があるが，そのほとんどが昭和２０年代，３０年代に集中し，下記の阪神・淡路大震災に適用される前の最後の適用例は昭和５４年4月１１日の富山県内の大火災であった。

平成７年１月１７日に発生した阪神・淡路大震災について，同年２月３日，罹災都市法を適用するとの政令が制定され，同月６日，その政令が公布された。阪神・淡路大震災において罹災都市法が適用されたことについては，震災により住居や店舗を失った借家権者等や借地権者の動揺を抑えて，被災した借家権者等に元にいた場所に戻って来られるという安心感を与え，また，借地上の建物が滅失したことを奇貨として土地の「地震売買」がされることを防止したとして，同法の適用を肯定的に評価する意見もある。しかし，罹災都市法は，戦災により住居を失った被災者の保護を主たる目的として，旧臨時処理法，物件令の法体系を引き継いだものであるが，第二次世界大戦直後と異なり，集合賃貸建物や区分所有建物が建物利用の在り方として定着し，大型の集合賃貸建物も少なくなく，借地権が相当の財産的価値を有するなど，法制が現代の借地借家の実情に整合していなかった。このため，滅失した建物の借家権者等にその敷地又は換地の賃借権を取得させる優先借地権は借家権者等の保護として明らかに過大である，新たに築造された建物に現行法第１４条による賃借の申出（以下「優先借家の申出」という。）をしても，新築物件であるために賃料が従前より高額となり実際にその物件に入居できないといった問題点や，罹災都市法上の権利が金銭授受の手段に使われ，結果として罹災都市法の適用が復興の妨げになったといった弊害すら指摘されるところとなった。これらの指摘を受けて，罹災都市法については，廃止又は改正すべきであるとの問題提起がされることとなった。

なお，罹災都市法は，平成１６年１０月２３日に発生した新潟県中越地震にも適用されることとなった（平成１７年4月１５日政令公布，同日施行）が，新潟県弁護士会の災害対策委員会による調査によれば，新潟県中越地震においては，罹災都市法の適用案件は見当たらなかったとのことである。

4　東日本大震災の罹災都市法の不適用とその改正に向けた検討

平成２３年３月１１日に発生した東日本大震災は，宮城県牡鹿半島沖の海底を震源地として，我が国における観測史上最大のマグニチュード９．０を記録し，最大震度は７，震源域は岩手県沖から茨城県沖にまで広範囲に及び，地震に伴う津波は東北地方から関東地方の太平洋沿岸部に壊滅的な被害をもたらした。のみならず，液状化現象や地盤沈下などにより，被害地域は東北地方から関東地方にまで広く及んだ。東日本大震災による死者は1万５８５９人，行方不明者は３０２１人（平成２４年５月２３日現在。警察庁緊急災害警備本部の発表資料），建築物の全壊１２万９８９６戸，半壊は２５万８３４８戸（前同）にも及び，戦後最大の未曽有の大災害となった。

しかし，関係市町村から罹災都市法の適用を求めないとの回答が示されたこと等を踏まえ，東日本大震災について罹災都市法の適用は見送られた。東日本大震災の被災地には罹災都市法の適用対象となる借地借家関係が少なく，また，津波による被害を受けた地域については被災した借地権者や借家権者が従前の土地に戻らない場合も多いと予想されたことも，同法の適用が見送られた理由として考えられる。なお，罹災都市法の適用の要否をめぐっては，東北弁護士会連合会等から，東日本大震災に同法を適用すべきではないとの意見書が提出されていた（「東日本大震災への罹災都市借地借家臨時処理法の適用に関する意見書」（東北弁護士会連合会，平成２３年５月２１日），「東日本大震災への罹災都市借地借家臨時処理法の適用に関する意見書」（仙台弁護士会，平成２３年５月２５日），「罹災都市借地借家臨時処理法の早期改正を求める意見書」（日本弁護士連合会，平成２３年５月２６日），「要請書（東日本大震災への罹災都市借地借家臨時処理法の適用に関して）」（岩手弁護士会，平成２３年５月２７日））。

このように，東日本大震災には罹災都市法が適用されないことになったが，東日本大震災後の日本列島は，東南海地震や首都圏直下型地震の危険性が以前よりも増しているとの指摘がされており，これらの大地震が仮にでも起きれば，被災した借地権者，借家権者の保護が問題となることは必定である。罹災都市法については，阪神・淡路大震災において様々な問題が生じたことなどから，東日本大震災が発生する前から現代の借地借家の実情に適した法制にすべきであるとの指摘があり，現に，平成２２年１０月２０日付けで日本弁護士連合会から「罹災都市借地借家臨時処理法の改正に関する意見書」が提出されていたところである。このため，罹災都市法を早期に改正する必要があると考えられることから，本研究会は，平成２３年１１月から平成２４年５月まで１０回にわたり，民法，手続法，法社会学の有識者，法律実務家及び関係省庁の担当者による研究を行った。また，罹災都市法の改正の検討に当たっては，阪神・淡路大震災及び東日本大震災の被災状況に通じた有識者からそれぞれヒアリングを行ったほか，災害復興事業の知見に明るい有識者からもヒアリングを行った。本報告書は，その成果をまとめたものである。

5　罹災都市法の改正の検討に当たっての基本的な視点

罹災都市法は，上記のとおり，阪神・淡路大震災に適用されたことにより様々な問題点や弊害が指摘されたが，他方で，借地上の建物が災害により滅失したことを奇貨とする土地の売買を防止したという点には一定の意義があり，この点については，同法の改正の検討に当たっても基本的に維持すべき制度であるというべきである。

他方で，罹災都市法は，土地所有者又は賃貸人との権利調整によって被災した借家権者等の保護を図る規定も設けている。しかし，集合賃貸建物や区分所有建物が建物利用の在り方として定着し，大型の集合賃貸建物も少なくなく，借地権が相当の財産的価値を有しているなど，罹災都市法の制定時と借地借家の実情は大きく異なっており，土地の所有者や賃貸人に犠牲を強いることで被災者の居住等の安定を図ることにはおのずと限界があり，かえって土地の所有者や賃貸人による建物の再築意欲を喪失させ，結果として復興の妨げになるのは本末転倒というべきである。今日においては，大災害による被災者の居住の安定のために，仮設住宅や復興公営住宅等の住宅関係の公的支援が図られている。罹災都市法の改正に当たっては，これらの公的支援を踏まえつつ，被災した借家権者の保護について，民事法制の在り方が検討されるべきである。

罹災都市借地借家臨時処理法改正研究会報告書

目　次

（前注）本報告書において，「借地権」とは，借地借家法上の借地権をいい，建物の所有を目的とする地上権又は土地の賃借権を示すものである（同法第２条第１号参照）。

第１　優先借地権制度及び借地権優先譲受権制度

優先借地権制度（現行法第２条）及び借地権優先譲受権制度（現行法第３条）は，廃止するものとする。

（補足説明）

１　優先借地権制度及び借地権優先譲受権制度の内容

現行法第２条は，滅失建物の借家権者等（注１）は，政令の施行の日から２年以内に，その敷地又は換地の所有者に対して建物所有の目的で土地の賃借を申し出ることにより，他の者に優先して，相当の借地条件で土地を賃借することができる旨を定めている（優先借地権）。現行法第２条によって設定される土地の賃借権の存続期間の下限は１０年とされ（現行法第５条），存続期間が満了する際には借地借家法の法定更新に関する規律が適用されると解されている（原増司・青木義人・豊水道祐『罹災都市借地借家臨時処理法解説（第３版）』（巌松堂書店，昭和２３年）４７頁。なお，現行法第２条によって設定される土地の賃借権の更新に関して旧借地法第６条の適用を認めたものとして，最判昭和３６年３月２４日民集１５巻３号５７２頁。）。

また，現行法第３条は，滅失建物の借家権者等は，滅失建物の敷地又は換地に借地権者がいる場合，政令の施行の日から２年以内に，借地権者に対して借地権の譲渡を申し出ることにより，他の者に優先して，相当な対価で借地権を取得することができる旨を定めている（借地権優先譲受権）。なお，借地権優先譲受権の行使による借地権の譲渡については，借地権が土地の賃借権である場合であっても，賃貸人の承諾が擬制される（現行法第４条）。

優先借地権制度及び借地権優先譲受権制度の趣旨は，滅失建物の借家権者等に対し，従前の借家等の敷地又は換地に優先的に借地権を取得する道をひらき，自力により建物を築造することを可能にし，従前の場所に再び住居又は営業を確保するための方策を与えて，滅失建物の借家権者等を保護するとともに罹災都市の応急的復興を図る点にあるとされる（原ほか前掲書２頁）。すなわち，「滅失建物の借家権者等の保護」と「罹災都市の復興」の２点が両制度の趣旨であると考えられる。いずれの制度も，土地の所有者や借地権者は正当な事由がない限り滅失建物の借家権者等からの申出を拒めないこととしており，私的自治の例外として滅失建物の借家権者等の申出に締約強制効を認めている点に，大きな特色がある。

２　優先借地権制度及び借地権優先譲受権制度の問題点

優先借地権制度及び借地権優先譲受権制度については，とりわけ阪神・淡路大震災に現行法が適用されたことを契機に，制度を支える社会的事情が立法当時とは大きく変化しており現代の社会，経済状況にそぐわないものとなっているなどとして，これらの制度は廃止すべきであるとの指摘がされてきた（日本弁護士連合会前掲平成22年10月20日付け意見書)。今般の東日本大震災については，現行法の適用を見送るべきであるとの意見があったが，そうした意見においても，優先借地権制度及び借地権優先譲受権制度について，被災借家人の保護に過度に傾いているという指摘や，被災地域の復興政策を阻害するおそれがあるという指摘があった（東北弁護士会連合会前掲意見書等）。

本研究会においては，このような指摘を踏まえ，制度を廃止することも含め，優先借地権制度及び借地権優先譲受権制度の在り方について，検討を行った。

(1)　優先借地権制度について

本研究会においては，優先借地権制度について，締約強制を認めていることから生じる問題点を指摘するものを中心に，制度を存置することに疑問を呈する多くの意見があった。すなわち，①借家権者等にすぎなかった者が災害を契機として借地権者の地位を取得することは，現代の借地権の財産的価値に鑑みると，借家権者等の保護として過大であり，締約強制によって借地権を負担せざるを得なくなる土地所有者の不利益も顕著ではないか，②現行法の適用対象となる大規模災害以外の原因で建物が滅失した場合にも借家関係は当然に終了するが，このような場合においては借家権者等保護のための優先的権利が一切認められていないところ，優先借地権制度の趣旨のうち「滅失建物の借家権者等の保護」という点は現行法の適用対象となる大規模災害以外の原因により建物が滅失した場合にも当てはまるのであり，「罹災都市の復興」という政策目的のみで借家権者等に優先借地権制度による保護を与えることは，現行法の適用対象となる大規模災害以外の原因により建物が滅失した場合と比較して余りにも均衡を失するのではないか，③阪神・淡路大震災に現行法が適用された際にも，借家権者等が優先借地権により新たな建物を再建する事例はわずかしかなく，優先借地権制度は，借家権者等によって，優先借地権を放棄することの対価としての金銭を土地所有者に対して要求するための手段として利用されるなど，「滅失建物の借家権者等の保護」としての適切な機能を果たさなかったばかりか，「罹災都市の復興」という制度の趣旨についても，かえって復興を阻害する結果をもたらしたのではないか，といった意見があった。

また，優先借地権制度が締約強制を認めていることに伴う問題点を解決するために，成立する借地権を短期のものとした上で制度を存置することなどについても検討されたが，締約強制を認める限りは，土地の所有者が負うこととなる負担はなお大きく，上記のような問題点に対する解決にはならない，との意見が多数を占めた。

さらに，優先借地権制度を存置した場合，多数の借家権者がいたようないわゆる集合賃貸建物が災害により滅失したときに，複数の借家権者が借地権の設定を申し出ることにより，同一の土地について複数の借地権の設定の申出が競合する事態が生じ得るところ，それぞれの借地権が敷地のどの範囲に成立するのか，多数の借家権者について借地権が認められるとすると狭小な土地にしか借地権が成立し得なくなるのではないか，などの問題点を指摘する意見があり，このように複数の借地権が成立する場合の法律関係をめぐっては解決困難な複雑な問題が生じ得ると考えられる。

(2)　借地権優先譲受権制度について

借地権優先譲受権制度については，締約強制によって被災した借家権者に借地権者となる道を与える点では優先借地権制度と同様であるところ，締約強制によって顕著な不利益を被るのが借地権者であるという違いはあるものの，現行法上の優先借地権制度について指摘される問題点は，借地権優先譲受権制度についてもおおむね当てはまると考えられる。

3　まとめ

以上の検討の結果によれば，優先借地権制度及び借地権優先譲受権制度について，いずれも廃止するものとすることが相当であると考えられる（注２）。

（注１）優先借地権制度及び借地権優先譲受権制度については，滅失建物の借家権者のみでなく，使用貸借の借主も，現行法第２条，第３条の申出をすることができるものと解されている（最判昭和３２年１１月１日民集１１巻１２号１８４２頁）。

（注２）現行法第４条から第９条までは優先借地権制度を前提とする規律であり，優先借地権制度を廃止するものとする以上，新しい法制において，現行法第４条から第９条までの規律と同様の規律を設ける必要はないものと考えられる。

第２　被災地一時使用借地権（仮称）

被災地に特有の土地利用に対する需要に対応するものとして仮設的な建物の設置のために暫定的な土地利用権を認めるという観点から，期間や更新に関する借地借家法の規律の適用を受けない借地権を認めるための制度を設けるものとするかどうかについては，次のいずれかの案によるものとする。

【甲案】　政令の施行の日から起算して〔１年／２年〕が経過する日までの間に，存続期間を〔５年以下〕として借地権を設定する場合について，借地借家法上の一時使用目的の借地権に関する規律に準じて，所要の規定を設けるものとする。

【乙案】　特段の規律を設けないものとする。

（注１）甲案によることとする場合には，甲案の借地権を設定することができる期間をどの程度とするか，借地権を設定することができる期間を政令により延長することができるものとするかについて，なお検討するものとする。

（注２）甲案によることとする場合には，存続期間の上限をどの程度とするか，存続期間の下限について規律を設けることとするかどうかについて，なお検討するものとする。

（注３）甲案によることとする場合には，ア又はイいずれの規律を設けるかについて，なお検討するものとする。

ア　甲案の借地権を設定する契約は，公正証書等の書面によってしなければならないものとする。

イ　同契約は，公正証書によってしなければならないものとする。

（補足説明）

1　検討の経緯

借地借家法は，建物所有を目的とする借地関係については安定性を与えることが不可欠であるとの立場から，普通借地権のほか，定期借地権（借地借家法第２２条），事業用定期借地権（同法第２３条第１項），いわゆる事業用借地権（同条第２項）についての規律を設ける一方，普通借地権や定期借地権等に該当しない借地権については，一時使用目的であることが客観的，合理的に明らかである場合に限って，存続期間や更新に関する規律を適用しないものとしている（同法第２５条）。このような借地借家法の規律に関連して，被災地では，復興の過程において暫定的な土地利用に対する需要が想定できるところ，借地借家法上認められている借地権の類型はこうした土地利用の需要に対応していないのではないか，との意見があった。本研究会では，このような意見を踏まえ，被災地において暫定的に土地を利用する際に活用しやすい借地権の類型を新たに創設すべきか否かについて検討を行うこととした。

2　新たな制度の意義

(1)　本研究会における検討及びヒアリングの結果

本研究会において，まず，被災地において想定される土地利用に対する需要として，どのようなものが想定されるか等について検討が行われた。

また，上記検討の過程において，法制的な検討を目的とする本研究会における議論のみでは，被災地に特有の土地利用に対する需要を的確に把握するのに十分ではないのではないか，との意見があった。そのため，制度を創設するか否かを検討する前提として，このような需要の有無，新たな制度の創設の必要性等を客観的に見極めるという観点から，震災復興における都市計画，まちづくりの場面における土地利用の在り方に精通する専門家等に対するヒアリングを行った。

このような本研究会の検討及びヒアリングの結果，以下のような指摘があった。

①　仮設住宅，仮設店舗の用地としての土地利用

行政が建築する仮設住宅や仮設店舗の用地として私有地を活用する際には，土地収用法等により強制的に土地に使用権を設定するのではなく，任意の交渉によって借地権の設定を受けているところ，仮設住宅や仮設店舗を建築するための土地利用を容易にするという観点から，暫定的な借地権に対する需要が想定できる。また，被災者が長期的な復興に向けた活動をするためには，災害前のコミュニティを早期に復活させることが有益であり，そのためには暫定的な生活の場を確保することが必要になると考えられるが，仮設住宅や仮設店舗のための土地利用が容易になるのであれば，このような暫定的な生活の場を確保することも容易になると考えられる。

②　被災地における土地不足への対応

被災直後においては，上記①の仮設住宅，仮設店舗の用地としての土地利用

を含め，復興の過程で土地に対する需要が増加し，土地が不足することが想定されるところ，借地借家法上認められている類型の借地権とは異なる選択肢を用意することにより，被災地における土地の供給を増大させることが期待できる。

③　被災地における土地所有者，借地権の設定を受けようとする者の意識

被災地における復興過程は直線的には進展しないケースが想定できるところ，復興の方向性が定まらないような段階においては，土地所有者については，当面は自ら土地を利用する予定はないが後の自己利用の可能性を留保するという観点から，暫定的な借地権を設定しようとすることが考えられ，他方，借地権の設定を受けようとする者についても，被災地における当面の生活を確保するという観点から，暫定的ではあっても借地権の設定を受けようとすることが考えられる。このように，被災時においては，通常時と異なり，土地所有者，借地権者になろうとする者双方の立場から，長期的に土地利用を拘束するような借地権ではなく，暫定的な土地利用を前提とする借地権の設定を望む場合が増大することが想定できる。

④　被災時において一時使用目的借地権を利用することの問題点

借地借家法の一時使用目的の借地権（同法第２５条）は，一時使用目的が明らかであることが客観的，合理的に認められる場合に存続期間や更新に関する借地借家法の規律を適用しないものとしているところ，一時使用目的の借地権と認められるか否かの基準が必ずしも明確でなく，被災地においては，特に法律関係の簡明性が求められるのであって，一時使用目的の借地権に備わる上記のような特性は，仮設的な建物を建てるための借地権を設定する際に障害になるおそれがあると考えられる。

(2)　まとめ

以上のような本研究会における検討及びヒアリングの結果を踏まえると，被災地においては，復興の早期の段階では地域の復興計画が定まらない状況にあることが想定されるため，長期にわたり土地利用が拘束されるような借地権を設定する需要はそれほど大きいものとはならない一方，暫定的な土地利用に対する需要が高まるものと考えられ，このような暫定的な土地利用が可能になるとすれば，被災地における復興に向けた活動も活性化され，早期の復興に資する効果が期待できると考えられる。

そうすると，被災地の早期の復興に資する制度として，暫定的な土地利用を可能とする借地権について検討することが相当であると考えられる。

3　各案の概要

以上を前提として，新たな制度を創設するものとした場合における具体的な制度の内容等について検討が行われた。

(1)　甲案

ア　暫定的な土地利用権の性格

まず，被災地における暫定的な借地権をどのような法的性格のものとして構

想すべきかについて検討が行われたところ，暫定的な借地権は，復興の具体的な方向性が定まるまでの間に仮設的な住居や仮設的な店舗などを建築するための借地権として利用されることが想定されるところであり，したがって，借地借家法上の一時使用目的の借地権に準じたものとすることが相当であるとの意見が大勢を占めた。

その上で，借地借家法上の一時使用目的の借地権については，上記のとおり，一時使用目的の借地権と認められるか否かの基準が明確でなく，このことが被災地において仮設的な建物を建てるための借地権を設定する際に障害になるのではないかという問題点があることから，このような問題点に対処するという観点から，「臨時設備の設置その他一時使用のために借地権を設定したことが明らかな場合」（借地借家法第２５条）という要件について，例えば「仮設的な建物を建築するため」とするなど，要件を明確化する考え方について検討が行われた。しかしながら，このような考え方に対しては，一時使用目的の要件をある程度明確化したとしても，なお，それが認められるか否かについては，裁判所の判断に留保される点が残らざるを得ず，制度として中途半端ではないか，との意見があった。また，ヒアリングにおいても，仮設的な建物とそうでない建物とを明確に区別することは困難ではないかとの指摘もあったところであり，このような指摘も，上記の意見のような懸念に相応の根拠があることを示すものであると考えられる。

イ　甲案の概要

以上の検討の結果によれば，借地上に建築される建物の性質によって適用範囲を画することをせずに，被災地において確定的に短期で終了する借地権を認めるという観点から，当事者が所定の短期の期間内で存続期間を定めた場合には，当該借地権について一時使用目的の借地権に準じた規律を適用するものとする考え方が相当であると考えられる（被災地一時使用借地権）。甲案は，このような考え方を前提として，上記２で述べたような制度の意義，すなわち，被災地における土地の供給を促し，早期の復興に資するための制度を創設しようとするものである。

また，甲案は，被災地の復興に資するという点に意義を認める考え方であるから，被災地一時使用借地権の設定を受けることができる者についても，現行法の優先借地権制度のように滅失した建物の借家権者等に限定せず，土地所有者との間で合意が得られる限り，誰でも，設定を受けることができるものとしている。

ウ　甲案に対する指摘等

甲案に対しては，このような借地権を認めることとすると，建物所有を目的とする借地関係の安定性を確保するために存続期間等について強行法規を設けている借地借家法の趣旨を没却してしまうのではないか，との意見があった。もっとも，これに対しては，被災地における土地利用に対する需要に応え，被災地の実情に応じた制度にするという観点からこのような制度を創設することが認められるのであって，そもそも法制が適用される社会的事実が通常時と災害時では異なるのであるから，大規模な災害時において被災地一時使用借地権を認めることとしたとしても，必ずしも借地借家法の趣旨を没却することにはならないのではないかとの意見や，借地借家法の趣旨が後退することとなってもなお暫定的な土地利用に対応する制度を設ける必要性があるかどうかという問題ではないかとの意見があった。

また，被災地一時使用借地権を認めるものとすると，土地所有者が借地権を設定しようとする場合には，土地所有権に対する拘束が少ない借地権を設定しようとするというインセンティブが働くことが考えられるのではないか，との意見があった。すなわち，例えば，被災地一時使用借地権を認めなかった場合には存続期間を１０年とするいわゆる事業用借地権（借地借家法第２３条第２項）が設定されることが合理的であり，当事者もそのような合意に至ったと考えられる場合についても，土地所有者が被災地一時使用借地権の設定にしか応じず，借地権者になろうとする者は被災地一時使用借地権の設定を受けることを事実上甘受せざるを得なくなるのではないか，との意見があった。これに対しては，暫定的な借地権を設定することに当事者が合意した場合には，その存続期間が満了した後も，当事者が改めて普通借地権，定期借地権等の設定を合意するといったことも想定でき，被災地一時使用借地権が，結果として，借地借家法上認められている借地権の設定を促進させる側面もあるのではないか，との意見があった。

そのほか，甲案に対しては，暫定的な借地権を認めることとすると，借地権者になろうとする者が存続期間終了時の見通しが十分に立たないまま被災地一時使用借地権の設定を受けることが想定されるところ，その場合には，借地権の存続期間が終了するときに土地の明渡し等をめぐる紛争が多発するおそれがあり，ひいては，このような事態を招来することにより被災地全体の復興を阻害するおそれがあるのではないか，との意見があった。

(2)　乙案

上記のとおり，甲案に対しては，制度を設けることとした場合の問題点を含め，様々な意見があったところであり，被災地一時使用借地権の制度を設けるに当たっては，そうした意見等も含めた検討が必要である。また，借地借家法の一時使用目的の借地権も，被災地における短期の土地利用に対する需要に応える借地権として利用することが可能であり，かつ，それで十分であって，特別な借地権を認めるまでの必要性に乏しいとの考え方もあり得るところである。

以上を踏まえると，制度を設けるに足りるだけの十分な需要が認められない場合や制度を設けた場合の弊害が大きいものと考えられる場合には，特段の規律を設けないものとすることも考えられる。

もっとも，乙案に対しては，一時使用目的の借地権と認められるか否かの基準が明確でなく，このことが被災地において仮設的な建物を建てるための借地権を設定する際に障害になるのではないかという上記の問題点に対応できないことになり，このような障害が残るのであれば早期の復興という観点からは問題があるのではないか，といった指摘が考えられる。

4　その他の論点

研究会においては，さらに，甲案によることとした場合における制度の各論的な検討も行われた。甲案によることとする場合には，以下の点も含め，制度の詳細については，なお検討することが必要であると考えられる。

(1)　被災地一時使用借地権の設定可能期間

被災地一時使用借地権制度は，被災直後において，当面の暫定的な土地利用を可能とするための制度であることから，被災地一時使用借地権を設定することができる期間（設定可能期間）については，一定の期間に制限されることが必要であると考えられる。

設定可能期間をどの程度とするべきかについては，被災地一時使用借地権に対する需要を見極めた上で検討する必要がある。また，設定可能期間が短期にすぎると，特に借地権者になろうとする者にとって，被災地一時使用借地権を利用しようとするか否かを判断することが困難となり，他方，過度に長期のものとしてしまうと，復興がある程度進み，土地利用に対する需給関係も通常時と異ならない状況においてもこのような暫定的な借地権の設定を認めることになり，通常時における借地関係が不安定なものとなるのではないかなどといった点も考慮する必要がある。具体的な設定可能期間について，研究会における検討やヒアリングにおいては，例えば政令の施行の日から起算して１年程度から２年程度までの範囲内とすることが良いのではないかとの考え方が示された。

また，被災地一時使用借地権が応急仮設住宅等にも利用され得ることを想定すると，災害発生後早期に政令を制定する必要がある一方，被災地の復興に資するという被災地一時使用借地権の意義に鑑みれば，被災地の復興の進捗状況に応じて，政令により設定可能期間を延長できるものとすることとした方が良いのではないか，との意見もあった。この点については，設定可能期間を政令で延長することを可能とすると，被災地の復興の進捗状況に応じて延長される地域とそうでない地域が生じ得ることとなり，制度の適用関係が複雑になってしまうのではないか，といった意見があった。

(2)　被災地一時使用借地権の存続期間の上限及び下限

甲案によることとする場合には，存続期間の上限をどの程度とするか，存続期間の下限について規律を設けることとするかどうかについて，検討する必要がある。

被災地一時使用借地権の存続期間の上限については，被災地一時使用借地権に対する需要を見極めた上でその需要に応じたものとして検討すべきものであるが，研究会やヒアリングにおいては，復興の方向性が定まり，土地利用について長期的な見通しが立てやすくなるまでの期間が基準になるであろうとの意見があり，例えば５年程度とする考え方や７年程度とする考え方が示された。

また，存続期間の下限については，下限に関する規律を設けることにより被災地一時使用借地権を設定しようとする当事者が制度の予定している土地利用の在り方をイメージできるようになることも考えられるが，他方，下限に関する規律を設けることにより被災地一時使用借地権の借地権者からの解約の申入れが実質的に制限される結果となるのは好ましくない，との意見があった。

(3)　被災地一時使用借地権の設定契約の方式

被災地一時使用借地権の設定契約の方式については，少なくとも書面によらなければならないものとすべきであるとの点については，特段の異論はなかった。さらに，公正証書によらなければならないものとするかどうかについては，①被災地一時使用借地権が借地借家法上認められていない例外的な借地権であり，例えば，更新や建物買取請求権に関する借地借家法の規定の適用がないことなどの被災地一時使用借地権の内容について明確に理解するための機会が契約当事者に確保される必要があること，被災地一時使用借地権は，いわゆる事業用借地権（借地借家法第２３条第２項）よりも短期の存続期間が想定されているところ，事業用借地権については公正証書の作成が要求されていることなどに鑑み，公正証書の作成を必要とするべきであるとする考え方と，②被災地において公正証書の作成を求めることは困難であり，書面をもってすれば足りるものとすべきであるとの考え方がある。

(4)　合意更新の可否

被災地一時使用借地権は，飽くまで復興の具体的な方向性が定まるまでの暫定的な土地利用のための借地権として位置づけるべきであり，復興の具体的な方向性が定まり，平時における規律に委ねるのが相当と認められる時期に至った場合にまで，特例的な借地権が残存することは望ましくない。そこで，被災地一時使用借地権については，合意更新を認めないこととすることが相当である。被災地一時使用借地権の存続期間満了後，当事者が借地関係の継続を望む場合には，借地借家法に基づいて，改めて借地契約を締結しなおす必要があることになる。

なお，合意更新を認めないとしても，被災地一時使用借地権の存続期間の上限よりも短い期間で被災地一時使用借地権を設定する契約を締結した場合において，契約の存続期間内に当事者が契約の延長を望むときには，契約期間の変更を行うことが考えられる（仮に被災地一時使用借地権の存続期間の上限が５年と定められた場合には，設定の当初において存続期間を２年と合意した被災地一時使用借地権については，設定後においても，当事者の合意により，法律上の上限である５年の範囲内で存続期間を変更すること（例えば，当初定められた存続期間を１年延長し，合計３年とすることなど。）ができる。）。

第３　借地権保護等の規律

１　借地権の対抗力

借地権の対抗力に関する規律（現行法第１０条）に代わり，借地借家法第１０条の特例として，次のような規律を設けるものとする。

(1)　政令で定める災害により借地上の登記された建物が滅失した場合には，

政令の施行の日から〔6か月〕が経過する日までは，借地権は，なお借地借家法第10条第1項の効力を有するものとする。

(2)　(1)の場合において，借地権者が，滅失した建物を特定するために必要な事項等を土地の上の見やすい場所に掲示するときも，借地権は，なお借地借家法第10条第1項の効力を有するものとする。ただし，政令の施行の日から〔3年／5年〕を経過した後にあっては，その前に建物を新たに築造し，かつ，その建物につき登記した場合に限るものとする。

（注）災害により建物が滅失した後，政令の施行前に借地借家法第10条第2項の規定による掲示をしていた場合には，政令の施行までは同項による対抗力が認められ，政令の施行後は(2)の規律による掲示としての対抗力が認められるものと考えられる。

（補足説明）

1　現行法の規律

現行法第10条は，災害により建物が滅失した当時から，引き続き，その建物の敷地又は換地に借地権を有する者は，その借地権の登記及びその土地にある建物の登記がなくても，政令の施行の日から5年以内に，その土地について権利を取得した第三者に，借地権を対抗することができるものとしている。これは，借地権者が，戦争によって被る不利益をできる限り少なくし，その地位を安定させ，ひいて住宅難を緩和して都市の復興促進に資することを目的として設けられた規定であると考えられる（最判昭和32年1月31日民集11巻1号150頁）。

現代においては，立法当時と異なり，建物が滅失した場合の借地権の対抗力に関する借地借家法第10条第2項の規定があり，同条第1項の規定により対抗力を備えていた場合においては，建物の滅失があっても，借地権者が，土地の上に必要事項を掲示すれば，建物の滅失があった日から2年間は，なお対抗力を有することとされている。土地の取引の際には，土地の登記簿を調べるばかりでなく現地を検分するのが通例となっていることから，借地上の建物滅失及び再築予告の掲示と滅失した建物の登記とが一体となって対抗力が仮に維持されているとみることができる。掲示をする際には，滅失建物の登記の表示事項を表示すべきものとされている（寺田逸郎「新借地借家法の解説(4)」NBL494号23頁）。

2　借地権の対抗力の特例

(1)　視点

本研究会においては，借地上の建物が滅失したことを奇貨として土地の「地震売買」がされることを防止するため，借地権の対抗力に関する特例は必要であるものの，何らの公示もせずに5年間もの長期間にわたって対抗力を認めることは，取引の安全を害するとの問題意識が共有された。

そこで，借地借家法第10条の特例として，災害後の一定期間は同条第2項のような掲示をしなくても対抗力を認める現行法の規律を維持しつつも，その期間については現行法より短縮することとし，かつ，掲示により対抗力が認められる期間を借地借家法第１０条第２項の期間より伸長するものとすることが相当であると考えられる。

(2)　借地権の対抗力の特例を認める期間

災害直後は，被災した借地権者が借地上に掲示をすることができないような状況にある可能性があること，掲示をしたとしても，その掲示を損壊しないようにすることで復興作業の妨げとなる可能性があることなどから，ある程度の期間は掲示を要せずに対抗力を認めるべきである。他方で，何らの公示もないことによって取引の安全を害するおそれがあることから，余り長期間とすることはできないことなどを考慮して，掲示を要せずに対抗力を認めるべき期間として適切な期間を定めるべきものと考えられる。本研究会での検討やヒアリングにおいては，例えば，政令の施行の日から６か月程度とする考え方が示された。

また，掲示により対抗力を認める期間としては，例えば，平成３年の借地借家法制定時に，掲示による対抗力の存続期間を２年と定めるに際しては，通常時において，「建物の除去と再築に要する期間は，木造在来工法の住宅で約１８週，鉄筋コンクリート造りの住宅で１４か月ないし１７か月が標準的であるとみられている」（寺田前掲書３１頁）との情報が参考とされている。本研究会での検討やヒアリングにおいては，例えば，政令の施行の日から３年や５年程度とする考え方が示されたが，通常時に比べて再築にかかる期間が長く必要であろうことなどを考慮して，適切な期間を定めるべきものと考えられる。

(3)　借地権を対抗することができる第三者

現行法では，借地権者は，建物を建てるかどうかを問わず，しかも期限なく，政令の施行の日から５年以内に権利を取得した第三者には対抗することができるとされている。他方，借地借家法では，滅失から２年経過時に借地権者が建物を再築し，その登記をしていないときは，借地借家法第１０条第２項の掲示をしていたとしても，滅失から２年以内に権利を取得した第三者にも対抗することができないとされている（寺田前掲書２３頁以下）。

本規律により対抗力が認められる借地権は，借地借家法第１０条第２項の規律と同じく，掲示を要せず対抗力を認める期間を経過後に借地権者が掲示をしなかったとき，及び政令の施行の日から本文(2)の期間を経過するまでの間に借地権者が建物を再築し，その登記をしていないときは，以後，特例を認める期間内に権利を得た第三者にも対抗することができないものとすることが相当であると考えられる。

(4)　借地権の対抗力の特例を認める範囲

本研究会においては，災害前に借地借家法第１０条第１項の対抗力を備えていた場合のみではなく，より広く本規律による特例を認めるべきではないか，との意見があった。しかし，通常時では借地権の対抗力は認められないにもかかわらず，災害を契機として災害以前には認められなかった対抗力を生じさせることは通常時とのバランスを欠くのではないか，本規律の適用がないとしても，背信的悪意者排除の法理又は権利濫用法理によって保護されることもあり得るのではないか，と考えられることから，借地借家法第１０条第１項の対抗力を備えていた場合に限り，本特例が適用されるべきものとすることが相当であると考えられる。

２　借地権の存続期間の延長

借地権の存続期間の延長に関する規律（現行法第１１条）は，廃止するものとする。

（補足説明）

１　現行法の規律

現行法第１１条は，政令の施行の際に現に滅失建物の敷地に設定されている借地権の残存期間が１０年未満のときは，これを１０年に延長するものとしている。

借地権者は，借地権の存続期間が満了しても，建物が存在している場合は，借地契約の更新を請求し，又は土地の使用を継続することにより，借地契約を更新することができ，借地権設定者が異議を述べる場合は，正当事由が必要とされている（借地借家法第５条及び第６条，旧借地法第４条及び第６条）。現行法第１１条は，建物の滅失により，借地権設定者に正当事由がない限り借地契約が更新されるという上記保護を受けられなくなった借地権者の保護を図った規定である（原ほか前掲書７８頁）。

なお，借地権の残存期間を１０年とすることとされたのは，立法当時に築造される建物の耐久力が，空襲や疎開前に築造された木造建物の耐久力の３分の１に相当する１０年程度であることと，現行法第２条によって設定される土地の賃借権（優先借地権）の存続期間が１０年であったことが考慮されている（原ほか前掲書８０頁）。

２　問題点

現行法の規律では，借地権設定者には存続期間の延長について異議を述べる機会が与えられていない一方で，借地権の残存期間がわずかであって借地権者が土地の使用について意欲を失っている場合であっても，一律に借地権の残存期間を１０年に延長することとされている。

しかし，１０年という期間は，借地権が更新された場合の更新後の存続期間と同じであり（借地借家法第４条），同条による更新と同様の効果が与えられるのであれば，同条の規律と同様に，借地権設定者及び借地権者が土地の使用を必要とする事情等を考慮する必要があるのではないかと考えられる。また，建物が全部滅失したか否かによって，現行法第１１条の適用の有無が異なり，借地権の存続期間が１０年間延長されるか否かが決まることから，建物の滅失をめぐって争いが生じることも考えられる。

本研究会においては，現行法の上記問題点や借地借家法の規律を踏まえ，特例の要否について検討されたところである。

３　借地権の存続期間の延長の特例の要否

通常時では，借地権の存続期間が満了する前に建物の滅失があった場合において，借地権者が残存期間を超えて存続すべき建物を築造したときは，その建物を築造することについての借地権設定者の承諾又はみなし承諾により，借地権は，原則として２０年間存続する（借地借家法第７条。なお，旧借地法第７条では，借地権設定者の「承諾」は要件となっておらず，借地権設定者が遅滞なく異議を述べなければ，滅失の日から堅固建物は３０年間，非堅固建物は２０年間存続する。）。

契約の更新の後に建物の滅失があった場合において，借地権者が借地権設定者の承諾を得ないで残存期間を超えて存続すべき建物を築造したときは，借地権設定者は，解約の申入れをすることができる（借地借家法第８条第２項）が，裁判所は，借地権者の申立てにより，借地権設定者の承諾に代わる許可を与えることができる（同法第１８条）。

したがって，存続期間が満了する前に建物が滅失した場合について，借地借家法の上記規定によって，借地権設定者において存続期間の延長について異議を述べる機会が確保されており，かつ，土地の使用について意欲を有する借地権者のみが建物の再築についての借地権設定者の承諾を受けて，借地権の存続期間を延長することができるのであるから，現行法の上記問題点については，旧借地法第７条並びに借地借家法第７条及び第８条による解決も可能であり，これは災害時であっても同じであると考えられる。

4　まとめ

以上の検討の結果，存続期間が満了する前に建物が滅失した場合については，旧借地法第７条並びに借地借家法第７条及び第８条の規律に委ねることとし，特別の規律を設けないものとすることが相当であると考えられる。

3　借地権設定者の催告による借地権の消滅

借地権設定者の催告による借地権の消滅に関する規律（現行法第１２条）は，廃止するものとする。

（補足説明）

現行法第１２条は，土地所有者は，借地権者に対し，借地権を存続させる意思の有無について催告することができ，借地権者が，借地権を存続させる意思があることを申し出ないときは，催告期間満了の時，借地権は消滅するものとしている。また，この催告は，土地所有者が，借地権者を知ることができず，又はその所在を知ることができないときは，公示の方法でこれをすることができるとしている。これは，立法当時，罹災都市において広大な未利用の土地があるにもかかわらず，建物の敷地を確保できない状況にあり，土地の有効的利用を図るために，存続させる意思の認められない借地権を整理しようとしたものである（原ほか前掲書８２頁）。

しかし，被災地が混乱している際には，借地権者において確実に催告があった旨を知ることは困難であり，この借地権設定者の催告による借地権の消滅に関する規律については，借地権に相当の財産的価値が認められる現代の社会事情にはそぐわないことから，これを廃止するものとすることが相当であると考えられる。

4　借地権者による借地権の解約等

政令で定める災害により建物が滅失した場合には，政令の施行の日から起算して〔1年〕が経過する日までの間は，借地権者は，地上権の放棄又は土地の賃貸借の解約の申入れをすることができる旨の規定を新設するものとする。

（注）借地権は，当該申入れがあった日に消滅するものとするか，一定期間を経過することによって消滅するものとするかについて，なお検討を要する。

（補足説明）

1　借地借家法の規律

契約の更新の後に建物の滅失があった場合については，借地借家法第8条第1項の規定により，借地権者は解約の申入れ等をすることが認められている。それ以外の場合には，借地契約において解約権を留保していなければ，借地権設定者との合意によって解約することとなる。借地権者は，契約期間の地代を支払う義務があるのであり，仮に契約期間途中に借地権者から借地権を放棄することが認められる場合であっても，それによって借地権設定者に生じた損害を賠償する必要があると考えられる。

2　問題点

借地上の建物が滅失し，借地権者に建物を再築する資力がない場合には，借地権者は，土地の利用ができないにもかかわらず賃料を負担し続けることになる。解約，譲渡又は転貸のいずれについても借地権設定者の同意又は承諾がない場合，借地権者が借地権から解放される手段としては，事情変更等の一般的規律によるしかない。また，中途解約によって借地権設定者に対して負うこととなる損害賠償についても，最終的には個別事案ごとの裁判所の判断によることとなると考えられるが，災害時には次の賃借人を見付ける見通しを立てるのが困難であり，通常時と比べて新たな賃借人を見付けるまでの期間が長くなり多額の賠償を請求される可能性がある。そこで，本研究会においては，上記の問題点を解消するため，借地権者による借地権の解約等の規律を設ける必要性，規律を設ける場合の内容等について検討されたところである。

3　検討

(1)　通常時と異なる特例を設ける必要性

本研究会においては，借地権設定者において土地を利用する見通しがあれば，特段の規律を設けなくとも合意解約に応じるものと考えられるところ，借地権設定者が合意解約に応じないのは，より不利な条件でなければ新たな借地契約を締結できる見込みがない場合とも考えられ，そのような場合に借地権者からの一方的な解約等を認めると，借地権設定者に不利益を与えることとなるのであるから，通常時と異なる特例を設けるまでの必要はないのではないかとの意見もあった。

しかし，上記のように災害により借地上の建物を失い，建物を再築する資力もないような借地権者に賃料を負担させ続けることは酷な面がある上，早期の生活再建が求められる被災時においては，事情変更のような一般的規律で対応を図るとすれば法的に不安定なところがあり，解約等を認めることにより当事者間で交渉がしやすくなるのではないかと考えられる。また，被災地においては，使用する見込みのない土地を未使用のまま放置するよりは，借地権を解消し，建物を再築する資力のある者がその土地を使用する権利を得る機会を与えることが被災地の復興に資するのではないかとも考えられる。

以上を踏まえ，大規模な災害の発生という特別な事情を考慮し，土地を使用する見込みのない借地権者が将来の賃料支払を免れ，もって借地権者の保護等を図るため，借地権者からの解約の申入れ等をすることができる旨の規律を設けることが相当であると考えられる。

(2)　借地権の解約の申入れ等が認められる期間

本規律は，借地権者を賃料の負担から解放し，もって借地権者の保護を図ることを主たる目的とするものである。そのため，借地権者が解約の申入れ等をすることができる期間は，借地権者において，契約を維持すべきか解約の申入れ等をすべきかを判断するのに必要となる合理的な期間が確保される必要がある。他方，借地権設定者は，解約の申入れ等が認められる間は借地契約が継続するか否か確定しないため，今後の土地利用の方法を見通すことが困難な状態に置かれる。そのため，借地権者が解約の申入れ等をすることができる期間は，一定の期間に制限される必要があると考えられる。

なお，具体的期間については，借地権設定者を長期間不安定な地位に置くのは相当ではない上，借地権者にとっては，従前と同様に賃料の支払を継続しなければならないかは関心事であるはずであり，被災直後から契約を維持するか否かを検討することが想定されることから，その判断のためにはそれほど長い期間は必要ないのではないかという意見もあり，１年程度とするのが適切であると考えられる。

(3)　解約の申入れ等から借地権が消滅するまでの期間

本研究会では，借地権が消滅するまでの期間については，新たな賃借人が見付かるまでの合理的な期間は借地権者側が賃料を負担すべきであるところ，特例として借地権の解約等を認めるのであるから，借地借家法第８条第３項所定の３か月よりも長くする（例えば6か月等）ことも考えられるのではないかとの意見があった。他方で，災害により土地が使えないにもかかわらず，被災者である借地権者に３か月分や6か月分といった賃料を払わせ続ける合理性はあるのかとの意見や，借地権者から借地権設定者に対する清算のいかんを問わず，借地権は解約の申入れ等があった日に消滅するものとすべきであるとの意見があった。

以上を踏まえ，解約の申入れ等があった日に借地権が消滅するものとするか，一定期間の経過後に消滅するものとするかについては，被災時における借地権者及び借地権設定者の双方の利益を考慮しつつ，なお検討する必要があると考えられる。

(4)　強行法規性等

個別の契約において，借地権者が借地権設定者に一定の金銭を支払うことにより中途解約できるといった条項（中途解約条項）が設けられている場合，中途解約条項によらなければ解約等はできない趣旨を含むことも考えられる。このような場合，例えば，契約で１２か月分の賃料相当額を支払う旨の中途解約条項が設けられていた場合，仮に本規律において解約の申入れ等から３か月経過後に借地権が消滅すると定められたとしても，中途解約条項と異なる本規律による解約等は認められず，借地権者は中途解約条項で定めた賃料１２か月分相当額を支払わなければならないのかが問題となるが，本規律の目的が土地を利用することができなくなった借地権者の保護等を図るものであることからすると，本規律を強行法規と考え，これに反する借地権者に不利な特約は無効とすべきであると考えられる。

なお，中途解約があった際の権利金等の扱いに関しては，個別の契約で当事者が選択した解決に委ねることが相当と考えられる。

5　借地権の譲渡又は転貸

政令で定める災害により建物が滅失した後，借地権者が賃借権を第三者に譲渡しようとする場合において，その第三者が賃借権を取得し，又は転借しても借地権設定者に不利となるおそれがないにもかかわらず，借地権設定者がその賃借権の譲渡又は転貸を承諾しないときは，借地権者は，政令の施行の日から起算して〔１年〕が経過する日までの間，借地権設定者の承諾に代わる裁判所の許可を求める申立てをすることができる旨の規定を新設するものとする。

（注）裁判所の代諾許可の手続等については，借地借家法第１９条の代諾許可の制度に準じて，所要の規律を設けるものとする。

（補足説明）

1　借地借家法等の規律

民法第６１２条は，賃貸借は賃借人の信用に基づくなどの理由により，借地権の譲渡・転貸につき賃貸人の承諾を要することとし，無断譲渡・転貸があった場合の賃貸人による契約解除を認めている。一方，借地借家法第１９条（旧借地法第９条ノ２，第９条ノ４）は，借地上に建物が存続する場合において，借地権者の建物の処分の自由との調整という見地から，譲渡又は転貸が賃貸人に不利益をもたらすおそれがないときについて，裁判所が賃貸人の承諾に代わる許可を与えることとしたものとされる。建物が滅失している場合には，民法の原則に戻り，借地権設定者の承諾がなければ，借地権の譲渡又は転貸をすることはできない。

2　問題点

本文４と同様に，借地上の建物が滅失し，借地権者に建物を再築する資力がない場合には，借地権者は土地の利用ができないにもかかわらず，賃料を負担し続けることになる。被災地においては，少しでも多くの建物が再築されることが望まれるところであり，再築する意欲のある者が存在するにも関わらず，借地権の譲渡又は転貸ができないことによって再築の機会を奪うことは，復興の障害ともなり得る。そこで，本研究会においては，災害により建物が滅失した場合にも借地借家法第１９条に準じた規律を設ける必要性，規律を設ける場合の内容等について検討されたところである。

3　検討

本研究会においては，建物の処分の自由のために特別に裁判所による承諾の制度を設けた借地借家法第１９条とは異なり，建物がないのであれば，通常時と異なる特例を設けるまでの必要性はあるのかという点も検討されたが，借地権の譲受け又は転借を希望する者がいる場合には，建物を再築する資力のある者がその土地を使用できるようにすることが被災地の復興に資するとも考えられることから，借地借家法第１９条の規律に準じて，裁判所が借地権設定者の承諾に代わる許可を与えることができる旨の規律を設けることが相当であると考えられる。

なお，本規律が，借地権者を賃料の負担から解放し，又は転貸を認めることにより，借地権者の保護を図ることを主たる目的とするものであることを考慮すると，借地権者が裁判所への申立てをすることができる期間は，借地権者において，契約を維持すべきか又は譲渡若しくは転貸すべきかを判断するのに必要となる合理的な期間が確保される必要がある。他方，本文４と同様に，その間，借地権設定者は借地契約の帰すうを見通すことができない状況に置かれるため，その期間は一定の期間に制限される必要があると考えられる。

また，具体的な期間については，本文４の解約等の場合には借地権者が解約の申入れ等をするのみであるのに比べ，借地権の譲渡又は転貸の場合は，借地権者が借地権の譲受人又は転借人を新たに見付けて賃貸人の承諾を得るための交渉をし，賃貸人の承諾を得られなければ裁判所に許可を求める申立てをするという一連のプロセスを経る必要があることから，本文４よりも長い期間を設定することも考えられるのではないかという意見があった。しかし，本規律が借地権者を従前の契約から解放するなどして借地権者の保護を図るという意味で本文４の借地権者による借地権の解約等と類似した制度であり，本文４と同様の期間を定めるのが分かりやすいと考えられること，借地権設定者が今後の土地利用の見通しを立てることができない状況が余りに長期間続くのは相当ではないと考えられることから，本規律においても本文４と同様の期間を定めることが相当と考えられる。

第４　優先借家権制度の在り方等

【甲案】　優先借家権制度は廃止するものとし，民事法上，これに代わる特段の規律は設けないものとする。

【乙案】　優先借家権制度に代わり，以下のような制度（借家人事前交渉制

度・仮称）を設けるものとする。

① 賃貸募集前の通知

滅失建物の賃貸人は，当該建物の敷地上に賃貸目的で建物を再築する場合には，賃貸募集に先立って，滅失建物の借家権者のうち知れている者に対し，その旨を通知しなければならない。

② 誠実交渉義務

滅失建物の借家権者から賃借の申出があった場合には，滅失建物の賃貸人は，誠実に交渉しなければならない。

③ 第三者への賃貸禁止

再建建物のうち，賃借の申出があった部分については，申出があった日から一定期間は，滅失建物の借家権者以外の第三者に賃貸してはならない。ただし，他に同種の賃貸可能な部分がある場合には，この限りでない。

（注１）①から③までのうち一つの制度のみを設けること及び複数の制度を組み合わせることのいずれもが考えられる。

（注２）②の誠実交渉義務の内容をどのように考えるか，その内容の全部又は一部を条文上明示するか否か等についてはなお検討する必要がある。

（注３）③について，個別に申出を待ち，申出があった部分の賃貸を禁止するのではなく，再築建物全体について，一律に一定期間は滅失建物の借家権者以外の第三者に賃貸してはならないものとすることなども考えられる。

（注４）乙案によることとする場合には終期を設ける必要があると考えられるところ，何を基準とし，どの程度の期間を定めるべきかについては，なお検討する必要がある。

（補足説明）

1　優先借家権制度の趣旨

現行法第１４条は，災害により建物が滅失した場合，滅失建物の借家権者等は，滅失建物があった敷地又は換地に新たに建物が築造されたときに，当該建物の所有者に対し，相当な借家条件でその建物を賃借する旨の申出をすることができ，申出の相手方は，正当な事由がない限りはこれを拒むことができず，かつ，この賃借権が設定された場合には対抗要件を備えたのと同様の効力を有し，引渡し等を経なくとも第三者に対抗できるという，「優先」的な賃借権（優先借家権）を認めている（なお，現行法第１４条においては，新たに築造された建物の所有者に対して申出をすることとされており，申出の相手方は滅失建物の賃貸人に限られていない。そこで，本項において，新たに築造された建物の所有者を含む場合には，「滅失建物の賃貸人等」ということとする。）。

通常時において，賃貸借の目的となっている建物が滅失した場合には，建物の賃貸借契約は終了するものと解され，建物が再築されたとしても，当該再築建物に戻る権利が当然に発生するものではない。

ここで，通常時とは異なり，災害により建物が滅失した場合に優先借家権が認められる趣旨について，立法当時の解説においては，被災により，借家権者等が住居や営業場所に困窮することが挙げられている（原ほか前掲書９０頁）。また，滅失建物の借家権者等が従前の地域に戻り，居住や事業を継続することは，結果的にコミュニティの維持につながり，これが地域の復興に資する面もあるものと考えられる。

2　優先借家権制度を維持することの問題

過去に現行法が適用された阪神・淡路大震災等において，優先借家権制度は現実には余り活用されなかったといった批判はあったものの，優先借地権制度とは異なり，制度自体に対するしゅん烈な批判まではされていなかった。

そこで，本研究会においても，優先借家権制度の要件等を見直しつつもこれを維持するものとして別表１「研究会において検討された優先借家権制度の考え方の例（全体像）」のようなモデルを踏まえつつ検討を重ねてきた（注１）。しかしながら，これらの検討の結果，優先借家権制度を維持することには以下のような問題があることが明らかとなり，あるいは，改めて認識されるに至った（別表２「研究会において検討された優先借家権制度の考え方の例（概要・問題点等）」をも参照）。

(1)　私人間の権利調整によることの限界等

優先借家権制度は，滅失建物の賃貸人等に再築建物の賃貸借契約の締結を強制するという義務を課して借家権者等の保護を図るものであり，私人間の権利調整によって借家権者等の住居等を確保する制度である。しかし，戦後まもない時代であり，住居等の確保のためには私人間の権利調整によらざるを得なかった立法当時とは異なり，現代においては，仮設住宅や公営住宅等の公的支援が充実しつつあるところである。したがって，優先借家権制度の在り方等について検討するに当たっては，このような立法当時との違いを十分に踏まえなければならない。

また，自らも被災者であることも少なくない滅失建物の賃貸人等に過重な義務を課すとすれば，滅失建物の賃貸人等にとって酷であるばかりか，滅失建物の賃貸人等が建物の再築をちゅうちょすることとなって被災地の復興が阻害される。そして，建物が建築されないとすれば，かえって借家権者等の保護ともならない。この点，滅失建物の借家権者等から申出があった場合には，正当な事由がない限り契約の締結を強制され，(2)に記載のとおり，法律関係が複雑あるいは不明確となる優先借家権制度を維持することは，滅失建物の賃貸人等に過重な義務を課すこととなり得るものである。また，従前の地域に戻ることにより，結果的にコミュニティが維持され，復興に資する面もあるものの，これを実現するために締約強制を伴うような強度の権利である優先借家権制度を維持するまでの必要はないと考えられる上，事業者については従前の「敷地」自体に戻る必要性が認められる場合も考えられるものの，居住者については必ずしも従前の「敷地」自体に戻る必要はなく，従前の「地域」に戻ることができれば足りるものと考えられる。

以上の点については，日本弁護士連合会前掲平成２２年１０月２０日付け意見書においても，「借家人らの保護と罹災都市の応急的復興という罹災法の目的は尊重されるとしても，本来，公的支援によって行われるべき復興施策を，私人間の権利関係で処理しようとするところに限界がある」とされているところである（注２）。

(2)　現代的な土地・建物の利用の在り方についての問題

現代においては，復興の計画の中で敷地が統合・再編されたり，その上に複合的な建物が建築されたりすることも少なくない。また，集合賃貸建物や区分所有建物が建物利用の在り方として定着し，大型の集合賃貸建物も少なくない。立法当時は，このような状況は想定されていなかったものと考えられる。

そして，敷地に一戸建ての建物が建っていたが，その建物が災害により滅失した場合，その後，その敷地上に同様の建物が建つということであれば，優先借家の申出によって当該敷地上の一戸建ての建物に賃貸借契約が強制的に成立するという法律関係が生じることが理解できる。しかし，敷地が統合・再編されたり，再築建物が集合賃貸建物であったりする場合に優先借家の申出によって賃貸借契約が強制的に成立するといってみても，どこにどのような権利が成立するのかは明らかではない。また，複数の優先借家の申出が交錯するような場合には複雑な法律関係が生じることが予想できるところ，現行法第１６条はこの場合には裁判所が割当てを行うとするのみであって，これにより十分な対応が可能であるとは到底考えられない。

そこで，優先借家権制度を維持する場合には，このような立法当時においては想定されていない事例についてどのように対応するかが問題となるところ，優先借家権制度の要件の見直し等をしたとしても，なおその法律関係について明確な整理は困難であり，優先借家の申出をした場合には賃貸借契約が強制的に成立し，競合があった場合には裁判所が優先度に応じて割当てを行うといった現行法の制度枠組みを前提に整理を試みる場合には，滅失建物の賃貸人等と借家権者等の一方あるいは双方にとって酷な結果となるおそれが高いものと考えられる。

特に，大型の集合賃貸建物については深刻な問題が生じるおそれがあり，優先借家の申出が交錯することにより，紛争が大規模かつ複雑化し，紛争解決のためには全ての滅失建物の借家権者等を裁判手続に強制的に参加させた上で裁判手続を行うことにもなりかねない。その結果，紛争解決までは長期間，部屋を空室のままにせざるを得ないといったおそれもあるところであって，滅失建物の賃貸人等にとって過重な義務となる上に，借家権の有無が長期間定まらないことにより，借家権者等の保護ともならないものと考えられる（注３）。また，複数の優先借家の申出が競合した場合において，どの借家権者等にどの部屋を割り当て，どの借家権者等には部屋を割り当てないこととするかといった判断を裁判所が行うことが相当かという問題もある。

(3)　阪神・淡路大震災等において指摘された問題点等

ア　阪神・淡路大震災

阪神・淡路大震災において現行法を適用した際，優先借家権に対しては，

①新たに築造される建物の構造等について滅失建物の借家権者が希望を述べることができないこと，②新築の建物となるために従前と比較して賃料が高額となり，経済的負担が大きくなることなどから，余り活用されなかったとの指摘がある。また，③優先借家の申出が建物の完成までいつでも可能であることから，滅失建物の賃貸人等が法的に不安定な地位に置かれ，建物の再築をちゅうちょする事例もあったとされている。このようなことから，④住居等を失った借家権者等の保護として機能するのではなく，滅失建物の借家権者等が優先借家権の放棄の対価を要求するための手段として利用されたにすぎなかったとも指摘されている。

これらの指摘に関し，①については，滅失建物の借家権者等に対して再築請求権を認め，あるいは，滅失建物の借家権者等が建物の構造等について希望を述べることを認めるような権利とすることは滅失建物の賃貸人等に過重な義務を課すものであって不相当であり，何らかの民事法上の規律を設ける場合であっても建物が建築された場合には他の者に優先して借りることができるという程度の恩恵的権利とすべきであると考えられる。また，②についても，滅失建物の賃貸人等に負担を課して一律に賃料を低額とするなどの民事法上の対応を取ることは困難かつ不相当である。さらに，③については，催告制度を創設することにより対応することが考えられるものの，別表1「研究会において検討された優先借家権制度の考え方の例（全体像）」のモデルⅠを採った場合には，建物の完成まで優先借家の申出をすることができない以上は，催告もできないものと考えられ，なお現行法と同様の問題が生じるものと考えられるし，モデルⅡを採った場合でも，更地状態で催告をされたとしても滅失建物の借家権者等は一応全員が催告に応じるというような事態となりかねず，実効性を持った対処は困難であると考えられる。そして，④については，優先借家権制度が滅失建物の賃貸人等にとって過重な負担となるおそれがあること，集合賃貸建物における割当ての問題を含め，優先借家権制度に明確な整理が困難な点が多いことなどから，新しい法制においても，同様の問題が生じ得ることとなる。特に，モデルⅡを採った場合には，建物が建つかどうか，どのような建物が建つのかも分からない段階での申出が可能である以上は，濫用的な権利行使がされるおそれが少なくないものと考えられる。

以上のように，要件等の見直しを行ったとしても，なお阪神・淡路大震災の際に指摘された問題点を克服することは困難であり，滅失建物の賃貸人等にとって負担である一方で，借家権者等の保護という観点からも実質的な保護につながらない制度となることが想定される。

イ　東日本大震災

東日本大震災については，関係市町村から現行法の適用を求めない旨の回答があったこと等から，現行法が適用されていないが，このような政府の対応を批判するような声は上がらず，むしろ被災地の弁護士会からは，現行法の不適用を求める意見が出され，政府が現行法を適用しないこととしたことが評価されている（「罹災都市借地借家臨時処理法の被災地への適用見送り方針等についての会長談話」（仙台弁護士会，平成２３年１０月１日））。

東日本大震災は，阪神・淡路大震災等と異なり，現行法の適用対象となる借地借家関係が被災地にはそれほど多くなかったことなどについては留意する必要がある。もっとも，不適用を求める意見書等においては，優先借家権の問題点として上記アのような阪神・淡路大震災における指摘が記載されており，この指摘は，優先借家権制度の要件等の見直しにより克服することは困難であると考えられることなどに照らすと，現代において優先借家権制度自体を維持することは相当ではなく，何らかの民事法上の規律を設ける場合にも，契約締結の強制等の現行法の規律にこだわらない新たな借家権者の保護の在り方を検討する必要があると考えられる。

(4)　まとめ

優先借家権の立法趣旨である被災した借家権者等の住居等の確保という点については，現代においては公的支援により図られてきているとしても，これに限界があることは否定できない。また，滅失建物の借家権者等が従前の場所に戻ることができれば，結果としてコミュニティの維持につながり，復興に資する面もある。もっとも，(1)から(3)までに記載のとおり，優先借家権制度は，滅失建物の賃貸人等に過重な義務を課すことになり得ることから，被災地の復興を阻害し，借家権者等の保護ともならないおそれがある。また，建物を再築するに当たっては，滅失建物の賃貸人等としても滅失建物の借家権者等が入居することが望ましいと考える場合も十分に想定されるが，このような場合には契約の締結を強制するような制度の必要はないと考えられる。したがって，優先借家権制度自体を維持することは，相当ではない。優先借家権制度に代わる制度を設ける場合であっても，滅失建物の賃貸人等にとって過重な負担を課すことにより，建物の建築が阻害されるといったことがないようにする必要がある。

3　甲案

甲案は，上記のとおり，立法当時とは異なり，公的支援が充実してきている現代においては，優先借家権制度を維持することは相当ではなく，他方で乙案のような制度についても，自らも被災者である場合も少なくない滅失建物の賃貸人等にとって過重な負担となり，あるいは，実効性がないことから優先借家権制度は廃止し，民事法上はこれに代わる規律は設けないものとする考え方である。この考え方による場合には，滅失建物の借家権者が従前の地域に戻ることによる復興といった点については，滅失建物の賃貸人等が滅失建物の借家権者を優先的に取り扱うことが公的支援の条件とされるなど，公的支援やその運用等の中で適切に実現されることが望まれる。

4　乙案

(1)　乙案の趣旨，内容

乙案は，滅失建物の賃貸人等にとって過重な義務となり得る優先借家権制度自体を維持することは不相当であるものの，滅失建物の借家権者が従前の場所に戻ろうと考える場合にその機会を与える制度を設けることは滅失建物の借家権者の保護となるとともに，結果的に復興に資するという意義もあることなどから，滅失建物の賃貸人と滅失建物の借家権者との間の交渉を促し，滅失建物の借家権者が従前の場所に戻る機会を確保する限度で制度を設けるものである。なお，上記のとおり，現行法第１４条においては申出の相手方は滅失建物の賃貸人に限られていないが，滅失建物の賃貸人以外の者にまで義務を課すことができる根拠に乏しいことから，乙案は，いずれも滅失建物の賃貸人が建物を再築する場合に限定している。

ア　①賃貸募集前の通知

①は，滅失建物の賃貸人が，賃貸目的で建物を再築する場合には，賃貸募集に先立ち，その旨を通知しなければならないとするものであり，滅失建物の借家権者に，再築される建物を賃借するための交渉の機会を保障しようとするものである。

この通知を契機として滅失建物の賃貸人と借家権者との間で交渉がされることが期待される一方，賃貸借契約を締結するか否か及び契約の具体的内容等については当事者の交渉に委ねることとし，優先借家権制度のように滅失建物の賃貸人に契約の締結を強制することや，それにより集合賃貸建物等において複雑な法律関係が生じることを避け，滅失建物の賃貸人に過重の負担を課すことがないようにしている。また，そのような観点から，義務が生ずるのも，賃貸目的で建物を再築した場合に限定している。

なお，通知の内容としては，再築する旨を通知することで足りるものとするほか，建物の概要や賃料その他の借家条件をも示すものとし，滅失建物の借家権者が賃借の申出をするかどうかの判断材料を提供するということも考えられる。

イ　②誠実交渉義務

賃貸借契約を締結するか否か及び契約の具体的内容等については，当事者の交渉に委ねることが相当であるが，滅失建物の借家権者が従前の場所に戻ることには復興に資するという一種の公益的な利益があると考えられること，災害により建物が滅失しなければ滅失建物の賃貸人と借家権者との間において賃貸借契約が継続していたはずであることなどからすれば，滅失建物の賃貸人は，滅失建物の借家権者との間で誠実に交渉をすることが期待される。②は，以上のような観点から滅失建物の賃貸人に誠実交渉義務を課すものである。

その内容としては，

・　滅失建物の借家権者であることを理由に賃貸借契約の交渉や賃貸借契約の締結を拒否しないこと
・　滅失建物の借家権者から申出があった場合には，借家条件を提示すること
・　滅失建物の賃貸人が提示した条件で賃借する旨の申出があった場合には，特段の事情がない限りこれを拒絶しないこと

・　滅失建物の借家権者であることを理由に不当に高額な賃料を提示しないこと

などが考えられる。

なお，これらについては，誠実交渉義務の内容として解釈されるものとすることのほか，これらの一部又は全部を条文上明示することも考えられる。

ウ　③第三者への賃貸禁止

③は，②の誠実交渉義務に加え，申出があった部分については，一定期間は，第三者に賃貸してはならないものとする考え方である。第三者への賃貸禁止期間としては，借家条件等について交渉をするのに十分な期間を確保する必要がある一方，余り長期とすると滅失建物の賃貸人の負担となることから，例えば，２週間から１か月程度とすることが考えられる。また，滅失建物の賃貸人に必要以上の負担を課さないようにするため，他に同種の賃貸可能な部屋がある場合にはこの限りでないものとすることも考えられる。

なお，第三者への賃貸禁止の在り方としては，本文（注３）に記載のとおり，申出を待たず，一律に一定期間は滅失建物の借家権者以外の第三者に賃貸してはならないとすることのほか，借家権者に部屋の選択までは認めず，滅失建物の借家権者に提示するものとして明らかに不当でない部屋を１部屋以上確保するものとすることなども考えられる。

エ　義務違反の効果

①から③までの義務に違反した場合であって，これにより損害が発生したときについては，特別の規律を設けず，一般の不法行為又は債務不履行に基づく損害賠償責任の問題になるものとすることが考えられる。このような考え方による場合，具体的には，①から③までの義務が履行されなかったことにより高額の賃料の物件を賃借せざるを得なくなった場合における賃料の差額，別個の賃貸物件を探すために追加的に要した費用等が損害となり得る（なお，①から③までの義務はいずれも契約の締結を強制するものでない以上，賃料の差額や追加的に要した費用の全てが損害といえるかどうかは，契約締結の蓋然性がどの程度あったか，当事者間の交渉がどのような段階であったか（契約締結の直前であったか否か）等の具体的事情によって変わるものと考えられる。）。また，義務違反による精神的損害の賠償が認められる場合も想定し得る。

なお，一般の不法行為等の問題になるものとする考え方のほかには，滅失建物の賃貸人が滅失建物の借家権者に対し，一定期間分の賃料相当額を支払わなければならないものとする考え方などもあり得る。

(2)　乙案に対する指摘

乙案に対しては，以下のような指摘が考えられる。

ア　①賃貸募集前の通知義務

滅失建物の賃貸人としては，滅失建物の借家権者に再度入居してもらいたいと考える場合も少なくないものと考えられ，そのような場合には滅失建物の賃貸人に対し法律上の通知義務を課す必要はないのではないか。また，通知義務を課すことが滅失建物の賃貸人にとって負担となり，建物の再築をちゅうちょするおそれはないか。滅失建物の賃貸人に過重な負担を課さないため，通知の対象を滅失建物の借家権者のうち所在等が「知れている者」に限定しているが，このような限定を付すものとすると余り実効性はないのではないか。

イ　②誠実交渉義務

誠実交渉義務を課してもその内容が不明確であり，誠実交渉義務違反の有無等をめぐって紛争が発生することとならないか。他方で，(1)イに記載のような内容を条文上明確化することが相当か。また，内容によっては滅失建物の賃貸人にとって重い負担とならないか。

ウ　③第三者への賃貸禁止

滅失建物の借家権者から申出があった部分又は同種の部分について，一定期間は空室としなければならないこととなり，滅失建物の賃貸人にとって重い負担とならないか。

エ　義務違反の効果

特別の規律は設けず，一般の不法行為等に基づく損害賠償責任の問題となるとすると，あくまでも契約を締結するか否かは滅失建物の賃貸人の自由である以上，通常は通知義務等に違反した場合の損害を想定することは困難であり，余り実効性はないのではないか（なお，この指摘に対しては，民事法上は，一般の不法行為等の問題になるにすぎないものとしつつ，①から③までの義務，あるいはより加重された義務を果たすことを融資等の公的支援の条件とすることにより実効性を確保するということも考えられる。）。

他方で，制度の実効性を確保するために通知義務等に違反した場合には滅失建物の賃貸人が滅失建物の借家権者に対して一定期間分の賃料相当額を支払わなければならないものとする考え方については，その理論的根拠が不十分である上，６か月あるいは１年分の賃料相当額を支払わなければならないものとするなど，「一定期間」を長期間とすると滅失建物の賃貸人にとって過重な義務となり，短期間とすると余り実効性がないのではないか。また，阪神・淡路大震災において指摘されたように，これが滅失建物の借家権者が従前の場所に戻るために活用されるのではなく金銭授受の手段として利用されるおそれもあるのではないか。

(3)　まとめ

以上のように乙案のような制度には一定の意義があるものと考えられるものの，他方で，(2)に記載のような指摘も考えられ，その具体的内容については，なお検討する必要があるものと考えられる。

また，乙案のみでは，滅失建物の賃貸人にとって重い負担となり，滅失建物の借家権者にとっても必ずしも保護として十分ではないと考えられる場合であっても，このような民事法上の制度に加え，融資等の公的支援制度を適切に組み合わせることができるのであれば，滅失建物の賃貸人及び滅失建物の借家権者の双方にメリットがある制度となる可能性もあるものと考えられる。今後，乙案を検討するに当たっては，このような視点も踏まえた検討が望まれる。

（注1）研究会において検討された優先借家権制度の考え方の例（別表1，2参照）

本研究会においては，現行法第14条の申出権者には一時使用目的や使用借主の場合まで含まれていること，申出の相手方として滅失建物の賃貸人に限らず建物の所有者であればよいとしていること，催告制度が設けられていないこと，申出があった場合の拒絶可能期間が3週間と極めて短期であることなどについては，現代においては相当ではなく，少なくともこれを見直す必要があるとの問題意識のもと，優先借家権制度の検討を行うこととした。

その上で，モデルⅠは，優先借家権制度においては，申出をすることにより建物の賃貸借契約が成立するものと解されているものの，更地段階や建物の建築途中に申出がされた場合についてはどの部屋にどのような権利が成立しているのか不明確であるし，実際上も更地段階では申出をするかどうかの判断も困難であるといった観点から，建物の完成後に優先借家の申出を認めるものとする考え方である。そして，成立する権利の明確性の観点から，申出の際に部屋の特定を要求し，その反面として対抗力の特例を設けることを検討している。

また，モデルⅡは，建物完成後に申出を認めるものとすると，滅失建物の賃貸人としても，滅失建物の借家権者からどの程度の申出があるか分からず不安定な地位に立たされることとなるといった観点から，更地段階であったとしても申出を認めるものとする考え方である。そして，更地段階では部屋の特定も不可能であることからこれを不要とすることとし，その反面として，更地段階で対抗できるといってもどのような権利をどのように対抗できるのか不明確といわざるを得ないことから，対抗力の特例までは設けないものとしている。また更地段階での申出を認めることから，成立する法律関係については，通常の賃貸借契約とは異なる特殊な考慮が必要としている。

これらのいずれのモデルについても様々な問題点が指摘でき，優先借家権制度自体を維持することが相当でないことについては，補足説明及び別表2に記載のとおりである。

（注2）災害復興住宅融資

本研究会においては，民間賃貸住宅の供給促進のための施策として災害復興住宅融資が紹介された。この災害復興住宅融資においては，被災した賃貸住宅の所在していた市区町村又は隣接する市区町村の区域内に住宅が建築等されること，入居者募集に当たり，被災した当時の借家権者に対し優先的に賃貸すること等が融資を受けるための条件とされている。このように滅失建物の借家権者が従前の地域に戻ることが促進され，コミュニティの維持につながる公的支援が講じられることは望ましいことと考えられる。また，補足説明4(3)に記載のとおり，公的支援と乙案のような民事法上の規律を適切に組み合わせることができるのであれば，全体として借家権者の保護及びコミュニティの維持に資する制度となるものと考えられる。

（注3）優先借家権の割当てについての指摘

阪神・淡路大震災の際の運用状況としては，現行法第１６条の割当ての申出がされた事件は皆無に近いとされている。その原因としては，優先借家権自体が活用し難い制度であることのほか，現行法第１６条は，規定自体が簡易な規定である上，過去の裁判例も少なく，同条の適用による紛争解決の結果の予測が立たないので，申出をちゅうちょしている被災者も多数存在していたのではないかとされている。これらの実情は，現行法の適用だけでは被災した借家権者を救済できないという現行法の限界を示しているのではないかなどと指摘されている（野垣康之「優先権の複数申出の場合の割当て」塩崎勤・澤野順彦編『裁判実務体系２８　震災関係訴訟法』（青林書院，平成１０年）１８８頁）。

第５　貸借条件の変更命令制度

貸借条件の変更命令制度（現行法第１７条）は，廃止するものとする。

（補足説明）

１　現行法の規律

現行法第１７条は，地代，借賃，敷金その他の借地借家の条件が著しく不当なときは，当事者の申立てにより，裁判所は，鑑定委員会の意見を聴き，借地借家関係を衡平にするために，その条件の変更を命ずることができ，裁判所は，敷金その他の財産上の給付の返還を命じ，又はその給付を地代若しくは借賃の前払とみなし，その他相当な処分を命ずることができるとしている。この規定が適用される要件としては，①当該借地借家が罹災都市法の適用地区内にあること，②地代，借賃，敷金その他の借地借家の条件に関するものであること，③著しく不当であること，④③が災害に起因することが必要と解されている（注１）。

この規定が設けられた趣旨としては，通貨の急激な膨張，建物の罹災及び疎開，建築資材の不足等の結果生じた現下の著しい不当な地代，家賃等の借地借家条件を，裁判により是正する道をひらいた規定である（原ほか前掲書１０６頁）と説明されている。

２　検討

貸借条件の変更命令制度は，旧臨時処理法にその起源があり，同法上は重要な位置を占めていたという指摘もある。しかし，過去に遡って借賃や存続期間等の借地借家条件を変更し，敷金の返還も命じられるような制度は，現代においては，やや穏当性を欠くように思われる。過去に遡って契約関係への強権的介入を認めることは，強行法規違反（強行法規そのものは事前に提示されていることが一般である。）を理由とする一部無効や，事情変更の原則に基礎を置く借地借家法上の賃料増減額請求等の制度とも異質なものを含み，運用によっては予測可能性を基礎とする意思自治の原則に対する不当な侵害となるおそれがある旨が指摘されている（小島正夫「貸借条件の変更命令」塩崎勤・澤野順彦編『裁判実務体系２８　震災関係訴訟法』（青林書院，平成１０年）１９８頁）。現行法制定以降に，旧借地法や借地借家法において，借地条件の変更や増改築の許可等の制度が設けられるなど，問題となる場面に応じた要件，効果，手続を定めた規律が創設されており，このような個別紛争類型ごとの解決手法による方が法的安定性としては優れていること，さらには現行法の適用対象となる大規模な災害以外の不可抗力に起因する紛争の場合との均衡等を考えると，意思自治の原則に対する強力な介入となり得る現行法第１７条によるべきではなく，借地借家法の借地条件の変更等の制度によることが相当であると考えられる（小島前掲書２０２頁参照）。

以上を踏まえ，現行法第１７条の貸借条件の変更命令制度は，廃止することが相当であると考えられる（注２）。

（注１）借地借家法上の借賃増減額請求権等との違い

現行法と借地借家法上の借賃増減額請求権等との違いとしては，①著しく不当（現行法）か，不相当（借地借家法）か，②過去の借賃も遡って変更することができるか，将来に向かってのみ効力を有するか，③契約当初の条件の当不当も審理の対象となるか，ならないかといった点が挙げられる。また，手続上の問題として，非訟手続によるか，調停前置主義（民事調停法第２４条の２）を採用しつつ訴訟手続によるかという違いもある。さらに，借地借家法上は，地代・借賃のほか，建物の種類等の制限に関する借地条件の変更（借地借家法第１７条第１項），増改築禁止特約の変更（同条第２項）等に限られており，借賃以外の借家条件の変更に関する規定は設けられていないが，現行法上はそのような制限はない。なお，現行法による借地借家条件の変更と，借地借家法による借賃増減額請求権の双方の要件を満たす場合には，いずれの請求をも行うことも可能である。

（注２）紛争解決手続に関する規律

紛争解決手続に関する規律（現行法第１５条，第１６条，第１８条から第２５条まで）は，優先借地権制度（現行法第２条），借地権優先譲受権制度（現行法第３条），優先借家権制度（現行法第１４条）及び貸借条件の変更命令制度（現行法第１７条）を前提とした規律であり，これらの規律を廃止するものとする場合は，紛争解決手続に関する現行法の規律も原則として廃止することとなる。

第６　新しい法制の適用

１　政令による災害の指定

新しい法制は，大規模な火災，震災，風水害その他の災害であって，政令で指定するものに対し適用するものとする。

２　政令による地区の指定

新しい法制は，政令で指定する地区に対し適用するものとする。

３　政令による制度の指定（新しい法制の分割適用）

新しい法制は，政令で指定する制度を適用するものとし，当該指定の後，新たにその余の制度を適用する必要が生じたときは，当該制度を政令で追加して指定するものとする。

（補足説明）

1　現行法の規律

現行法第２５条の２は，法制を適用する災害について，「政令で定める火災，震災，風水害その他の災害」と規定し，同第２７条第２項は，法制を適用する地区について，「第２５条の２の規定を適用する地区は，災害ごとに政令でこれを定める」と規定している。

また，災害及び地区の指定については，相当の規模に達する災害であって，相当の戸数が滅失した地区にのみなされるとの解釈が示されている（原ほか前掲書１２０頁）。

2　政令による災害の指定

現行法と同様，法律でなく政令によって災害を指定するものとし，政令で指定する災害は，上記現行法の解釈も踏まえつつ，大規模な火災，震災，風水害その他の災害とすることが相当であると考えられる。

なお，現行法第１条は，戦災も法制の適用対象としているところ，政令で指定する災害は，自然災害に限定されず，テロや社会的動乱等の人為的災害も除外しないものとすることが相当であると考えられる。

3　政令による地区の指定

法制の適用場面はできる限り明確であることが望ましく，とりわけ被災地一時使用借地権（仮称）の規律は，適用対象を災害により滅失した建物の敷地に限定していないことから，これを設ける場合には，適用対象を限定するために適用地区を指定する必要があることなどから，現行法と同様，政令で地区を指定するものとすることが相当であると考えられる。

4　政令による制度の指定（新しい法制の分割適用）

本研究会においては，政令で適用する制度を指定するものとするなど，新しい法制の分割適用を可能とする規律を設けてはどうかとの意見があった。この意見に対しては，制度ごとに適用地区が異なることとなると，被災地において，どの制度が適用されるのかが不明確となり，混乱を招くおそれがあるのではないかとの指摘がされた。

新しい法制の制度のうち，借地権の対抗力に関する制度（第３の１）等については，災害後早期に適用することが必要かつ相当であるが，その他の制度については，被災地の実情を踏まえた上で，復興の進捗状況等も見定めつつ，適用の要否や時期を検討することが相当であると考えられる。

以上を踏まえると，最終的にどのような規律が整備されるかにもよるが，分割適用により一定の混乱が生じる場合があり得ることから，これを招来しないように留意しつつも，新しい法制の分割適用を認めることが相当であると考えられる。

別表1・研究会において検討された優先借家権制度の考え方の例（全体像）

	モデルⅠ	モデルⅡ	
締約強制	○		
対抗力	優先借家権の設定時に，対抗要件を備えたものと同様の効力を認める。	特例を設けない。	
従前の賃貸借契約との関係	従前の賃貸借契約の内容に拘束されない。		
申出により成立する法律関係	基本的には通常の賃貸借契約と同様	特殊な賃貸借関係	先借権的関係
建物を建てない場合	何もなし	損害賠償責任及び保全処分の余地あり	何もなし
申出権者	○　普通借家の借主　○　定期借家の借主　×　一時使用目的の借主　×　使用借主 ・　従前の建物の引渡しを受けていた者に限る。 ・　転貸借がされている場合には，転借人のみに申出権を認める。		
申出の相手方	旧建物賃貸人に限る。		
申出の始期	建物の完成以後に，申出をすることができる。	政令施行後であれば，更地であっても申出をすることができる。	
申出の特定	必要（ただし，予備的申出は認める。）	不要	
催告	申出の相手方となるべき者は，申出権者に対し，〔3か月〕以上の期間を定め，申出を行うか否かを催告することができる。この場合において，期間内に確答がないときには，申出権者は，申出をする権利を放棄したものとみなす。 この催告に当たっては，建築計画の概要を示さなければならない。		
申出の終期	政令施行の日から〔3年〕以内に申出をしなければならない。	建物の完成前，かつ，政令施行の日から〔3年〕以内に申出しなければならない。	
申出の事由	滅失した建物の借家権者の側から再建建物を賃借する特段の必要性を示すことは，要件とはしない。		
借家条件の提示	滅失した建物の借家権者の側から借家条件を示すことは，要件とはしない。		
拒絶可能期間	優先借家申出を受けた日から，〔3か月〕以内に拒絶の意思を表示しないときは，その期間満了の時，その申出を承諾したものとみなす。		
拒絶の正当事由	滅失した建物の賃貸人及び滅失した建物の借家権者が再建建物の使用を必要とする事情のほか，滅失した建物の賃貸借に関する経過，滅失した建物の利用状況等を考慮する。 なお，財産上の給付については，条文上明示しない。		
申出の対象	従前の「敷地」とする。		
集合賃貸建物等の復旧	当該復旧部分のみに申出を認める。		
集合賃貸建物の1室の滅失	集合賃貸建物の全部が滅失しない場合でも，建物の部分であって構造上独立した部分が滅失した場合には，申出を認めるものとする。		
割当ての基準	滅失した建物の借家権者が再建建物の使用を必要とする事情のほか，滅失した建物の賃貸借に関する経過，滅失した建物の利用状況等を考慮する。		
割当ての対象	優先借家の申出の確定後は，割当ての問題とはならない。 （例：101号室に滅失した建物の借家権者Aの優先借家権が認められた後は，101号室は割当ての問題とはならず，残りの部屋について検討する。）		

別表２・研究会において検討された優先借家権制度の考え方の例（概要・問題点等）

		モデルⅠ	モデルⅡ	
対抗力		優先借家権の設定時に，対抗要件を備えたものと同様の効力を認める。	特例を設けない。	
申出により成立する法律関係		基本的には通常の賃貸借契約と同様	特殊な賃貸借関係	先借権的関係
建物を建てない場合		何もなし	損害賠償責任及び保全処分の余地あり	何もなし
申出の始期		建物の完成以後に，申出をすることができる。	政令施行後であれば，更地であっても申出をすることができる。	
申出の特定		必要（ただし，予備的申出は認める。）	不要	
催告		申出の相手方となるべき者は，申出権者に対し，〔3か月〕以上の期間を定め，申出を行うか否かを催告することができる。この場合において，期間内に確答がないときには，申出権者は，申出をする権利を放棄したものとみなす。 この催告に当たっては，建築計画の概要を示さなければならない。		
申出の終期		政令施行の日から〔3年〕以内に申出をしなければならない。	建物の完成前，かつ，政令施行の日から〔3年〕以内に申出しなければならない。	
問題点	対抗力関係	・　優先借家権が設定されたかどうかは外部から認識し難く，一般の借家権者等の取引の安全を害するのではないか。 ・「設定時に対抗要件を備えたのと同様の効力を認める」との特例を設けたとしても，拒絶可能期間内に第三者に賃貸すれば，当該第三者には対抗することができず，制度が事実上機能しないのではないか。	一般の借家権者等との優劣を，引渡しの先後等で決することとなり，制度の実効性が薄れるのではないか。	
	申出の始期関係	・　滅失した建物の賃貸人としては，申出がどの程度されるかが分からないと，建物の建築ができないのではないか。 ・　申出の始期以降（完成後）に催告ができるものと考える場合，完成後，催告期間（3か月）経過までの期間，滅失した建物の借家権者分の部屋を確保しなければならないとも考えられ，滅失した建物の賃貸人にとって酷ではないか。	・　更地状態では，どのような建物が建つかも分からず，申出は困難ではないか。特に催告があった場合には，更地状態で申出するか否かを判断しなければならず，問題ではないか。 ・　滅失した建物の賃貸人としても，更地状態で申出がされても，拒絶するか否かの判断が困難ではないか。申出拒絶可能期間までに土地の利用方法等を決めなければならないことにもなり得るため，滅失した建物の賃貸人にとって負担ではないか。 ・　具体的な部屋を前提とせず，拒絶の正当事由の有無を検討することは困難ではないか。	
	申出の特定関係	・　101号室が認められなければ102号室を申出するといった予備的申出を認めるものとすると，念のため予備的申出をする場合も多く考えられ，申出の特定を必要とした趣旨が達成できず，申出の特定を不要とする考え方に対する批判が多く当てはまることになるのではないか。 ・　Aは101号室を主位的申出としつつ，201号室，301号室を予備的申出とし，Bは202号室を主位的申出としつつ，2階以上全ての部屋を予備的申出とし，Cは301号室を主位的申出としつつ，1階の全ての部屋を予備的申出とするといったように，複数人の主位的申出と予備的申出が交錯する場面を想定すると，割当て等の判断に混乱をもたらすのではないか。	90の部屋がある建物に100人から申出があるような場面では，全員について協議及び割当てを行う必要があり，紛争解決に長期間を要することとなって，借家権者の保護とはならないのではないか。	

罹災都市借地借家臨時処理法改正研究会　参加者名簿

座　長	山野目　章　夫	早稲田大学大学院法務研究科教授
	垣　内　秀　介	東京大学大学院法学政治学研究科准教授
	鎌　野　邦　樹	早稲田大学大学院法務研究科教授
	小　柳　春一郎	獨協大学法学部教授
	佐　藤　岩　夫	東京大学社会科学研究所教授
	杉　岡　麻　子	弁護士(東京きぼう法律事務所)
	津久井　　進	弁護士（芦屋西宮市民法律事務所）
	菱　田　雄　郷	東京大学大学院法学政治学研究科准教授
	山　田　誠　一	神戸大学大学院法学研究科教授
	吉　政　知　広	名古屋大学大学院法学研究科准教授

法　務　省

	岡　山　忠　広	法務省民事局参事官
	石　渡　　圭	法務省民事局付
	伊　藤　孝　至	法務省民事局付
	遠　藤　啓　佑	法務省民事局付
	川　副　万　代	法務省民事局付（H24.4～）
	杉　山　典　子	法務省民事局付（～H24.3）

国土交通省

	住　本　　靖	国土交通省住宅局住宅企画官
	高　山　　康	国土交通省住宅局住宅企画官付企画専門官
	永　田　　綾	国土交通省住宅局住宅企画官付法制係長

最高裁判所

	安　部　利　幸	最高裁判所事務総局民事局付（H24.1～）
	大　濱　寿　美	最高裁判所事務総局民事局付（～H24.3）
	中　村　仁　子	最高裁判所事務総局民事局付（H24.4～）

資料2 罹災都市借地借家臨時処理法（昭和二十一年法律第十三号）

第一条　この法律において、罹災建物とは、空襲その他今次の戦争に因る災害のため滅失した建物をいひ、疎開建物とは、今次の戦争に際し防空上の必要により除却された建物をいひ、借地権とは、建物の所有を目的とする地上権及び賃借権をいひ、借地とは、借地権の設定された土地をいひ、借家とは、賃借された建物をいふ。

第二条　罹災建物が滅失した当時におけるその建物の借主は、その建物の敷地又はその換地に借地権の存しない場合には、その土地の所有者に対し、この法律施行の日から二箇年以内に建物所有の目的で賃借の申出をすることによつて、他の者に優先して、相当な借地条件で、その土地を賃借することができる。但し、その土地を、権原により現に建物所有の目的で使用する者があるとき、又は他の法令により、その土地に建物を築造するについて許可を必要とする場合に、その許可がないときは、その申出をすることができない。

② 土地所有者は、前項の申出を受けた日から三週間以内に、拒絶の意思を表示しないときは、その期間満了の時、その申出を承諾したものとみなす。

③ 土地所有者は、建物所有の目的で自ら使用することを必要とする場合その他正当な事由があるのでなければ、第一項の申出を拒絶することができない。

④ 第三者に対抗することのできない借地権及び臨時設備その他一時使用のために設定されたことの明かな借地権は、第一項の規定の適用については、これを借地権でないものとみなす。

第三条　前条第一項の借主は、罹災建物の敷地又はその換地に借地権の存する場合には、その借地権者（借地権者が更に借地権を設定した場合には、その借地権の設定を受けた者）に対し、同項の期間内にその者の有する借地権の譲渡の申出をすることによつて、他の者に優先して、相当な対価で、その借地権の譲渡を受けることができる。この場合には、前条第一項但書及び第二項乃至第四項の規定を準用する。

第四条　前条の規定により賃借権が譲渡された場合には、その譲渡について、賃貸人の承諾があつたものとみなす。この場合には、譲受人は、譲渡を受けたことを、直ちに賃貸人に通知しなければならない。

第五条　第二条の規定により設定された賃借権の存続期間は、借地借家法（平成三年法律第九十号）第三条の規定にかかわらず、十年とする。ただし、建物が、この期間満了前に朽廃したときは、賃借権は、これによつて消滅する。

② 当事者は、前項の規定にかかはらず、その合意により、別段の定をすることが

できる。但し、存続期間を十年未満とする借地条件は、これを定めないものとみなす。

第六条　第二条の規定による賃借権の設定又は第三条の規定による借地権の譲渡があつた場合において、その土地を、権原により現に耕作の目的で使用する者（第二十九条第一項本文又は第三項の規定により使用する者を除く。）があるときは、その者は、賃借権の設定又は借地権の譲渡があつた後（その賃借権の設定又は借地権の譲渡について、裁判があつたときは、その裁判が確定した後、調停があつたときは、その調停が成立した後）、六箇月間に限り、その土地の使用を続けることができる。但し、裁判所は、申立により、その期間を短縮し、又は伸長することができる。

②　第二条の規定により設定された賃借権又は第三条の規定により譲渡された借地権の存続期間は、前項又は第二十九条第一項本文若しくは第三項の規定による土地の使用の続く間、その進行を停止する。この場合には、その停止期間中、借地権者は、その権利を行使することができず、又、地代又は借賃の支払義務は、発生しない。

③　第一項の規定により土地を使用する者が、自ら、第二条の規定による賃借権の設定又は第三条の規定による借地権の譲渡を受けた場合には、前二項の規定を適用しない。

第七条　第二条第一項の借主が、同条の規定による賃借権の設定又は第三条の規定による借地権の譲渡を受けた後（その賃借権の設定又は借地権の譲渡について、裁判があつたときは、その裁判が確定した後、調停があつたときは、その調停が成立した後）、一箇年を経過しても、正当な事由がなくて、建物所有の目的でその土地の使用を始めなかつたときは、土地所有者又は借地権の譲渡人は、その賃借権の設定契約又は借地権の譲渡契約を解除することができる。但し、その解除前にその使用を始めたときは、この限りでない。

②　第二条第一項の借主が、建物所有の目的でその土地の使用を始めた後、建物の完成前に、その使用を止めた場合にも、前項と同様である。

③　前条第一項又は第二十九条第一項本文若しくは第三項の規定により土地を使用する者がある場合には、第一項の一箇年は、その使用の終つた時から、これを起算する。

第八条　第二条の規定による賃借権の設定又は第三条の規定による借地権の譲渡があつたときは、賃貸人又は借地権の譲渡人は、借賃の全額又は借地権の譲渡の対価について、借地権者がその土地に所有する建物の上に、先取特権を有する。

②　前項の先取特権は、借賃については、その額及び、若し存続期間若しくは借賃の支払時期の定があるときはその旨、又は若し弁済期の来た借賃があるときはそ

の旨、譲渡の対価については、その対価の弁済されない旨を登記することによつて、その効力を保存する。

③　第一項の先取特権は、他の権利に対し、優先の効力を有する。但し、共益費用不動産保存不動産工事の先取特権並びに前項の登記前に登記した質権及び抵当権に後れる。

第九条　疎開建物が除却された当時におけるその敷地の借地権者、その当時借地権以外の権利に基いてその敷地にその建物を所有してゐた者及びその当時におけるその建物の借主については、前七条の規定を準用する。但し、公共団体が、疎開建物の敷地又はその換地を所有し、又は賃借してゐる場合は、この限りでない。

第十条　罹災建物が滅失し、又は疎開建物が除却された当時から、引き続き、その建物の敷地又はその換地に借地権を有する者は、その借地権の登記及びその土地にある建物の登記がなくても、これを以て、昭和二十一年七月一日から五箇年以内に、その土地について権利を取得した第三者に、対抗することができる。

第十一条　この法律施行の際現に罹災建物又は疎開建物の敷地にある借地権（臨時設備その他一時使用のために設定されたことの明かな借地権を除く。）の残存期間が、十年未満のときは、これを十年とする。この場合には、第五条第一項但書及び第二項の規定を準用する。

第十二条　土地所有者は、この法律施行の日から二箇年以内に、第十条に規定する借地権者（罹災建物が滅失し、又は疎開建物が除却された後、更に借地権を設定してゐる者を除く。）に対し、一箇月以上の期間を定めて、その期間内に、借地権を存続させる意思があるかないかを申し出るやうに、催告することができる。若し、借地権者が、その期間内に、借地権を存続させる意思があることを申し出ないときは、その期間満了の時、借地権は、消滅する。但し、借地権者が更に借地権を設定してゐる場合には、各々の借地権は、すべての借地権者が、その申出をしないときに限り、消滅する。

②　前項の催告は、土地所有者が、借地権者を知ることができず、又はその所在を知ることができないときは、公示の方法で、これをすることができる。

③　前項の公示は、公示送達に関する民事訴訟法の規定に従ひ、裁判所の掲示場に掲示し、且つ、その掲示のあつたことを、新聞紙に二回掲載して、これを行ふ。

④　公示に関する手続は、借地の所在地の地方裁判所の管轄に属する。

⑤　第二項の場合には、民法（明治二十九年法律第八十九号）第九十八条第三項及び第五項の規定を準用する。

第十三条　借地権者が更に借地権を設定してゐる場合に、その借地権を設定してゐる者については、前条の規定を準用する。

第十四条　罹災建物が滅失し、又は疎開建物が除却された当時におけるその建物の借主は、その建物の敷地又はその換地に、その建物が滅失し、又は除却された後、その借主以外の者により、最初に築造された建物について、その完成前賃借の申出をすることによつて、他の者に優先して、相当な借家条件で、その建物を賃借することができる。但し、その借主が、罹災建物が滅失し、又は疎開建物が除却された後、その借主以外の者により、その敷地に建物が築造された場合におけるその建物の最後の借主でないときは、その敷地の換地に築造された建物については、この申出をすることができない。

②　前項の場合には、第二条第二項及び第三項の規定を準用する。

第十五条　第二条（第九条及び第三十二条第一項において準用する場合を含む。）若しくは前条の規定による賃借権の設定又は第三条（第九条及び第三十二条第一項において準用する場合を含む。）の規定による借地権の譲渡に関する法律関係について、当事者間に、争があり、又は協議が調はないときは、申立により、裁判所は、鑑定委員会の意見を聴き、従前の賃貸借の条件、土地又は建物の状況その他一切の事情を斟酌して、これを定めることができる。

第十六条　第二条（第九条及び第三十二条第一項において準用する場合を含む。）若しくは第十四条の規定による賃借の申出又は第三条（第九条及び第三十二条第一項において準用する場合を含む。）の規定による借地権の譲渡の申出をした者が数人ある場合に、賃借しようとする土地若しくは建物又は譲渡を受けようとする借地権の目的である土地の割当について、当事者間に協議が調はないときは、裁判所は、申立により、土地又は建物の状況、借主又は譲受人の職業その他一切の事情を斟酌して、その割当をすることができる。

②　裁判所は、当事者間の衡平を維持するため必要があると認めるときは、割当を受けない者又は著しく不利益な割当を受けた者のために、著しく利益な割当を受けた者に対し、相当な出捐を命ずることができる。

第十七条　地代、借賃、敷金その他の借地借家の条件が著しく不当なときは、当事者の申立により、裁判所は、鑑定委員会の意見を聴き、借地借家関係を衡平にするために、その条件の変更を命ずることができる。この場合には、裁判所は、敷金その他の財産上の給付の返還を命じ、又はその給付を地代若しくは借賃の前払とみなし、その他相当な処分を命ずることができる。

第十八条　第六条第一項ただし書（第九条において準用する場合を含む。）又は第十五条から前条までの規定による裁判は、借地又は借家の所在地を管轄する地方裁判所が、非訟事件手続法（平成二十三年法律第五十一号）により、これをする。

第十九条　鑑定委員会は、三人以上の委員を以て、これを組織する。

②　鑑定委員は、裁判所が、各事件について、左の者の中からこれを指定する。

一　地方裁判所が、毎年予め、特別の知識経験のある者その他適当な者の中から

選任した者

二　当事者が、合意で選定した者

第二十条　鑑定委員会の決議は、委員の過半数の意見による。

第二十一条　鑑定委員会の評議は、秘密とする。

第二十二条　鑑定委員には、旅費、日当及び止宿料を給する。その額は、最高裁判所がこれを定める。

第二十三条　削除　（平二三法五三）

第二十四条　第六条第一項ただし書（第九条において準用する場合を含む。）又は第十五条から第十七条までの規定による裁判に対する即時抗告は、執行停止の効力を有する。

第二十五条　第十五条乃至第十七条の規定による裁判は、裁判上の和解と同一の効力を有する。

第二十五条の二　第二条乃至第八条、第十条乃至前条及び第三十五条の規定は、政令で定める火災、震災、風水害その他の災害のため滅失した建物がある場合にこれを準用する。この場合において、第二条第一項中「この法律施行の日」及び第十条中「昭和二十一年七月一日」を「第二十五条の二の政令施行の日」と、第十一条中「この法律施行の際」を「第二十五条の二の政令施行の際」と、第十二条中「この法律施行の日」を「第二十五条の二の政令施行の日」と、読み替えるものとする。

附　則

第二十六条　この法律施行の期日は、勅令でこれを定める。

第二十七条　この法律（第二十五条の二の規定を除く。）を適用する地区は、法律でこれを定める。

②　第二十五条の二の規定を適用する地区は、災害ごとに政令でこれを定める。

第二十八条　借地借家臨時処理法及び戦時罹災土地物件令は、これを廃止する。

第二十九条　罹災建物の敷地につきこの法律施行の際現に存する旧令第四条第一項の規定による賃借権は、建物の所有を目的とするものについてはこの法律施行の日から二箇年間、その他のものについてはこの法律施行の日から六箇月間に限り、なほ存続する。但し、その敷地につき、旧令第三条第一項の規定の適用を受ける借地権を有する者（旧令第四条第一項の規定による賃借権に基いて、その敷地を他の者に使用させてゐる者を除く。）については、この限りでない。

②　前項本文の賃借権は、その敷地を自ら使用する賃借人又は転借人が、その敷地の使用を止め、この法律施行の際におけるその敷地の使用の目的を変更し、又はあらたにその敷地につき使用若しくは収益を目的とする権利を取得したときは、同項の期間満了前でも、これに因つて消滅する。

③　旧令第四条第四項の規定により、昭和二十一年七月一日前からこの法律施行の際まで、引き続き、罹災建物の敷地を現に使用する者がある場合には、同項に規定する土地所有者の権利については、前二項の規定を準用する。

第三十条　この法律施行の際現に存する旧令第三条第一項の規定の適用を受ける借地権の存続期間は、前条第一項本文又は第三項に規定する権利が存続してゐる間、なほその進行を停止する。この場合には、旧令第三条第二項の規定は、この法律施行後（昭和二十年法律第四十四号附則第二項の期間経過後を含む。以下同じ。）においても、なほその効力を有する。

第三十一条　第二十九条第一項本文又は第三項の規定に基いて存続する借地権は、第二条第一項（第三十二条第一項において準用する場合を含む。）及び第三条第一項（第三十二条第一項において準用する場合を含む。）の規定の適用については、これを借地権でないものとみなす。

第三十二条　第二十九条第一項本文又は第三項の規定に基いて、建物所有の目的で罹災建物の敷地又はその換地を自ら使用する者については、第二条乃至第五条、第七条第二項及び第八条の規定を準用する。

②　前項に規定する者は、同項において準用する第二条第一項又は第三条第一項の規定による賃借権の設定又は借地権の譲渡の申出を拒絶されたときは、その申出を拒絶した者に対し、権原によりその土地に所有する建物を、相当な対価で買ひ取るべきことを請求することができる。

第三十三条　旧令第七条第一項の規定により設定された使用権でこの法律施行の際現に存するものは、この法律施行の日から五箇年間に限り、なほ存続する。この場合には、旧令第十三条、第十六条及び第十七条の規定は、この法律施行後においても、なほその効力を有する。

②　地方長官は、旧令第十六条第一項各号の場合の外、使用権の設定された土地について、換地予定地の指定又は換地処分の告示があつた場合においても、その使用権を取り消すことができる。この場合には、旧令第十六条第二項の規定を準用する。

第三十四条　旧令第五条、第十五条及び第十八条第二項の規定は、この法律施行後においても、なほその効力を有する。

第三十五条　第八条（第九条及び第三十二条第一項において準用する場合を含む。）の規定により、まだ弁済期の来ない借賃につき先取特権に関する登記を受ける場合におけるその登記に係る登録免許税の課税標準は、登録免許税法第九条の規定にかかわらず、賃貸借の存続期間における借賃の全額から、既に弁済期の来た借賃の額を控除した金額とする。

資料３　大規模な災害の被災地における借地借家に関する特別措置法（平成二十五年法律第六十一号）

（趣旨）

第一条　この法律は、大規模な災害の被災地において、当該災害により借地上の建物が滅失した場合における借地権者の保護等を図るための借地借家に関する特別措置を定めるものとする。

（特定大規模災害及びこれに対して適用すべき措置等の指定）

第二条　大規模な火災、震災その他の災害であって、その被災地において借地権者（借地借家法（平成三年法律第九十号）第二条第二号に規定する借地権者をいう。以下同じ。）の保護その他の借地借家に関する配慮をすることが特に必要と認められるものが発生した場合には、当該災害を特定大規模災害として政令で指定するものとする。

2　前項の政令においては、次条から第五条まで、第七条及び第八条に規定する措置のうち当該特定大規模災害に対し適用すべき措置並びにこれを適用する地区を指定しなければならない。当該指定の後、新たに次条から第五条まで、第七条及び第八条に規定する措置を適用する必要が生じたときは、適用すべき措置及びこれを適用する地区を政令で追加して指定するものとする。

（借地契約の解約等の特例）

第三条　特定大規模災害により借地権（借地借家法第二条第一号に規定する借地権をいう。以下同じ。）の目的である土地の上の建物が滅失した場合（同法第八条第一項の場合を除く。）においては、前条第一項の政令の施行の日から起算して一年を経過する日までの間は、借地権者は、地上権の放棄又は土地の賃貸借の解約の申入れをすることができる。

2　前項の場合においては、借地権は、地上権の放棄又は土地の賃貸借の解約の申入れがあった日から三月を経過することによって消滅する。

（借地権の対抗力の特例）

第四条　借地借家法第十条第一項の場合において、建物の滅失があっても、その滅失が特定大規模災害によるものであるときは、第二条第一項の政令の施行の日から起算して六月を経過する日までの間は、借地権は、なお同法第十条第一項の効力を有する。

2　前項に規定する場合において、借地権者が、その建物を特定するために必要な事項及び建物を新たに築造する旨を土地の上の見やすい場所に掲示するときも、借地権は、なお借地借家法第十条第一項の効力を有する。ただし、第二条第一項の政令の施行の日から起算して三年を経過した後にあっては、その前に建物を新たに築造し、かつ、その建物につき登記した場合に限る。

3　民法（明治二十九年法律第八十九号）第五百六十六条第一項及び第三項の規定は、前二項の規定により第三者に対抗することができる借地権の目的である土地が売買の目的物である場合について準用する。

4　民法第五百三十三条の規定は、前項の場合について準用する。

（土地の賃借権の譲渡又は転貸の許可の特例）

第五条　特定大規模災害により借地権の目的である土地の上の建物が滅失した場合において、借地権者がその土地の賃借権を第三者に譲渡し、又はその土地を第三者に転貸しようとする場合であって、その第三者が賃借権を取得し、又は転借をしても借地権設定者（借地借家法第二条第三号に規定する借地権設定者をいう。以下この項及び第四項において同じ。）に不利となるおそれがないにもかかわらず、借地権設定者がその賃借権の譲渡又は転貸を承諾しないときは、裁判所は、借地権者の申立てにより、借地権設定者の承諾に代わる許可を与えることができる。この場合において、当事者間の利益の衡平を図るため必要があるときは、賃借権の譲渡若しくは転貸を条件とする借地条件の変更を命じ、又はその許可を財産上の給付に係らしめることができる。

2　借地借家法第十九条第二項から第六項までの規定は前項の申立てがあった場合について、同法第四章の規定は同項に規定する事件及びこの項において準用する同条第三項に規定する事件の裁判手続について、それぞれ準用する。この場合において、同法第十九条第三項中「建物の譲渡及び賃借権」とあるのは「賃借権」と、同法第五十九条中「建物の譲渡」とあるのは「賃借権の譲渡又は転貸」と読み替えるものとする。

3　第一項の申立ては、第二条第一項の政令の施行の日から起算して一年以内に限り、することができる。

4　前三項の規定は、転借地権（借地借家法第二条第四号に規定する転借地権をいう。）が設定されている場合における転借地権者（同条第五号に規定する転借地権者をいう。次条において同じ。）と借地権設定者との間について準用する。ただし、借地権設定者が第二項において準用する同法第十九条第三項の申立てをするには、借地権者の承諾を得なければならない。

（強行規定）

第六条　前三条の規定に反する特約で借地権者又は転借地権者に不利なものは、無効とする。

（被災地短期借地権）

第七条　第二条第一項の政令の施行の日から起算して二年を経過する日までの間に、同条第二項の規定により指定された地区に所在する土地について借地権を設定する場合においては、借地借家法第九条の規定にかかわらず、存続期間を五年以下とし、かつ、契約の更新（更新の請求及び土地の使用の継続によるものを含む。）及び建物の築造による存続期間の延長がないこととする旨を定めることができる。

2　前項に規定する場合において、同項の定めがある借地権を設定するときは、借地借家法第十三条、第十七条及び第二十五条の規定は、適用しない。

3　第一項の定めがある借地権の設定を目的とする契約は、公正証書による等書面によってしなければならない。

（従前の賃借人に対する通知）

第八条　特定大規模災害により賃借権の目的である建物（以下この条において「旧建物」という。）が滅失した場合において、旧建物の滅失の当時における旧建物の賃貸人（以下この条において「従前の賃貸人」という。）が旧建物の敷地であった土地の上に当該滅失の直前の用途と同一の用途に供される建物を新たに築造し、又は築造しようとする場合であって、第二条第一項の政令の施行の日から起算して三年を経過する日までの間にその建物について賃貸借契約の締結の勧誘をしようとするときは、従前の賃貸人は、当該滅失の当時旧建物を自ら使用していた賃借人（転借人を含み、一時使用のための賃借をしていた者を除く。）のうち知れている者に対し、遅滞なくその旨を通知しなければならない。

附　則

（施行期日）

第一条　この法律は、公布の日から起算して三月を超えない範囲内において政令で定める日から施行する。

（罹災都市借地借家臨時処理法等の廃止）

第二条　次に掲げる法律は、廃止する。

一　罹災都市借地借家臨時処理法（昭和二十一年法律第十三号）

二　罹災都市借地借家臨時処理法第二十五条の二の災害及び同条の規定を適用する地区を定める法律（昭和二十二年法律第百六十号）

三　罹災都市借地借家臨時処理法第二十五条の二の災害及び同条の規定を適用する地区を定める法律（昭和二十三年法律第二百二十七号）

四　罹災都市借地借家臨時処理法第二十五条の二の災害及び同条の規定を適用する地区を定める法律（昭和二十四年法律第五十一号）

五　罹災都市借地借家臨時処理法第二十五条の二の災害及び同条の規定を適用する地区を定める法律（昭和二十五年法律第百四十六号）

六　罹災都市借地借家臨時処理法第二十五条の二の災害及び同条の規定を適用する地区を定める法律（昭和二十五年法律第二百二十四号）

七　罹災都市借地借家臨時処理法第二十五条の二の災害及び同条の規定を適用する地区を定める法律（昭和二十七年法律第一号）

八　罹災都市借地借家臨時処理法第二十五条の二の災害及び同条の規定を適用する地区を定める法律（昭和二十七年法律第百三十九号）

九　罹災都市借地借家臨時処理法第二十五条の二の災害及び同条の規定を適用する地区を定める法律（昭和三十年法律第百八十一号）

十　罹災都市借地借家臨時処理法第二十五条の二の災害及び同条の規定を適用する地区を定める法律（昭和三十年法律第百九十二号）

十一　罹災都市借地借家臨時処理法第二十五条の二の災害及び同条の規定を適用する地区を定める法律（昭和三十一年法律第七十号）

（旧罹災都市借地借家臨時処理法の効力に関する経過措置）

第三条　接収不動産に関する借地借家臨時処理法（昭和三十一年法律第百三十八号）第二十条の規定の適用については、前条の規定による廃止前の罹災都市借地借家臨時処理法（次条において「旧罹災都市借地借家臨時処理法」という。）第十九条から第二十二条までの規定は、この法律の施行後も、なおその効力を有する。

（罹災都市借地借家臨時処理法の廃止に伴う経過措置）

第四条　この法律の施行前にした申出に係る旧罹災都市借地借家臨時処理法第二条（旧罹災都市借地借家臨時処理法第九条、第二十五条の二及び第三十二条第一項において準用する場合を含む。）及び第十四条（旧罹災都市借地借家臨時処理法第二十五条の二において準用する場合を含む。）の規定による賃借権の設定並びに当該設定があった賃借権に関する法律関係については、なお従前の例による。

2　この法律の施行前にした申出に係る旧罹災都市借地借家臨時処理法第三条（旧罹災都市借地借家臨時処理法第九条、第二十五条の二及び第三十二条第一項において準用する場合を含む。）の規定による借地権の譲渡及び当該譲渡があった借地権に関する法律関係については、なお従前の例による。

3　この法律の施行前に旧罹災都市借地借家臨時処理法第十条（旧罹災都市借地借家臨時処理法第二十五条の二において準用する場合を含む。）の規定により第三者に対抗することができることとされた借地権の第三者に対する効力については、なお従前の例による。

4　この法律の施行前に旧罹災都市借地借家臨時処理法第二十五条の二において準用する旧罹災都市借地借家臨時処理法第十一条の規定により延長された借地権の存続期間については、なお従前の例による。

5　この法律の施行前に旧罹災都市借地借家臨時処理法第二十五条の二において準用する旧罹災都市借地借家臨時処理法第十二条及び旧罹災都市借地借家臨時処理法第二十五条の二において準用する旧罹災都市借地借家臨時処理法第十三条にお

いて準用する旧罹災都市借地借家臨時処理法第十二条の規定によりされた催告については、なお従前の例による。

6　この法律の施行前にした申立てに係る旧罹災都市借地借家臨時処理法第十七条（旧罹災都市借地借家臨時処理法第二十五条の二において準用する場合を含む。）に規定する事件については、なお従前の例による。

（政令への委任）

第五条　前二条に規定するもののほか、この法律の施行に関し必要な経過措置は、政令で定める。

（地方税法の一部改正）

第六条　地方税法（昭和二十五年法律第二百二十六号）の一部を次のように改正する。

第十四条の十四第一項第三号中「、罹災都市借地借家臨時処理法（昭和二十一年法律第十三号）第八条」を削る。

（国税徴収法の一部改正）

第七条　国税徴収法（昭和三十四年法律第百四十七号）の一部を次のように改正する。

第二十条第一項第三号中「、罹災都市借地借家臨時処理法（昭和二十一年法律第十三号）第八条（賃貸人等の先取特権）」を削る。

（民事訴訟費用等に関する法律の一部改正）

第八条　民事訴訟費用等に関する法律（昭和四十六年法律第四十号）の一部を次のように改正する。

第五条第二項中「又は第二十条第一項（同条第五項において準用する場合を含む。）」を「若しくは第二十条第一項（同条第五項において準用する場合を含む。）又は大規模な災害の被災地における借地借家に関する特別措置法（平成二十五年法律第　号）第五条第一項（同条第四項において準用する場合を含む。）」に改める。

第九条第三項第四号中「第四十一条」の下に「（大規模な災害の被災地における借地借家に関する特別措置法第五条第二項（同条第四項において準用する場合を含む。）において準用する場合を含む。以下この号において同じ。）」を加え、「同条」を「借地借家法第四十一条」に改める。

別表第一の一七の項ホ中「第十七条第一項の規定による申立て」の下に「、借地借家法第四十四条第一項ただし書の規定による弁護士でない者を手続代理人に選任することの許可を求める申立て」を加える。

（不動産登記法の一部改正）

第九条　不動産登記法（平成十六年法律第百二十三号）の一部を次のように改正す

る。

第七十八条第三号中「第二十三条第一項」の下に「若しくは大規模な災害の被災地における借地借家に関する特別措置法（平成二十五年法律第　号）第七条第一項」を加える。

第八十一条第八号中「又は高齢者の居住の安定確保に関する法律」を「、高齢者の居住の安定確保に関する法律」に改め、「第五十二条」の下に「又は大規模な災害の被災地における借地借家に関する特別措置法第七条第一項」を加える。

資料４　大規模な災害の被災地における借地借家に関する特別措置法の施行に伴う関係政令の整備に関する政令（平成二十五年政令第二百七十一号）

内閣は、大規模な災害の被災地における借地借家に関する特別措置法（平成二十五年法律第六十一号）の施行に伴い、並びに土地区画整理法（昭和二十九年法律第百十九号）第百七条第四項及び不動産登記法（平成十六年法律第百二十三号）第二十六条（同法第十六条第二項において準用する場合を含む。）の規定に基づき、この政令を制定する。

（罹災都市借地借家臨時処理法の適用地区を定める勅令等の廃止）

第一条　次に掲げる勅令及び政令は、廃止する。

一　罹災都市借地借家臨時処理法の適用地区を定める勅令（昭和二十一年勅令第四百十一号）

二　罹災都市借地借家臨時処理法の適用地区を定める勅令（昭和二十一年勅令第六百二号）

三　罹災都市借地借家臨時処理法第二十五条の二の災害及び同条の規定を適用する地区を定める政令（昭和三十一年政令第百六十五号）

四　罹災都市借地借家臨時処理法第二十五条の二の災害及び同条の規定を適用する地区を定める政令（昭和三十一年政令第二百七十六号）

五　罹災都市借地借家臨時処理法第二十五条の二の災害及び同条の規定を適用する地区を定める政令（昭和三十一年政令第二百九十七号）

六　罹災都市借地借家臨時処理法第二十五条の二の災害及び同条の規定を適用する地区を定める政令（昭和三十四年政令第二号）

七　罹災都市借地借家臨時処理法第二十五条の二の災害及び同条の規定を適用する地区を定める政令（昭和三十四年政令第三百二十四号）

八　罹災都市借地借家臨時処理法第二十五条の二の災害及び同条の規定を適用する地区を定める政令（昭和三十四年政令第三百五十二号）

九　罹災都市借地借家臨時処理法第二十五条の二の災害及び同条の規定を適用する地区を定める政令（昭和三十五年政令第百六十四号）

十　罹災都市借地借家臨時処理法第二十五条の二の災害及び同条の規定を適用する地区を定める政令（昭和三十五年政令第二百九十五号）

十一　罹災都市借地借家臨時処理法第二十五条の二の災害及び同条の規定を適用する地区を定める政令（昭和三十六年政令第二百十三号）

十二　罹災都市借地借家臨時処理法第二十五条の二の災害及び同条の規定を適用する地区を定める政令（昭和三十六年政令第三百六十号）

十三　罹災都市借地借家臨時処理法第二十五条の二の災害及び同条の規定を適用

する地区を定める政令（昭和三十九年政令第二百三十七号）

十四　罹災都市借地借家臨時処理法第二十五条の二の災害及び同条の規定を適用する地区を定める政令（昭和四十年政令第十三号）

十五　罹災都市借地借家臨時処理法第二十五条の二の災害及び同条の規定を適用する地区を定める政令（昭和四十二年政令第二百十八号）

十六　罹災都市借地借家臨時処理法第二十五条の二の災害及び同条の規定を適用する地区を定める政令（昭和五十一年政令第二百九十二号）

十七　罹災都市借地借家臨時処理法第二十五条の二の災害及び同条の規定を適用する地区を定める政令（昭和五十四年政令第百四十六号）

十八　罹災都市借地借家臨時処理法第二十五条の二の災害及び同条の規定を適用する地区を定める政令（平成七年政令第十六号）

十九　罹災都市借地借家臨時処理法第二十五条の二の災害及び同条の規定を適用する地区を定める政令（平成十七年政令第百六十号）

（土地区画整理登記令の一部改正）

第二条　土地区画整理登記令（昭和三十年政令第二百二十一号）の一部を次のように改正する。

第十六条第四号ハ中「第二十三条第一項」の下に「若しくは大規模な災害の被災地における借地借家に関する特別措置法（平成二十五年法律第六十一号）第七条第一項」を加え、同条第五号ホ中「又は」を「若しくは」に改め、「第二十三条第一項」の下に「又は大規模な災害の被災地における借地借家に関する特別措置法第七条第一項」を加える。

（不動産登記令の一部改正）

第三条　不動産登記令（平成十六年政令第三百七十九号）の一部を次のように改正する。

別表の三十三の項添付情報欄ハ中「及びロ」を「からハまで」に改め、同欄ハを同欄ニとし、同欄ロの次に次のように加える。

ハ　大規模な災害の被災地における借地借家に関する特別措置法（平成二十五年法律第六十一号）第七条第一項の定めがある地上権の設定にあっては、同条第三項の書面（登記原因を証する情報として執行力のある確定判決の判決書の正本が提供されたときを除く。）

別表の三十八の項添付情報欄ヘ中「ホまで」を「ヘまで」に改め、同欄ヘを同欄トとし、同欄ホの次に次のように加える。

ヘ　大規模な災害の被災地における借地借家に関する特別措置法第七条第一項の定めがある賃借権の設定にあっては、同条第三項の書面（登記原因を証する情報として執行力のある確定判決の判決書の正本が提供されたときを除く。）

別表の三十九の項添付情報欄ロ中「第十九条第一項前段」の下に「若しくは大規模な災害の被災地における借地借家に関する特別措置法第五条第一項前段」を加える。

別表の四十の項添付情報欄ロ中「第二十条第一項前段」の下に「若しくは大規模な災害の被災地における借地借家に関する特別措置法第五条第一項前段」を加える。

附　則

この政令は、大規模な災害の被災地における借地借家に関する特別措置法の施行の日（平成二十五年九月二十五日）から施行する。

資料５　大規模な災害の被災地における借地借家に関する特別措置法第二条第一項の特定大規模災害及びこれに対し適用すべき措置等を指定する政令（平成二十五年政令第三百六十七号）

内閣は、大規模な災害の被災地における借地借家に関する特別措置法（平成二十五年法律第六十一号）第二条第一項及び第二項前段の規定に基づき、この政令を制定する。

次の表の上欄に掲げる災害を大規模な災害の被災地における借地借家に関する特別措置法（以下「法」という。）第二条第一項の特定大規模災害として指定し、当該特定大規模災害に対し適用すべき措置及びこれを適用する地区をそれぞれ同表の中欄及び下欄に掲げるとおり指定する。

特定大規模災害	適用すべき措置	適用する地区
東日本大震災	法第七条に規定する措置	福島県双葉郡大熊町
備考　上欄の東日本大震災とは、平成二十三年三月十一日に発生した東北地方太平洋沖地震及びこれに伴う原子力発電所の事故による災害をいう。		

附　則

この政令は、公布の日から施行する。

資料6　被災区分所有建物の再建等に関する特別措置法の一部を改正する法律新旧対照条文

○　被災区分所有建物の再建等に関する特別措置法（平成七年法律第四十三号）

改正後	改正前
目次 第一章　総則（第一条） 第二章　区分所有建物の全部が滅失した場合における措置（第二条―第六条） 第三章　区分所有建物の一部が滅失した場合における措置（第七条―第十二条） 第四章　団地内の建物が滅失した場合における措置（第十三条―第十八条） 第五章　罰則（第十九条） 附則	（新設）
第一章　総則	（新設）
（目的） 第一条　この法律は、大規模な火災、震災その他の災害により、その全部が滅失した区分所有建物の再建及びその敷地の売却、その一部が滅失した区分所有建物及びその敷地の売却並びに当該区分所有建物の取壊し等を容易にする特別の措置を講ずることにより、被災地の健全な復興に資することを目的とする。	（目的） 第一条　この法律は、大規模な火災、震災その他の災害により滅失した区分所有建物の再建等を容易にし、もって被災地の健全な復興に資することを目的とする。
第二章　区分所有建物の全部が滅失した場合における措置	（新設）
（敷地共有者等集会等） 第二条　大規模な火災、震災その他の災害で政令で定めるものにより建物の区分所有等に関する法律（昭和三十七年法律第六十九号。以下「区分所有法」という。）第二条第三項に規定する専有部分が属す	（再建の集会） 第二条　大規模な火災、震災その他の災害で政令で定めるものにより建物の区分所有等に関する法律（昭和三十七年法律第六十九号。以下「区分所有法」という。）第二条第三項に規定する専有部分が属す

改正後	改正前
る一棟の建物（以下「区分所有建物」という。）の全部が滅失した場合（その災害により区分所有建物の一部が滅失した場合（区分所有法第六十一条第一項本文に規定する場合を除く。以下同じ。）において、当該区分所有建物が第十一条第一項の決議又は区分所有者（区分所有法第二条第二項に規定する区分所有者をいう。以下同じ。）全員の同意に基づき取り壊されたときを含む。）において、その建物に係る敷地利用権（区分所有法第二条第六項に規定する敷地利用権をいう。以下同じ。）が数人で有する所有権その他の権利であったときは、その権利（以下「敷地共有持分等」という。）を有する者（以下「敷地共有者等」という。）は、その政令の施行の日から起算して三年が経過する日までの間は、この法律の定めるところにより、集会を開き、及び管理者を置くことができる。	る一棟の建物（以下「区分所有建物」という。）の全部が滅失した場合において、その建物に係る同条第六項に規定する敷地利用権が数人で有する所有権その他の権利であったときは、その権利（以下「敷地共有持分等」という。）を有する者は、次条第一項の決議をするための集会を開くことができる。
（削る）	2　前項の規定による集会（以下「再建の集会」という。）における敷地共有持分等を有する者（以下「敷地共有者等」という。）の各自の議決権は、敷地共有持分等の価格の割合による。
（削る）	3　再建の集会は、議決権の五分の一以上を有する敷地共有者等が招集する。
（削る）	4　再建の集会における招集の手続については区分所有法第三十五条第一項本文、第二項及び第五項並びに第三十六条の規定を、議事及び議決権の行使については区分所有法第三十九条及び第四十条の規定を、議長については区分所有法第四十一条の規定を、議事録の作成については区分所有法第四十二条第一項から第四項までの規定を、議事録並びにこの項において準用する区分所有法第四十五条第一

改　正　後	改　正　前
	項及び第二項に規定する書面又は電磁的方法による決議に係る書面並びに同条第一項及び第二項の電磁的方法が行われる場合に当該電磁的方法により作られる電磁的記録（以下「議事録等」という。）の保管及び閲覧については区分所有法第三十三条第一項本文及び第二項の規定を、書面又は電磁的方法による決議については区分所有法第四十五条第一項から第三項まで及び第五項の規定を準用する。この場合において、区分所有法第三十三条第一項本文中「管理者」とあるのは「敷地共有者等で再建の集会の決議で定める者」と、区分所有法第三十五条第一項本文、第三十六条、第三十九条第三項、第四十二条第三項及び第四項並びに第四十五条第一項及び第二項中「区分所有者」とあるのは「敷地共有者等」と、区分所有法第三十五条第二項及び第四十条中「専有部分が数人の共有に属するとき」とあるのは「一の専有部分を所有するための敷地利用権に係る敷地共有持分等を数人で有するとき」と、区分所有法第三十五条第五項中「場合において、会議の目的たる事項が第十七条第一項、第三十一条第一項、第六十一条第五項、第六十二条第一項、第六十八条第一項又は第六十九条第七項に規定する決議事項であるときは」とあるのは「場合においては」と、区分所有法第三十九条第一項中「この法律又は規約に別段の定めがない限り、区分所有者及び議決権の各過半数」とあるのは「この法律に別段の定めがない限り、敷地共有者等の議決権の過半数」と、区分所有法第四十一条中「規約に別段の定めがある場合及び別段の決議をした場合を除いて、管理者又は集会を招集

改　正　後	改　正　前
	した区分所有者の一人」とあるのは「別段の決議をした場合を除いて、再建の集会を招集した敷地共有者等の一人」と、区分所有法第四十二条第一項中「電磁的記録」とあるのは「電磁的記録（電子的方式、磁気的方式その他人の知覚によつては認識することができない方式で作られる記録であつて、電子計算機による情報処理の用に供されるものとして法務省令で定めるものをいう。以下同じ。）」と、区分所有法第四十五条第一項から第三項まで中「この法律又は規約により」とあるのは「この法律により」と読み替えるものとする。
（敷地共有者等が置く管理者及び敷地共有者等集会に関する区分所有法の準用等） 第三条　敷地共有者等が置く管理者及び敷地共有者等が開く集会（以下「敷地共有者等集会」という。）については区分所有法第一章第四節（第二十六条第五項、第二十七条及び第二十九条第一項ただし書を除く。）及び第五節（第三十条から第三十三条まで、第三十四条第二項、第三項ただし書及び第五項ただし書、第三十五条第一項ただし書及び第四項、第三十七条第二項、第四十二条第五項、第四十三条、第四十四条、第四十五条第四項並びに第四十六条第二項を除く。）の規定を、議事録並びにこの項において準用する区分所有法第四十五条第一項及び第二項に規定する書面又は電磁的方法による決議に係る書面並びに同条第一項の電磁的方法による決議及び同条第二項の電磁的方法による合意が行われる場合に当該電磁的方法により作られる電磁的記録	（新設）

改　正　後	改　正　前
の保管及び閲覧については区分所有法第三十三条第一項及び第二項の規定を、それぞれ準用する。この場合において、これらの規定（区分所有法第二十五条第一項、第三十三条第一項ただし書、第三十四条第三項本文及び第五項本文、第三十五条第三項並びに第三十九条第一項を除く。）中「区分所有者」とあり、及び区分所有法第三十三条第一項ただし書中「建物を使用している区分所有者」とあるのは「敷地共有者等」と、区分所有法第二十五条第一項中「区分所有者」とあるのは「敷地共有者等（被災区分所有建物の再建等に関する特別措置法（平成七年法律第四十三号。以下「特別措置法」という。）第二条に規定する敷地共有者等をいう。以下同じ。）」と、「規約に別段の定めがない限り集会」とあるのは「敷地共有者等集会（特別措置法第三条第一項に規定する敷地共有者等集会をいう。以下同じ。）」と、区分所有法第二十六条第一項中「共用部分並びに第二十一条に規定する場合における当該建物の敷地及び附属施設（次項及び第四十七条第六項において「共用部分等」という。）」とあるのは「敷地共有持分等（特別措置法第二条に規定する敷地共有持分等をいう。以下同じ。）に係る土地」と、「集会の決議を実行し、並びに規約で定めた行為をする」とあるのは「及び敷地共有者等集会の決議を実行する」と、同条第二項中「第十八条第四項（第二十一条において準用する場合を含む。）の規定による損害保険契約に基づく保険金額並びに共用部分等」とあるのは「敷地共有持分等に係る土地」と、同条第四項並びに区分所有法第三十三条第一項ただし書及び	

改　正　後	改　正　前
第三十九条第三項中「規約又は集会」とあり、並びに区分所有法第四十六条第一項中「規約及び集会」とあるのは「敷地共有者等集会」と、区分所有法第二十八条中「この法律及び規約」とあり、並びに区分所有法第三十九条第一項及び第四十五条第一項から第三項までの規定中「この法律又は規約」とあるのは「特別措置法」と、区分所有法第二十九条第一項本文中「第十四条に定める」とあり、及び区分所有法第三十八条中「規約に別段の定めがない限り、第十四条に定める」とあるのは「敷地共有持分等の価格の」と、区分所有法第三十四条第三項本文及び第五項本文中「区分所有者の五分の一以上で議決権の五分の一以上を有するもの」とあるのは「議決権の五分の一以上を有する敷地共有者等」と、区分所有法第三十五条第二項及び第四十条中「専有部分が数人の共有に属するとき」とあるのは「一の専有部分を所有するための敷地利用権に係る敷地共有持分等を数人で有するとき」と、区分所有法第三十五条第三項中「区分所有者が」とあるのは「敷地共有者等が」と、「その場所に、これを通知しなかつたときは区分所有者の所有する専有部分が所在する場所」とあるのは「その場所」と、同条第五項中「第十七条第一項、第三十一条第一項、第六十一条第五項、第六十二条第一項、第六十八条第一項又は第六十九条第七項」とあるのは「特別措置法第四条第一項、第五条第一項、第十五条第七項又は第十七条第二項」と、区分所有法第三十七条第三項中「前二項」とあるのは「第一項」と、区分所有法第三十九条第一項中「区分所有者及び議決権の各過半数」とある	

改　正　後	改　正　前
のは「議決権の過半数」と、区分所有法第四十一条中「規約に別段の定めがある場合及び別段」とあるのは「別段」と読み替えるものとする。	
2　敷地共有者等集会を招集する者が敷地共有者等（前項において準用する区分所有法第三十五条第三項の規定により通知を受けるべき場所を通知したものを除く。）の所在を知ることができないときは、同条第一項の通知は、滅失した区分所有建物に係る建物の敷地（区分所有法第二条第五項に規定する建物の敷地をいう。以下同じ。）内の見やすい場所に掲示してすることができる。	
3　前項の場合には、当該通知は、同項の規定による掲示をした時に到達したものとみなす。ただし、敷地共有者等集会を招集する者が当該敷地共有者等の所在を知らないことについて過失があったときは、到達の効力を生じない。	
（再建決議等）	（再建の決議等）
第四条　敷地共有者等集会においては、敷地共有者等の議決権の五分の四以上の多数で、滅失した区分所有建物に係る建物の敷地若しくはその一部の土地又は当該建物の敷地の全部若しくは一部を含む土地に建物を建築する旨の決議（以下「再建決議」という。）をすることができる。	第三条　再建の集会においては、敷地共有者等の議決権の五分の四以上の多数で、滅失した区分所有建物に係る区分所有法第二条第五項に規定する建物の敷地若しくはその一部の土地又は当該建物の敷地の全部若しくは一部を含む土地に建物を建築する旨の決議（以下「再建の決議」という。）をすることができる。
2　再建決議においては、次の事項を定めなければならない。	2　再建の決議においては、次の事項を定めなければならない。
一　新たに建築する建物（以下この項において「再建建物」という。）の設計の概要	一　新たに建築する建物（以下「再建建物」という。）の設計の概要
二　再建建物の建築に要する費用の概算額	二　再建建物の建築に要する費用の概算額

改　正　後	改　正　前
三　前号に規定する費用の分担に関する事項	三　前号に規定する費用の分担に関する事項
四　再建建物の区分所有権（区分所有法第二条第一項に規定する区分所有権をいう。第十八条第三項第五号において同じ。）の帰属に関する事項	四　再建建物の区分所有権の帰属に関する事項
3　前項第三号及び第四号の事項は、各敷地共有者等の衡平を害しないように定めなければならない。	3　（同左）
4　第一項に規定する決議事項を会議の目的とする敷地共有者等集会を招集するときは、前条第一項において準用する区分所有法第三十五条第一項本文の通知は、同項の規定にかかわらず、当該敷地共有者等集会の会日より少なくとも二月前に発しなければならない。	（新設）
5　前項に規定する場合において、前条第一項において準用する区分所有法第三十五条第一項本文の通知をするときは、同条第五項に規定する議案の要領のほか、再建を必要とする理由をも通知しなければならない。	（新設）
6　第四項の敷地共有者等集会を招集した者は、当該敷地共有者等集会の会日より少なくとも一月前までに、当該招集の際に通知すべき事項について敷地共有者等に対し説明を行うための説明会を開催しなければならない。	（新設）
7　前項の説明会の開催については、前条第一項において準用する区分所有法第三十五条第一項本文、第二項及び第三項並びに第三十六条並びに前条第二項及び第三項の規定を準用する。	（新設）
8　再建決議をした敷地共有者等集会の議事録には、その決議についての各敷地共有者等の賛否をも記載し、又は記録しなければならない。	4　再建の決議をした再建の集会の議事録には、その決議についての各敷地共有者等の賛否をも記載し、又は記録しなければならない。

改　正　後	改　正　前
（削る）	5　再建の決議は、その区分所有建物の滅失に係る災害を定める前条第一項の政令の施行の日から起算して三年以内にしなければならない。
9　再建決議があった場合については、区分所有法第六十三条第一項から第三項まで、第四項前段、第六項及び第七項並びに第六十四条の規定を準用する。この場合において、区分所有法第六十三条第一項中「区分所有者」とあるのは「敷地共有者等（被災区分所有建物の再建等に関する特別措置法（以下「特別措置法」という。）第二条に規定する敷地共有者等をいう。以下同じ。）」と、同項並びに同条第三項及び第四項前段並びに区分所有法第六十四条中「建替えに」とあるのは「再建に」と、区分所有法第六十三条第二項、第三項及び第四項前段並びに第六十四条中「区分所有者」とあるのは「敷地共有者等」と、区分所有法第六十三条第四項前段中「区分所有権及び敷地利用権を買い受ける」とあるのは「敷地共有持分等（特別措置法第二条に規定する敷地共有持分等をいう。以下同じ。）を買い受ける」と、「区分所有権及び敷地利用権を時価」とあるのは「敷地共有持分等を時価」と、同条第六項及び第七項中「建物の取壊しの工事」とあるのは「建物の再建の工事」と、同条第六項及び区分所有法第六十四条中「区分所有権又は敷地利用権」とあるのは「敷地共有持分等」と、同条中「建替えを行う」とあるのは「再建を行う」と読み替えるものとする。	6　再建の決議があった場合については、区分所有法第六十三条第一項から第三項まで、第四項前段、第六項及び第七項並びに第六十四条の規定を準用する。この場合において、区分所有法第六十三条第一項から第三項まで及び第四項前段並びに第六十四条中「区分所有者」とあるのは「敷地共有者等」と、区分所有法第六十三条第一項、第三項及び第四項前段並びに第六十四条中「建替えに」とあるのは「再建に」と、区分所有法第六十三条第四項前段中「区分所有権及び敷地利用権」とあり、並びに区分所有法第六十三条第六項及び第六十四条中「区分所有権又は敷地利用権」とあるのは「敷地共有持分等」と、区分所有法第六十三条第六項及び第七項中「建物の取壊しの工事」とあるのは「建物の再建の工事」と、区分所有法第六十四条中「建替えを行う」とあるのは「再建を行う」と読み替えるものとする。
（敷地売却決議等） 第五条　敷地共有者等集会においては、敷	（新設）

改　正　後	改　正　前
地共有者等の議決権の五分の四以上の多数で、敷地共有持分等に係る土地（これに関する権利を含む。）を売却する旨の決議（以下「敷地売却決議」という。）をすることができる。 2　敷地売却決議においては、次の事項を定めなければならない。 一　売却の相手方となるべき者の氏名又は名称 二　売却による代金の見込額 3　敷地売却決議については、前条第四項から第八項まで並びに区分所有法第六十三条第一項から第三項まで、第四項前段、第六項及び第七項並びに第六十四条の規定を準用する。この場合において、前条第四項中「第一項に規定する」とあるのは「次条第一項に規定する」と、同条第五項中「再建」とあるのは「売却」と、区分所有法第六十三条第一項中「区分所有者」とあるのは「敷地共有者等（被災区分所有建物の再建等に関する特別措置法（以下「特別措置法」という。）第二条に規定する敷地共有者等をいう。以下同じ。）」と、同項並びに同条第三項及び第四項前段並びに区分所有法第六十四条中「建替えに」とあるのは「売却に」と、区分所有法第六十三条第二項、第三項及び第四項前段並びに第六十四条中「区分所有者」とあるのは「敷地共有者等」と、区分所有法第六十三条第四項前段中「区分所有権及び敷地利用権を買い受ける」とあるのは「敷地共有持分等（特別措置法第二条に規定する敷地共有持分等をいう。以下同じ。）を買い受ける」と、「区分所有権及び敷地利用権を時価」とあるのは「敷地共有持分等を時価」と、同条第六項中「建物の取壊しの工事に着手し	

改　正　後	改　正　前
ない」とあるのは「特別措置法第五条第一項に規定する敷地売却決議に基づく売買契約による敷地共有持分等に係る土地（これに関する権利を含む。）についての権利の移転（以下単に「権利の移転」という。）がない」と、同項及び区分所有法第六十四条中「区分所有権又は敷地利用権」とあるのは「敷地共有持分等」と、区分所有法第六十三条第六項ただし書中「建物の取壊しの工事に着手しなかつた」とあるのは「権利の移転がなかつた」と、同条第七項中「建物の取壊しの工事の着手」とあるのは「権利の移転」と、「その着手をしないとき」とあるのは「権利の移転がないとき」と、区分所有法第六十四条中「建替えを行う」とあるのは「売却を行う」と読み替えるものとする。	
（敷地共有持分等に係る土地等の分割請求に関する特例） 第六条　第二条の政令で定める災害により全部が滅失した区分所有建物に係る敷地共有者等は、民法（明治二十九年法律第八十九号）第二百五十六条第一項本文（同法第二百六十四条において準用する場合を含む。）の規定にかかわらず、その政令の施行の日から起算して一月を経過する日の翌日以後当該施行の日から起算して三年を経過する日までの間は、敷地共有持分等に係る土地又はこれに関する権利について、分割の請求をすることができない。ただし、五分の一を超える議決権を有する敷地共有者等が分割の請求をする場合その他再建決議、敷地売却決議又は第十八条第一項の決議をすることができないと認められる顕著な事由がある場合は、この限りでない。	（敷地共有持分等に係る土地等の分割請求に関する特例） 第四条　第二条第一項の政令で定める災害により全部が滅失した区分所有建物に係る敷地共有者等は、民法（明治二十九年法律第八十九号）第二百五十六条第一項本文（同法第二百六十四条において準用する場合を含む。）の規定にかかわらず、その政令の施行の日から起算して一月を経過する日の翌日以後当該施行の日から起算して三年を経過する日までの間は、敷地共有持分等に係る土地又はこれに関する権利について、分割の請求をすることができない。ただし、五分の一を超える議決権を有する敷地共有者等が分割の請求をする場合その他再建の決議をすることができないと認められる顕著な事由がある場合は、この限りでない。

改正後	改正前
2　第二条の政令で定める災害により区分所有建物の一部が滅失した場合において、当該区分所有建物が第十一条第一項の決議又は区分所有者全員の同意に基づき取り壊されたときは、当該区分所有建物に係る敷地共有者等は、民法第二百五十六条第一項本文（同法第二百六十四条において準用する場合を含む。）の規定にかかわらず、その政令の施行の日から起算して三年を経過する日までの間は、敷地共有持分等に係る土地又はこれに関する権利について、分割の請求をすることができない。この場合においては、前項ただし書の規定を準用する。	（新設）
第三章　区分所有建物の一部が滅失した場合における措置	（新設）
（区分所有者集会の特例） 第七条　第二条の政令で定める災害により区分所有建物の一部が滅失した場合においては、区分所有者は、その政令の施行の日から起算して一年を経過する日までの間は、この法律及び区分所有法の定めるところにより、区分所有法第三十四条の規定による集会（以下「区分所有者集会」という。）を開くことができる。	（新設）
（区分所有建物の一部が滅失した場合における区分所有者集会の招集の通知に関する特例） 第八条　前条に規定する場合において、第二条の政令の施行の日から起算して一年以内の日を会日とする区分所有者集会を招集するときは、区分所有法第三十五条第一項の通知については、同条第三項及び第四項の規定は、適用しない。 2　前項の通知は、区分所有者が第二条の	（新設）

改正後	改正前
政令で定める災害が発生した時以後に管理者に対して通知を受けるべき場所を通知したときは、その場所に宛ててすれば足りる。この場合には、同項の通知は、通常それが到達すべき時に到達したものとみなす。 3　区分所有者集会を招集する者が区分所有者（前項の規定により通知を受けるべき場所を通知したものを除く。）の所在を知ることができないときは、第一項の通知は、当該区分所有建物又はその敷地内の見やすい場所に掲示してすることができる。 4　前項の場合には、当該通知は、同項の規定による掲示をした時に到達したものとみなす。ただし、区分所有者集会を招集する者が当該区分所有者の所在を知らないことについて過失があったときは、到達の効力を生じない。 5　区分所有法第三十五条第一項の通知をする場合において、会議の目的たる事項が次条第一項、第十条第一項又は第十一条第一項に規定する決議事項であるときは、その議案の要領をも通知しなければならない。	
（建物敷地売却決議等） 第九条　第七条に規定する場合において、当該区分所有建物に係る敷地利用権が数人で有する所有権その他の権利であるときは、区分所有者集会において、区分所有者、議決権及び当該敷地利用権の持分の価格の各五分の四以上の多数で、当該区分所有建物及びその敷地（これに関する権利を含む。）を売却する旨の決議（以下「建物敷地売却決議」という。）をすることができる。	（新設）

改　正　後	改　正　前
2　建物敷地売却決議においては、次の事項を定めなければならない。 一　売却の相手方となるべき者の氏名又は名称 二　売却による代金の見込額 三　売却によって各区分所有者が取得することができる金銭の額の算定方法に関する事項 3　前項第三号の事項は、各区分所有者の衡平を害しないように定めなければならない。 4　第一項に規定する決議事項を会議の目的とする区分所有者集会を招集するときは、区分所有法第三十五条第一項の通知は、同項の規定にかかわらず、当該区分所有者集会の会日より少なくとも二月前に発しなければならない。 5　前項に規定する場合において、区分所有法第三十五条第一項の通知をするときは、前条第五項に規定する議案の要領のほか、次の事項をも通知しなければならない。 一　売却を必要とする理由 二　復旧又は建替えをしない理由 三　復旧に要する費用の概算額 6　第四項の区分所有者集会を招集した者は、当該区分所有者集会の会日より少なくとも一月前までに、当該招集の際に通知すべき事項について区分所有者に対し説明を行うための説明会を開催しなければならない。 7　前項の説明会の招集の通知その他の説明会の開催については、区分所有法第三十五条第一項本文及び第二項並びに第三十六条並びに前条第二項から第四項までの規定を準用する。 8　建物敷地売却決議をした区分所有者集	

改正後	改正前
会の議事録には、その決議についての各区分所有者の賛否をも記載し、又は記録しなければならない。 9　建物敷地売却決議があった場合については、区分所有法第六十三条第一項から第四項まで、第六項及び第七項並びに第六十四条の規定を準用する。この場合において、区分所有法第六十三条第一項、第三項及び第四項並びに第六十四条中「建替えに」とあるのは「売却に」と、区分所有法第六十三条第六項中「建物の取壊しの工事に着手しない」とあるのは「被災区分所有建物の再建等に関する特別措置法第九条第一項に規定する建物敷地売却決議に基づく売買契約による区分所有建物及びその敷地（これに関する権利を含む。）についての権利の移転（以下単に「権利の移転」という。）がない」と、同項ただし書中「建物の取壊しの工事に着手しなかつた」とあるのは「権利の移転がなかつた」と、同条第七項中「建物の取壊しの工事の着手」とあるのは「権利の移転」と、「その着手をしないとき」とあるのは「権利の移転がないとき」と、区分所有法第六十四条中「建替えを行う」とあるのは「売却を行う」と読み替えるものとする。	
（建物取壊し敷地売却決議等） 第十条　前条第一項に規定する場合においては、区分所有者集会において、区分所有者、議決権及び敷地利用権の持分の価格の各五分の四以上の多数で、当該区分所有建物を取り壊し、かつ、これに係る建物の敷地（これに関する権利を含む。次項において同じ。）を売却する旨の決議（次項及び第三項において「建物取壊	（新設）

改　正　後	改　正　前
し敷地売却決議」という。）をすることができる。 2　建物取壊し敷地売却決議においては、次の事項を定めなければならない。 一　区分所有建物の取壊しに要する費用の概算額 二　前号に規定する費用の分担に関する事項 三　建物の敷地の売却の相手方となるべき者の氏名又は名称 四　建物の敷地の売却による代金の見込額 3　建物取壊し敷地売却決議については、前条第三項から第八項まで並びに区分所有法第六十三条第一項から第四項まで、第六項及び第七項並びに第六十四条の規定を準用する。この場合において、前条第三項中「前項第三号」とあるのは「次条第二項第二号」と、同条第四項中「第一項に」とあるのは「次条第一項に」と、同条第五項第一号中「売却」とあるのは「区分所有建物の取壊し及びこれに係る建物の敷地（これに関する権利を含む。）の売却」と、区分所有法第六十三条第一項、第三項及び第四項並びに第六十四条中「建替えに」とあるのは「区分所有建物の取壊し及びこれに係る建物の敷地（これに関する権利を含む。）の売却に」と、同条中「及び区分所有権」とあるのは「並びに区分所有権」と、「建替えを行う」とあるのは「区分所有建物の取壊し及びこれに係る建物の敷地（これに関する権利を含む。）の売却を行う」と読み替えるものとする。 （取壊し決議等） 第十一条　第七条に規定する場合において	（新設）

改　正　後	改　正　前
は、区分所有者集会において、区分所有者及び議決権の各五分の四以上の多数で、当該区分所有建物を取り壊す旨の決議（以下「取壊し決議」という。）をすることができる。 2　取壊し決議においては、次の事項を定めなければならない。 一　区分所有建物の取壊しに要する費用の概算額 二　前号に規定する費用の分担に関する事項 3　取壊し決議については、第九条第三項から第八項まで並びに区分所有法第六十三条第一項から第四項まで、第六項及び第七項並びに第六十四条の規定を準用する。この場合において、第九条第三項中「前項第三号」とあるのは「第十一条第二項第二号」と、同条第四項中「第一項に」とあるのは「第十一条第一項に」と、同条第五項第一号中「売却」とあるのは「取壊し」と、区分所有法第六十三条第一項、第三項及び第四項並びに第六十四条中「建替えに」とあるのは「取壊しに」と、同条中「建替えを行う」とあるのは「取壊しを行う」と読み替えるものとする。	
（建物の一部が滅失した場合の復旧等に関する特例） 第十二条　第二条の政令で定める災害により区分所有建物の一部が滅失した場合についての区分所有法第六十一条第十二項の規定の適用については、同項中「建物の一部が滅失した日から六月以内に」とあるのは「その滅失に係る災害を定める被災区分所有建物の再建等に関する特別措置法（平成七年法律第四十三号）第二	（建物の一部が滅失した場合の復旧等に関する特例） 第五条　第二条第一項の政令で定める災害により区分所有建物の一部が滅失した場合についての区分所有法第六十一条第十二項の規定の適用については、同項中「建物の一部が滅失した日から六月以内に」とあるのは、「その滅失に係る災害を定める被災区分所有建物の再建等に関する特別措置法（平成七年法律第四十三

改　正　後	改　正　前
条の政令の施行の日から起算して一年以内に」と、「又は第七十条第一項」とあるのは「若しくは第七十条第一項又は同法第九条第一項、第十条第一項、第十一条第一項若しくは第十八条第一項」とする。	号）第二条第一項の政令の施行の日から起算して一年以内に」とする。
第四章　団地内の建物が滅失した場合における措置	（新設）
（団地建物所有者等集会等） 第十三条　一団地内にある数棟の建物（以下「団地内建物」という。）の全部又は一部が区分所有建物であり、かつ、その団地内の土地（これに関する権利を含む。）が当該団地内建物の所有者（区分所有建物にあっては、区分所有者。以下この条において同じ。）の共有に属する場合において、第二条の政令で定める災害によりその団地内の全部又は一部の建物が滅失したとき（区分所有建物にあっては、その全部が滅失したとき、又はその一部が滅失した場合において取壊し決議若しくは区分所有者全員の同意に基づき取り壊されたとき。第十八条第一項において同じ。）は、当該団地内建物の所有者、敷地共有者等及び区分所有建物以外の建物であってその災害により滅失したものの所有に係る建物の敷地に関する権利を有する者（以下「団地建物所有者等」という。）は、その政令の施行の日から起算して三年を経過する日までの間は、この法律の定めるところにより、集会を開き、及び管理者を置くことができる。	（新設）
（団地建物所有者等が置く管理者及び団地建物所有者等集会に関する区分所有法	

改正後	改正前
の準用等） 第十四条　団地建物所有者等が置く管理者及び団地建物所有者等が開く集会（以下「団地建物所有者等集会」という。）については区分所有法第一章第四節（第二十六条第五項、第二十七条及び第二十九条第一項ただし書を除く。）及び第五節（第三十条から第三十三条まで、第三十四条第二項、第三項ただし書及び第五項ただし書、第三十五条第一項ただし書及び第四項、第三十七条第二項、第四十二条第五項、第四十三条並びに第四十五条第四項を除く。）の規定を、議事録並びにこの項において準用する区分所有法第四十五条第一項及び第二項に規定する書面又は電磁的方法による決議に係る書面並びに同条第一項の電磁的方法による決議及び同条第二項の電磁的方法による合意が行われる場合に当該電磁的方法により作られる電磁的記録の保管及び閲覧については区分所有法第三十三条第一項及び第二項の規定を、それぞれ準用する。この場合において、これらの規定（区分所有法第二十五条第一項、第三十三条第一項ただし書、第三十四条第三項本文及び第五項本文、第三十五条第三項並びに第三十九条第一項を除く。）中「区分所有者」とあり、及び区分所有法第三十三条第一項ただし書中「建物を使用している区分所有者」とあるのは「団地建物所有者等」と、区分所有法第二十五条第一項中「区分所有者」とあるのは「団地建物所有者等（被災区分所有建物の再建等に関する特別措置法（以下「特別措置法」という。）第十三条に規定する団地建物所有者等をいう。以下同じ。）」と、「規約に別段の定めがない限り集会」とあるのは「団地	（新設）

改　正　後	改　正　前
建物所有者等集会（特別措置法第十四条第一項に規定する団地建物所有者等集会をいう。以下同じ。）」と、区分所有法第二十六条第一項中「共用部分並びに第二十一条に規定する場合における当該建物の敷地及び附属施設（次項及び第四十七条第六項において「共用部分等」という。）」とあり、同条第二項中「第十八条第四項（第二十一条において準用する場合を含む。）の規定による損害保険契約に基づく保険金額並びに共用部分等」とあり、及び区分所有法第四十六条第二項中「建物又はその敷地若しくは附属施設」とあるのは「特別措置法第十三条に規定する場合における当該土地」と、区分所有法第二十六条第一項中「集会の決議を実行し、並びに規約で定めた行為をする」とあるのは「及び団地建物所有者等集会の決議を実行する」と、同条第四項並びに区分所有法第三十三条第一項ただし書、第三十九条第三項及び第四十六条第二項中「規約又は集会」とあり、並びに同条第一項中「規約及び集会」とあるのは「団地建物所有者等集会」と、区分所有法第二十八条中「この法律及び規約」とあり、並びに区分所有法第三十九条第一項及び第四十五条第一項から第三項までの規定中「この法律又は規約」とあるのは「特別措置法」と、区分所有法第二十九条第一項本文中「第十四条に定める」とあり、及び区分所有法第三十八条中「規約に別段の定めがない限り、第十四条に定める」とあるのは「特別措置法第十三条に規定する場合における当該土地（これに関する権利を含む。）の持分の」と、区分所有法第三十四条第三項本文及び第五項本文中「区分所有者の五分の一	

改　正　後	改　正　前
以上で議決権の五分の一以上を有するもの」とあるのは「議決権の五分の一以上を有する団地建物所有者等」と、区分所有法第三十五条第二項及び第四十条中「専有部分が数人の共有に属するとき」とあるのは「建物若しくは専有部分が数人の共有に属するとき又は一の建物であつて特別措置法第二条の政令で定める災害により滅失したものの所有に係る建物の敷地に関する権利若しくは一の専有部分を所有するための敷地利用権に係る同条に規定する敷地共有持分等を数人で有するとき」と、区分所有法第三十五条第三項中「区分所有者が」とあるのは「団地建物所有者等が」と、「その場所に、これを通知しなかつたときは区分所有者の所有する専有部分が所在する場所」とあるのは「その場所」と、同条第五項中「第十七条第一項、第三十一条第一項、第六十一条第五項、第六十二条第一項、第六十八条第一項又は第六十九条第七項」とあるのは「特別措置法第十五条第一項、第十六条第一項、第十七条第一項又は第十八条第一項」と、区分所有法第三十七条第三項中「前二項」とあるのは「第一項」と、区分所有法第三十九条第一項中「区分所有者及び議決権の各過半数」とあるのは「議決権の過半数」と、区分所有法第四十一条中「規約に別段の定めがある場合及び別段」とあるのは「別段」と、区分所有法第四十四条第二項中「建物内」とあるのは「団地内」と、区分所有法第四十六条第二項中「占有者」とあるのは「建物又は専有部分を占有する者で団地建物所有者等でないもの」と読み替えるものとする。 2　団地建物所有者等集会を招集する者が	

改　正　後	改　正　前
団地建物所有者等（前項において準用する区分所有法第三十五条第三項の規定により通知を受けるべき場所を通知したものを除く。）の所在を知ることができないときは、同条第一項の通知は、団地内の見やすい場所に掲示してすることができる。 3　前項の場合には、当該通知は、同項の規定による掲示をした時に到達したものとみなす。ただし、団地建物所有者等集会を招集する者が当該団地建物所有者等の所在を知らないことについて過失があったときは、到達の効力を生じない。 （団地内の建物が滅失した場合における再建承認決議） 第十五条　第十三条に規定する場合において、滅失した建物（区分所有建物にあっては、その全部が滅失したもの又はその一部が滅失した場合において取壊し決議若しくは区分所有者全員の同意に基づき取り壊されたもの。以下同じ。）のうち特定の建物（以下「特定滅失建物」という。）が所在していた土地（これに関する権利を含む。）が当該団地内建物（その災害により滅失したものを含む。以下同じ。）の団地建物所有者等の共有に属し、かつ、次の各号に掲げる区分に応じてそれぞれ当該各号に定める要件に該当する場合に当該土地（これに関する権利を含む。）の共有者である当該団地内建物の団地建物所有者等で構成される団地建物所有者等集会において議決権の四分の三以上の多数による承認の決議を得たときは、当該特定滅失建物の団地建物所有者等は、当該土地又はこれと一体として管理若しくは使用をする団地内の土地（当該団地内建物の団地建物所有者等の	 （新設）

改正後	改正前
共有に属するものに限る。）に新たに建物を建築することができる。 一　当該特定滅失建物が区分所有建物であった場合　その再建決議又はその敷地共有者等の全員の同意があること。 二　当該特定滅失建物が区分所有建物以外の建物であった場合　当該特定滅失建物の所有に係る建物の敷地に関する権利を有する者の同意があること。 2　前項の団地建物所有者等集会における各団地建物所有者等の議決権は、前条第一項において準用する区分所有法第三十八条の規定にかかわらず、当該特定滅失建物が所在していた土地（これに関する権利を含む。）の持分の割合によるものとする。 3　第一項各号に定める要件に該当する場合における当該特定滅失建物の団地建物所有者等は、同項の規定による決議（以下「再建承認決議」という。）においては、いずれもこれに賛成する旨の議決権を行使したものとみなす。ただし、同項第一号に掲げる場合において、当該特定滅失建物に係る敷地共有者等が団地内建物のうち当該特定滅失建物以外の建物の敷地利用権又は敷地共有持分等に基づいて有する議決権の行使については、この限りでない。 4　第一項の団地建物所有者等集会を招集するときは、前条第一項において準用する区分所有法第三十五条第一項本文の通知は、同項の規定にかかわらず、当該団地建物所有者等集会の会日より少なくとも二月前に、同条第五項に規定する議案の要領のほか、新たに建築する建物の設計の概要（当該建物の当該団地内における位置を含む。）をも示して発しなければ	

改　正　後	改　正　前
ばならない。 5　第一項の場合において、再建承認決議に係る再建が当該特定滅失建物以外の建物（滅失した建物を含む。以下この項において「当該他の建物」という。）の建替え又は再建に特別の影響を及ぼすべきときは、次の各号に掲げる区分に応じてそれぞれ当該各号に定める者が当該再建承認決議に賛成しているときに限り、当該特定滅失建物の再建をすることができる。 一　当該他の建物が区分所有建物である場合　第一項の団地建物所有者等集会において当該他の建物の区分所有者全員の議決権の四分の三以上の議決権を有する区分所有者 二　当該他の建物が滅失した建物であって滅失した当時において区分所有建物であった場合　第一項の団地建物所有者等集会において当該他の建物に係る敷地共有者等全員の議決権の四分の三以上の議決権を有する敷地共有者等 三　当該他の建物が区分所有建物以外の建物である場合　当該他の建物の所有者 四　当該他の建物が滅失した建物であって滅失した当時において区分所有建物以外の建物であった場合　当該他の建物の所有に係る建物の敷地に関する権利を有する者 6　第一項の場合において、当該特定滅失建物が二以上あるときは、当該二以上の特定滅失建物の団地建物所有者等は、各特定滅失建物の団地建物所有者等の合意により、当該二以上の特定滅失建物の再建について一括して再建承認決議に付することができる。	

改　正　後	改　正　前
7　前項の場合において、当該特定滅失建物が区分所有建物であったときは、当該特定滅失建物の再建を会議の目的とする敷地共有者等集会において、当該特定滅失建物に係る敷地共有者等の議決権の五分の四以上の多数で、当該二以上の特定滅失建物の再建について一括して再建承認決議に付する旨の決議をすることができる。この場合において、その決議があったときは、当該特定滅失建物の団地建物所有者等（敷地共有者等に限る。）の同項に規定する合意があったものとみなす。	
（団地内の建物が滅失した場合における建替え承認決議） 第十六条　第十三条に規定する場合において、滅失した建物以外の特定の建物（以下「特定建物」という。）が所在する土地（これに関する権利を含む。）が当該団地内建物の団地建物所有者等の共有に属し、かつ、次の各号に掲げる区分に応じてそれぞれ当該各号に定める要件に該当する場合に当該土地（これに関する権利を含む。）の共有者である当該団地内建物の団地建物所有者等で構成される団地建物所有者等集会において議決権の四分の三以上の多数による承認の決議を得たときは、当該特定建物の団地建物所有者等は、当該特定建物を取り壊し、かつ、当該土地又はこれと一体として管理若しくは使用をする団地内の土地（当該団地内建物の団地建物所有者等の共有に属するものに限る。）に新たに建物を建築することができる。 一　当該特定建物が区分所有建物である場合　その建替え決議（区分所有法第	（新設）

改　正　後	改　正　前
六十二条第一項に規定する建替え決議をいう。次条第一項第一号において同じ。）又はその区分所有者の全員の同意があること。 二　当該特定建物が区分所有建物以外の建物である場合　その所有者の同意があること。 2　前項の規定による決議については、前条第二項から第七項までの規定を準用する。この場合において、同条第二項中「前項」とあり、並びに同条第五項第一号及び第二号並びに第六項中「第一項」とあるのは「次条第一項」と、同条第二項中「特定滅失建物」とあるのは「特定建物（次条第一項に規定する特定建物をいう。以下同じ。）」と、「所在していた」とあるのは「所在する」と、同条第三項中「第一項各号」とあるのは「次条第一項各号」と、「特定滅失建物の」とあるのは「特定建物の」と、同項ただし書中「特定滅失建物に係る敷地共有者等」とあるのは「特定建物の区分所有者」と、「特定滅失建物以外」とあるのは「特定建物以外」と、同条第四項中「第一項の」とあるのは「次条第一項の」と、同条第五項中「第一項の場合」とあるのは「次条第一項の場合」と、「再建が」とあるのは「建替えが」と、同項から同条第七項までの規定中「特定滅失建物」とあるのは「特定建物」と、同条第五項及び第七項中「再建を」とあるのは「建替えを」と、同条第六項及び第七項中「再建に」とあるのは「建替えに」と、同項中「区分所有建物であった」とあるのは「区分所有建物である」と、「敷地共有者等集会」とあるのは「区分所有法第六十二条第一項の集会」と、「敷地共有者等の議決権	

改　正　後	改　正　前
の五分の四」とあるのは「区分所有者及び議決権の各五分の四」と、「敷地共有者等に」とあるのは「区分所有者に」と、「同項」とあるのは「前項」と読み替えるものとする。 3　区分所有法第三十五条第一項の通知をする場合において、会議の目的たる事項が前項において準用する前条第七項に規定する決議事項であるときは、その議案の要領をも通知しなければならない。この場合において、区分所有法第六十二条第五項の規定の適用については、同項中「同条第五項」とあるのは、「同条第五項及び被災区分所有建物の再建等に関する特別措置法（平成七年法律第四十三号）第十六条第三項前段」とする。	
（団地内の建物が滅失した場合における建替え再建承認決議） 第十七条　第十三条に規定する場合において、特定建物が所在する土地（これに関する権利を含む。）及び特定滅失建物が所在していた土地（これに関する権利を含む。）がいずれも当該団地内建物の団地建物所有者等の共有に属し、かつ、当該特定建物及び当該特定滅失建物（以下「当該特定建物等」という。）につき次の各号に掲げる区分に応じてそれぞれ当該各号に定める要件に該当する場合にこれらの土地（これらに関する権利を含む。）の共有者である当該団地内建物の団地建物所有者等で構成される団地建物所有者等集会において議決権の四分の三以上の多数により当該特定建物の建替え及び当該特定滅失建物の再建について一括して承認する旨の決議（以下この条において「建替え再建承認決議」という。）を得た	（新設）

改　正　後	改　正　前
ときは、当該特定建物等の団地建物所有者等は、当該特定建物を取り壊し、かつ、これらの土地又はこれらと一体として管理若しくは使用をする団地内の土地（当該団地内建物の団地建物所有者等の共有に属するものに限る。）に新たに建物を建築することができる。ただし、当該特定建物等の団地建物所有者等がそれぞれ当該特定建物の建替え及び当該特定滅失建物の再建について建替え再建承認決議に付する旨の合意をした場合でなければならない。 一　当該特定建物が区分所有建物である場合　その建替え決議又はその区分所有者の全員の同意があること。 二　当該特定滅失建物が区分所有建物であった場合　その再建決議又はその敷地共有者等の全員の同意があること。 三　当該特定建物が区分所有建物以外の建物である場合　その所有者の同意があること。 四　当該特定滅失建物が区分所有建物以外の建物であった場合　当該特定滅失建物の所有に係る建物の敷地に関する権利を有する者の同意があること。 2　前項本文の場合において、当該特定建物等が区分所有建物（滅失した区分所有建物を含む。）であり、かつ、次の各号に掲げる区分に応じてそれぞれ当該各号に定める要件に該当するときは、当該各号に定める集会において、当該特定建物の建替え及び当該特定滅失建物の再建について建替え再建承認決議に付する旨の決議をすることができる。この場合において、その決議があったときは、当該特定建物等の団地建物所有者等（特定建物にあっては区分所有者に限り、特定滅失	

改正後	改正前
建物にあっては敷地共有者等に限る。）の前項ただし書に規定する合意があったものとみなす。 一　特定建物である場合　当該特定建物の建替えを会議の目的とする区分所有法第六十二条第一項の集会において、当該特定建物の区分所有者及び議決権の各五分の四以上の多数の同意があること。 二　特定滅失建物である場合　当該特定滅失建物の再建を会議の目的とする敷地共有者等集会において、当該特定滅失建物に係る敷地共有者等の議決権の五分の四以上の多数の同意があること。 3　建替え再建承認決議については、第十五条第二項から第五項まで及び前条第三項の規定を準用する。この場合において、第十五条第二項中「前項」とあり、並びに同条第五項第一号及び第二号中「第一項」とあるのは「第十七条第一項」と、同条第二項中「特定滅失建物」とあるのは「特定建物（次条第一項に規定する特定建物をいう。以下同じ。）が所在する土地（これに関する権利を含む。）及び当該特定滅失建物」と、同条第三項中「第一項各号」とあるのは「第十七条第一項各号」と、「当該特定滅失建物の」とあるのは「当該特定建物等（同項に規定する当該特定建物等をいう。以下同じ。）の」と、同項ただし書中「同項第一号」とあるのは「同項第一号及び第二号」と、「特定滅失建物に」とあるのは「特定建物の区分所有者又は当該特定滅失建物に」と、同項ただし書及び同条第五項中「当該特定滅失建物以外」とあるのは「当該特定建物等以外」と、同条第	

改　正　後	改　正　前
四項中「第一項の」とあるのは「第十七条第一項の」と、同条第五項中「第一項の場合」とあるのは「第十七条第一項の場合」と、「再建が」とあるのは「建替え及び再建が」と、「特定滅失建物の」とあるのは「特定建物の建替え及び当該特定滅失建物の」と、前条第三項中「前項において準用する前条第七項」とあるのは「次条第二項」と読み替えるものとする。	
（団地内の建物が滅失した場合における一括建替え等決議）	
第十八条　区分所有法第七十条第一項本文に規定する場合において、第二条の政令で定める災害によりその団地内の全部又は一部の建物が滅失したときは、第四条第一項及び区分所有法第六十二条第一項の規定にかかわらず、団地内建物の敷地（団地内建物が所在し、又は所在していた土地及び区分所有法第五条第一項の規定により団地内建物の敷地とされ、又は団地内建物が滅失した当時において団地内建物の敷地とされていた土地をいう。以下この項及び次項において同じ。）又はこれに関する権利の共有者である当該団地内建物の団地建物所有者等で構成される団地建物所有者等集会において、当該団地内建物の団地建物所有者等及び議決権の各五分の四以上の多数で、当該団地内建物につき一括して、その全部を取り壊し、かつ、当該団地内建物の敷地若しくはその一部の土地又は当該団地内建物の敷地の全部若しくは一部を含む土地（第三項第一号においてこれらの土地を「再建団地内敷地」という。）に新たに建物を建築する旨の決議（以下「一括建替	（新設）

改　正　後	改　正　前
え等決議」という。）をすることができる。ただし、当該団地建物所有者等集会において、当該各団地内建物ごとに、次の各号に掲げる区分に応じてそれぞれ当該各号に定める者がその一括建替え等決議に賛成した場合でなければならない。 一　当該団地内建物が滅失した建物である場合　第三条第一項において準用する区分所有法第三十八条に規定する議決権の三分の二以上の議決権を有する者 二　前号に掲げる場合以外の場合　区分所有者の三分の二以上の者であって区分所有法第三十八条に規定する議決権の合計の三分の二以上の議決権を有するもの 2　前項の団地建物所有者等集会における各団地建物所有者等の議決権は、第十四条第一項において準用する区分所有法第三十八条の規定にかかわらず、当該団地内建物の敷地（これに関する権利を含む。）の持分の割合によるものとする。 3　一括建替え等決議においては、次の事項を定めなければならない。 一　再建団地内敷地の一体的な利用についての計画の概要 二　新たに建築する建物（以下この項において「再建団地内建物」という。）の設計の概要 三　団地内建物の全部の取壊し及び再建団地内建物の建築に要する費用の概算額 四　前号に規定する費用の分担に関する事項 五　再建団地内建物の区分所有権の帰属に関する事項 4　一括建替え等決議については、区分所	

改　正　後	改　正　前
有法第六十二条第三項、第四項本文、第五項、第六項、第七項前段及び第八項、第六十三条並びに第六十四条の規定を準用する。この場合において、これらの規定（区分所有法第六十二条第三項を除く。）中「区分所有者」とあるのは「団地建物所有者等」と、区分所有法第六十二条第三項中「前項第三号及び第四号」とあるのは「被災区分所有建物の再建等に関する特別措置法（以下「特別措置法」という。）第十八条第三項第四号及び第五号」と、「区分所有者」とあるのは「団地建物所有者等（特別措置法第十三条に規定する団地建物所有者等をいう。以下同じ。）」と、同条第四項本文中「第一項に」とあるのは「特別措置法第十八条第一項に」と、同項本文及び同条第五項中「第三十五条第一項」とあるのは「特別措置法第十四条第一項において準用する第三十五条第一項本文」と、同項第一号中「建替え」とあるのは「建替え又は再建」と、同条第七項前段中「第三十五条第一項から第四項まで及び第三十六条」とあるのは「特別措置法第十四条第一項において準用する第三十五条第一項本文、第二項及び第三項並びに第三十六条並びに特別措置法第十四条第二項及び第三項」と、区分所有法第六十三条第一項、第三項及び第五項並びに第六十四条中「建替えに」とあるのは「建替え又は再建に」と、区分所有法第六十三条第四項中「建替えに参加する」とあるのは「建替え若しくは再建に参加する」と、「敷地利用権を買い受ける」とあるのは「敷地利用権（滅失した建物（特別措置法第十五条第一項に規定する滅失した建物をいう。以下同じ。）にあつては、敷地共	

改　正　後	改　正　前
有持分等（特別措置法第二条に規定する敷地共有持分等をいう。以下同じ。））を買い受ける」と、「建替えに参加しない」とあるのは「建替え又は再建に参加しない」と、「敷地利用権を時価」とあるのは「敷地利用権（滅失した建物にあつては、敷地共有持分等）を時価」と、同条第六項及び第七項中「建物の取壊しの工事」とあるのは「建物の取壊し又は再建の工事」と、同条第六項及び区分所有法第六十四条中「敷地利用権」とあるのは「敷地利用権（滅失した建物にあつては、敷地共有持分等）」と、同条中「建替えを行う」とあるのは「建替え又は再建を行う」と読み替えるものとする。	
第五章　罰則	（新設）
（削る）	（過料）
第十九条　次の各号のいずれかに該当する場合には、その行為をした者は、二十万円以下の過料に処する。	第六条　次の各号のいずれかに該当する場合には、その行為をした者は、二十万円以下の過料に処する。
一　第三条第一項又は第十四条第一項において準用する区分所有法第三十三条第一項本文の規定に違反して、議事録又は第三条第一項若しくは第十四条第一項において準用する区分所有法第四十五条第一項若しくは第二項に規定する書面若しくは電磁的方法による決議に係る書面若しくは同条第一項の電磁的方法による決議若しくは同条第二項の電磁的方法による合意が行われる場合に当該電磁的方法により作られる電磁的記録（次号において「議事録等」という。）の保管をしなかったとき。	（新設）
二　議事録等を保管する者が第三条第一項又は第十四条第一項において準用する区分所有法第三十三条第二項の規定	一　議事録等を保管する者が第二条第四項において準用する区分所有法第三十三条第二項の規定に違反して、正当な

改　正　後	改　正　前
に違反して、正当な理由がないのに、議事録等の閲覧を拒んだとき。 三　敷地共有者等集会又は団地建物所有者等集会の議長が第三条第一項又は第十四条第一項において準用する区分所有法第四十二条第一項から第四項までの規定に違反して、議事録を作成せず、又は議事録に記載し、若しくは記録すべき事項を記載せず、若しくは記録せず、若しくは虚偽の記載若しくは記録をしたとき。	理由がないのに、議事録等の閲覧を拒んだとき。 二　再建の集会の議長が第二条第四項において準用する区分所有法第四十二条第一項から第四項までの規定に違反して、議事録を作成せず、又は議事録に記載し、若しくは記録すべき事項を記載せず、若しくは記録せず、若しくは虚偽の記載若しくは記録をしたとき。

資料７　被災区分所有建物の再建等に関する特別措置法の一部を改正する法律準用読替表

◎　【敷地共有者等集会等関係】第三条第一項による区分所有法の規定の準用読替え

（傍線の部分は準用（二重線は読替規定による）読替部分）

読　替　後	読　替　前
第四節　管理者 （選任及び解任） 第二十五条　敷地共有者等（被災区分所有建物の再建等に関する特別措置法（平成七年法律第四十三号。以下「特別措置法」という。）第二条に規定する敷地共有者等をいう。以下同じ。）は、敷地共有者等集会（特別措置法第三条第一項に規定する敷地共有者等集会をいう。以下同じ。）の決議によつて、管理者を選任し、又は解任することができる。	第四節　管理者 （選任及び解任） 第二十五条　区分所有者は、規約に別段の定めがない限り集会の決議によつて、管理者を選任し、又は解任することができる。
2　管理者に不正な行為その他その職務を行うに適しない事情があるときは、各敷地共有者等は、その解任を裁判所に請求することができる。	2　管理者に不正な行為その他その職務を行うに適しない事情があるときは、各区分所有者は、その解任を裁判所に請求することができる。
（権限） 第二十六条　管理者は、敷地共有持分等（特別措置法第二条に規定する敷地共有持分等をいう。以下同じ。）に係る土地を保存し、及び敷地共有者等集会の決議を実行する権利を有し、義務を負う。	（権限） 第二十六条　管理者は、共用部分並びに第二十一条に規定する場合における当該建物の敷地及び附属施設（次項及び第四十七条第六項において「共用部分等」という。）を保存し、集会の決議を実行し、並びに規約で定めた行為をする権利を有し、義務を負う。
2　管理者は、その職務に関し、敷地共有者等を代理する。敷地共有持分等に係る土地について生じた損害賠償金及び不当利得による返還金の請求及び受領についても、同様とする。	2　管理者は、その職務に関し、区分所有者を代理する。第十八条第四項（第二十一条において準用する場合を含む。）の規定による損害保険契約に基づく保険金額並びに共用部分等について生じた損害賠償金及び不当利得による返還金の請求及び受領についても、同様とする。
3　管理者の代理権に加えた制限は、善意の第三者に対抗することができない。	3　管理者の代理権に加えた制限は、善意の第三者に対抗することができない。

読　替　後	読　替　前
4　管理者は、敷地共有者等集会の決議により、その職務（第二項後段に規定する事項を含む。）に関し、敷地共有者等のために、原告又は被告となることができる。	4　管理者は、規約又は集会の決議により、その職務（第二項後段に規定する事項を含む。）に関し、区分所有者のために、原告又は被告となることができる。
5　（準用しない）	5　管理者は、前項の規約により原告又は被告となつたときは、遅滞なく、区分所有者にその旨を通知しなければならない。この場合には、第三十五条第二項から第四項までの規定を準用する。
（管理所有） 第二十七条　（準用しない）	（管理所有） 第二十七条　管理者は、規約に特別の定めがあるときは、共用部分を所有することができる。 2　第六条第二項及び第二十条の規定は、前項の場合に準用する。
（委任の規定の準用） 第二十八条　特別措置法に定めるもののほか、管理者の権利義務は、委任に関する規定に従う。	（委任の規定の準用） 第二十八条　この法律及び規約に定めるもののほか、管理者の権利義務は、委任に関する規定に従う。
（区分所有者の責任等） 第二十九条　管理者がその職務の範囲内において第三者との間にした行為につき敷地共有者等がその責めに任ずべき割合は、敷地共有持分等の価格の割合と同一の割合とする。（ただし書は、準用しない）	（区分所有者の責任等） 第二十九条　管理者がその職務の範囲内において第三者との間にした行為につき区分所有者がその責めに任ずべき割合は、第十四条に定める割合と同一の割合とする。ただし、規約で建物並びにその敷地及び附属施設の管理に要する経費につき負担の割合が定められているときは、その割合による。
2　前項の行為により第三者が敷地共有者等に対して有する債権は、その特定承継人に対しても行うことができる。	2　前項の行為により第三者が区分所有者に対して有する債権は、その特定承継人に対しても行うことができる。
第五節　規約及び集会 （規約事項） 第三十条　（準用しない）	第五節　規約及び集会 （規約事項） 第三十条　建物又はその敷地若しくは附属施設の管理又は使用に関する区分所有者相互間の事項は、この法律に定めるもの

読　替　後	読　替　前
	のほか、規約で定めることができる。 2　一部共用部分に関する事項で区分所有者全員の利害に関係しないものは、区分所有者全員の規約に定めがある場合を除いて、これを共用すべき区分所有者の規約で定めることができる。 3　前二項に規定する規約は、専有部分若しくは共用部分又は建物の敷地若しくは附属施設（建物の敷地又は附属施設に関する権利を含む。）につき、これらの形状、面積、位置関係、使用目的及び利用状況並びに区分所有者が支払つた対価その他の事情を総合的に考慮して、区分所有者間の利害の衡平が図られるように定めなければならない。 4　第一項及び第二項の場合には、区分所有者以外の者の権利を害することができない。 5　規約は、書面又は電磁的記録（電子的方式、磁気的方式その他人の知覚によつては認識することができない方式で作られる記録であつて、電子計算機による情報処理の用に供されるものとして法務省令で定めるものをいう。以下同じ。）により、これを作成しなければならない。
（規約の設定、変更及び廃止） 第三十一条　（準用しない）	（規約の設定、変更及び廃止） 第三十一条　規約の設定、変更又は廃止は、区分所有者及び議決権の各四分の三以上の多数による集会の決議によつてする。この場合において、規約の設定、変更又は廃止が一部の区分所有者の権利に特別の影響を及ぼすべきときは、その承諾を得なければならない。 2　前条第二項に規定する事項についての区分所有者全員の規約の設定、変更又は廃止は、当該一部共用部分を共用すべき区分所有者の四分の一を超える者又はそ

読　替　後	読　替　前
	の議決権の四分の一を超える議決権を有する者が反対したときは、することができない。
（公正証書による規約の設定）	（公正証書による規約の設定）
第三十二条　（準用しない）	第三十二条　最初に建物の専有部分の全部を所有する者は、公正証書により、第四条第二項、第五条第一項並びに第二十二条第一項ただし書及び第二項ただし書（これらの規定を同条第三項において準用する場合を含む。）の規約を設定することができる。
（規約の保管及び閲覧）	（規約の保管及び閲覧）
第三十三条　議事録等は、管理者が保管しなければならない。ただし、管理者がないときは、敷地共有者等又はその代理人で敷地共有者等集会の決議で定めるものが保管しなければならない。	第三十三条　規約は、管理者が保管しなければならない。ただし、管理者がないときは、建物を使用している区分所有者又はその代理人で規約又は集会の決議で定めるものが保管しなければならない。
2　前項の規定により議事録等を保管する者は、利害関係人の請求があつたときは、正当な理由がある場合を除いて、議事録等の閲覧（議事録等が電磁的記録で作成されているときは、当該電磁的記録に記録された情報の内容を法務省令で定める方法により表示したものの当該議事録等の保管場所における閲覧）を拒んではならない。	2　前項の規定により規約を保管する者は、利害関係人の請求があつたときは、正当な理由がある場合を除いて、規約の閲覧（規約が電磁的記録で作成されているときは、当該電磁的記録に記録された情報の内容を法務省令で定める方法により表示したものの当該規約の保管場所における閲覧）を拒んではならない。
3　（準用しない）	3　規約の保管場所は、建物内の見やすい場所に掲示しなければならない。
（集会の招集）	（集会の招集）
第三十四条　敷地共有者等集会は、管理者が招集する。	第三十四条　集会は、管理者が招集する。
2（準用しない）	2　管理者は、少なくとも毎年一回集会を招集しなければならない。
3　議決権の五分の一以上を有する敷地共有者等は、管理者に対し、会議の目的たる事項を示して、敷地共有者等集会の招集を請求することができる。（ただし書	3　区分所有者の五分の一以上で議決権の五分の一以上を有するものは、管理者に対し、会議の目的たる事項を示して、集会の招集を請求することができる。ただ

読　替　後	読　替　前
は、準用しない)	し、この定数は、規約で減ずることができる。
4　前項の規定による請求がされた場合において、二週間以内にその請求の日から四週間以内の日を会日とする敷地共有者等集会の招集の通知が発せられなかつたときは、その請求をした敷地共有者等は、敷地共有者等集会を招集することができる。	4　前項の規定による請求がされた場合において、二週間以内にその請求の日から四週間以内の日を会日とする集会の招集の通知が発せられなかつたときは、その請求をした区分所有者は、集会を招集することができる。
5　管理者がないときは、議決権の五分の一以上を有する敷地共有者等は、敷地共有者等集会を招集することができる。(ただし書は、準用しない)	5　管理者がないときは、区分所有者の五分の一以上で議決権の五分の一以上を有するものは、集会を招集することができる。ただし、この定数は、規約で減ずることができる。
(招集の通知)	(招集の通知)
第三十五条　敷地共有者等集会の招集の通知は、会日より少なくとも一週間前に、会議の目的たる事項を示して、各敷地共有者等に発しなければならない。(ただし書は、準用しない)	第三十五条　集会の招集の通知は、会日より少なくとも一週間前に、会議の目的たる事項を示して、各区分所有者に発しなければならない。ただし、この期間は、規約で伸縮することができる。
2　一の専有部分を所有するための敷地利用権に係る敷地共有持分等を数人で有するときは、前項の通知は、第四十条の規定により定められた議決権を行使すべき者(その者がないときは、共有者の一人)にすれば足りる。	2　専有部分が数人の共有に属するときは、前項の通知は、第四十条の規定により定められた議決権を行使すべき者(その者がないときは、共有者の一人)にすれば足りる。
3　第一項の通知は、敷地共有者等が管理者に対して通知を受けるべき場所を通知したときはその場所にあててすれば足りる。この場合には、同項の通知は、通常それが到達すべき時に到達したものとみなす。	3　第一項の通知は、区分所有者が管理者に対して通知を受けるべき場所を通知したときはその場所に、これを通知しなかつたときは区分所有者の所有する専有部分が所在する場所にあててすれば足りる。この場合には、同項の通知は、通常それが到達すべき時に到達したものとみなす。
4　(準用しない)	4　建物内に住所を有する区分所有者又は前項の通知を受けるべき場所を通知しない区分所有者に対する第一項の通知は、

読　替　後	読　替　前
	規約に特別の定めがあるときは、建物内の見やすい場所に掲示してすることができる。この場合には、同項の通知は、その掲示をした時に到達したものとみなす。
5　第一項の通知をする場合において、会議の目的たる事項が特別措置法第四条第一項、第五条第一項、第十五条第七項又は第十七条第二項に規定する決議事項であるときは、その議案の要領をも通知しなければならない。	5　第一項の通知をする場合において、会議の目的たる事項が第十七条第一項、第三十一条第一項、第六十一条第五項、第六十二条第一項、第六十八条第一項又は第六十九条第七項に規定する決議事項であるときは、その議案の要領をも通知しなければならない。
（招集手続の省略）	（招集手続の省略）
第三十六条　敷地共有者等集会は、敷地共有者等全員の同意があるときは、招集の手続を経ないで開くことができる。	第三十六条　集会は、区分所有者全員の同意があるときは、招集の手続を経ないで開くことができる。
（決議事項の制限）	（決議事項の制限）
第三十七条　敷地共有者等集会においては、第三十五条の規定によりあらかじめ通知した事項についてのみ、決議をすることができる。	第三十七条　集会においては、第三十五条の規定によりあらかじめ通知した事項についてのみ、決議をすることができる。
2　（準用しない）	2　前項の規定は、この法律に集会の決議につき特別の定数が定められている事項を除いて、規約で別段の定めをすることを妨げない。
3　第一項の規定は、前条の規定による敷地共有者等集会には適用しない。	3　前二項の規定は、前条の規定による集会には適用しない。
（議決権）	（議決権）
第三十八条　各敷地共有者等の議決権は、敷地共有持分等の価格の割合による。	第三十八条　各区分所有者の議決権は、規約に別段の定めがない限り、第十四条に定める割合による。
（議事）	（議事）
第三十九条　敷地共有者等集会の議事は、特別措置法に別段の定めがない限り、議決権の過半数で決する。	第三十九条　集会の議事は、この法律又は規約に別段の定めがない限り、区分所有者及び議決権の各過半数で決する。
2　議決権は、書面で、又は代理人によつ	2　議決権は、書面で、又は代理人によつ

読　替　後	読　替　前
て行使することができる。	て行使することができる。
３　敷地共有者等は、敷地共有者等集会の決議により、前項の規定による書面による議決権の行使に代えて、電磁的方法（電子情報処理組織を使用する方法その他の情報通信の技術を利用する方法であつて法務省令で定めるものをいう。以下同じ。）によつて議決権を行使することができる。	３　区分所有者は、規約又は集会の決議により、前項の規定による書面による議決権の行使に代えて、電磁的方法（電子情報処理組織を使用する方法その他の情報通信の技術を利用する方法であつて法務省令で定めるものをいう。以下同じ。）によつて議決権を行使することができる。
（議決権行使者の指定）	（議決権行使者の指定）
第四十条　一の専有部分を所有するための敷地利用権に係る敷地共有持分等を数人で有するときは、共有者は、議決権を行使すべき者一人を定めなければならない。	第四十条　専有部分が数人の共有に属するときは、共有者は、議決権を行使すべき者一人を定めなければならない。
（議長）	（議長）
第四十一条　敷地共有者等集会においては、別段の決議をした場合を除いて、管理者又は敷地共有者等集会を招集した敷地共有者等の一人が議長となる。	第四十一条　集会においては、規約に別段の定めがある場合及び別段の決議をした場合を除いて、管理者又は集会を招集した区分所有者の一人が議長となる。
（議事録）	（議事録）
第四十二条　敷地共有者等集会の議事については、議長は、書面又は電磁的記録により、議事録を作成しなければならない。	第四十二条　集会の議事については、議長は、書面又は電磁的記録により、議事録を作成しなければならない。
２　議事録には、議事の経過の要領及びその結果を記載し、又は記録しなければならない。	２　議事録には、議事の経過の要領及びその結果を記載し、又は記録しなければならない。
３　前項の場合において、議事録が書面で作成されているときは、議長及び敷地共有者等集会に出席した敷地共有者等の二人がこれに署名押印しなければならない。	３　前項の場合において、議事録が書面で作成されているときは、議長及び集会に出席した区分所有者の二人がこれに署名押印しなければならない。
４　第二項の場合において、議事録が電磁的記録で作成されているときは、当該電磁的記録に記録された情報については、議長及び敷地共有者等集会に出席した敷	４　第二項の場合において、議事録が電磁的記録で作成されているときは、当該電磁的記録に記録された情報については、議長及び集会に出席した区分所有者の二

読替後	読替前
地共有者等の二人が行う法務省令で定める署名押印に代わる措置を執らなければならない。	人が行う法務省令で定める署名押印に代わる措置を執らなければならない。
5　（準用しない）	5　第三十三条の規定は、議事録について準用する。
（事務の報告）	（事務の報告）
第四十三条　（準用しない）	第四十三条　管理者は、集会において、毎年一回一定の時期に、その事務に関する報告をしなければならない。
（占有者の意見陳述権）	（占有者の意見陳述権）
第四十四条　（準用しない）	第四十四条　区分所有者の承諾を得て専有部分を占有する者は、会議の目的たる事項につき利害関係を有する場合には、集会に出席して意見を述べることができる。 2　前項に規定する場合には、集会を招集する者は、第三十五条の規定により招集の通知を発した後遅滞なく、集会の日時、場所及び会議の目的たる事項を建物内の見やすい場所に掲示しなければならない。
（書面又は電磁的方法による決議）	（書面又は電磁的方法による決議）
第四十五条　特別措置法により敷地共有者等集会において決議をすべき場合において、敷地共有者等全員の承諾があるときは、書面又は電磁的方法による決議をすることができる。ただし、電磁的方法による決議に係る敷地共有者等の承諾については、法務省令で定めるところによらなければならない。	第四十五条　この法律又は規約により集会において決議をすべき場合において、区分所有者全員の承諾があるときは、書面又は電磁的方法による決議をすることができる。ただし、電磁的方法による決議に係る区分所有者の承諾については、法務省令で定めるところによらなければならない。
2　特別措置法により敷地共有者等集会において決議すべきものとされた事項については、敷地共有者等全員の書面又は電磁的方法による合意があつたときは、書面又は電磁的方法による決議があつたものとみなす。	2　この法律又は規約により集会において決議すべきものとされた事項については、区分所有者全員の書面又は電磁的方法による合意があつたときは、書面又は電磁的方法による決議があつたものとみなす。
3　特別措置法により敷地共有者等集会に	3　この法律又は規約により集会において

読替後	読替前
おいて決議すべきものとされた事項についての書面又は電磁的方法による決議は、敷地共有者等集会の決議と同一の効力を有する。	決議すべきものとされた事項についての書面又は電磁的方法による決議は、集会の決議と同一の効力を有する。
4　（準用しない）	4　第三十三条の規定は、書面又は電磁的方法による決議に係る書面並びに第一項及び第二項の電磁的方法が行われる場合に当該電磁的方法により作成される電磁的記録について準用する。
5　敷地共有者等集会に関する規定は、書面又は電磁的方法による決議について準用する。	5　集会に関する規定は、書面又は電磁的方法による決議について準用する。
（規約及び集会の決議の効力）	（規約及び集会の決議の効力）
第四十六条　敷地共有者等集会の決議は、敷地共有者等の特定承継人に対しても、その効力を生ずる。	第四十六条　規約及び集会の決議は、区分所有者の特定承継人に対しても、その効力を生ずる。
2　（準用しない）	2　占有者は、建物又はその敷地若しくは附属施設の使用方法につき、区分所有者が規約又は集会の決議に基づいて負う義務と同一の義務を負う。

◎　【再建決議関係】第四条第七項による前条第一項において準用する区分所有法第三十五条第一項本文、第二項及び第三項並びに第三十六条並びに前条第二項及び第三項の規定の準用読替え

（傍線の部分は準用（二重線は読替規定による）読替部分）

読　替　後	読　替　前
【第三条第一項による読替後の区分所有法】 （招集の通知） 第三十五条　被災区分所有建物の再建等に関する特別措置法第四条第六項の説明会の招集の通知は、会日より少なくとも一週間前に、会議の目的たる事項を示して、各敷地共有者等に発しなければならない。（ただし書は、準用しない） ２　一の専有部分を所有するための敷地利用権に係る敷地共有持分等を数人で有するときは、前項の通知は、第四十条の規定により定められた議決権を行使すべき者（その者がないときは、共有者の一人）にすれば足りる。 ３　第一項の通知は、敷地共有者等が管理者に対して通知を受けるべき場所を通知したときはその場所にあててすれば足りる。この場合には、同項の通知は、通常それが到達すべき時に到達したものとみなす。 ４、５　（準用しない） （招集手続の省略） 第三十六条　被災区分所有建物の再建等に関する特別措置法第四条第六項の説明会は、敷地共有者等全員の同意があるときは、招集の手続を経ないで開くことができる。 【特別措置法】 （敷地共有者等が置く管理者及び敷地共有者等集会に関する区分所有法の準用等） 第三条　（準用しない）	【第三条第一項による読替後の区分所有法】 （招集の通知） 第三十五条　敷地共有者等集会の招集の通知は、会日より少なくとも一週間前に、会議の目的たる事項を示して、各敷地共有者等に発しなければならない。（ただし書は、準用しない） ２　一の専有部分を所有するための敷地利用権に係る敷地共有持分等を数人で有するときは、前項の通知は、第四十条の規定により定められた議決権を行使すべき者（その者がないときは、共有者の一人）にすれば足りる。 ３　第一項の通知は、敷地共有者等が管理者に対して通知を受けるべき場所を通知したときはその場所にあててすれば足りる。この場合には、同項の通知は、通常それが到達すべき時に到達したものとみなす。 ４、５　（略） （招集手続の省略） 第三十六条　敷地共有者等集会は、敷地共有者等全員の同意があるときは、招集の手続を経ないで開くことができる。 【特別措置法】 （敷地共有者等が置く管理者及び敷地共有者等集会に関する区分所有法の準用等） 第三条　（略）

読　替　後	読　替　前
２　次条第六項の説明会を招集する者が敷地共有者等（次条第七項において準用する前項において準用する区分所有法第三十五条第三項の規定により通知を受けるべき場所を通知したものを除く。）の所在を知ることができないときは、同条第一項の通知は、滅失した区分所有建物に係る建物の敷地（区分所有法第二条第五項に規定する建物の敷地をいう。以下同じ。）内の見やすい場所に掲示してすることができる。	２　敷地共有者等集会を招集する者が敷地共有者等（前項において準用する区分所有法第三十五条第三項の規定により通知を受けるべき場所を通知したものを除く。）の所在を知ることができないときは、同条第一項の通知は、滅失した区分所有建物に係る建物の敷地（区分所有法第二条第五項に規定する建物の敷地をいう。以下同じ。）内の見やすい場所に掲示してすることができる。
３　前項の場合には、当該通知は、同項の規定による掲示をした時に到達したものとみなす。ただし、次条第六項の説明会を招集する者が当該敷地共有者等の所在を知らないことについて過失があったときは、到達の効力を生じない。	３　前項の場合には、当該通知は、同項の規定による掲示をした時に到達したものとみなす。ただし、敷地共有者等集会を招集する者が当該敷地共有者等の所在を知らないことについて過失があったときは、到達の効力を生じない。

◎　【再建決議関係】第四条第九項による区分所有法第六十三条及び第六十四条の規定の準用読替え

（傍線の部分は準用（二重線は読替規定による）読替部分）

読　替　後	読　替　前
（区分所有権等の売渡し請求等） 第六十三条　再建決議があつたときは、敷地共有者等集会を招集した者は、遅滞なく、再建決議に賛成しなかつた敷地共有者等（被災区分所有建物の再建等に関する特別措置法（以下「特別措置法」という。）第二条に規定する敷地共有者等をいう。以下同じ。）（その承継人を含む。）に対し、再建決議の内容により再建に参加するか否かを回答すべき旨を書面で催告しなければならない。	（区分所有権等の売渡し請求等） 第六十三条　建替え決議があつたときは、集会を招集した者は、遅滞なく、建替え決議に賛成しなかつた区分所有者（その承継人を含む。）に対し、建替え決議の内容により建替えに参加するか否かを回答すべき旨を書面で催告しなければならない。
2　前項に規定する敷地共有者等は、同項の規定による催告を受けた日から二月以内に回答しなければならない。	2　前項に規定する区分所有者は、同項の規定による催告を受けた日から二月以内に回答しなければならない。
3　前項の期間内に回答しなかつた第一項に規定する敷地共有者等は、再建に参加しない旨を回答したものとみなす。	3　前項の期間内に回答しなかつた第一項に規定する区分所有者は、建替えに参加しない旨を回答したものとみなす。
4　第二項の期間が経過したときは、再建決議に賛成した各敷地共有者等若しくは再建決議の内容により再建に参加する旨を回答した各敷地共有者等（これらの者の承継人を含む。）又はこれらの者の全員の合意により敷地共有持分等（特別措置法第二条に規定する敷地共有持分等をいう。以下同じ。）を買い受けることができる者として指定された者（以下「買受指定者」という。）は、同項の期間の満了の日から二月以内に、再建に参加しない旨を回答した敷地共有者等（その承継人を含む。）に対し、敷地共有持分等を時価で売り渡すべきことを請求することができる。（後段は、準用しない）	4　第二項の期間が経過したときは、建替え決議に賛成した各区分所有者若しくは建替え決議の内容により建替えに参加する旨を回答した各区分所有者（これらの者の承継人を含む。）又はこれらの者の全員の合意により区分所有権及び敷地利用権を買い受けることができる者として指定された者（以下「買受指定者」という。）は、同項の期間の満了の日から二月以内に、建替えに参加しない旨を回答した区分所有者（その承継人を含む。）に対し、区分所有権及び敷地利用権を時価で売り渡すべきことを請求することができる。建替え決議があつた後にこの区分所有者から敷地利用権のみを取得した者（その承継人を含む。）の敷地利用権についても、同様とする。

読　替　後	読　替　前
５　（準用しない）	５　前項の規定による請求があつた場合において、建替えに参加しない旨を回答した区分所有者が建物の明渡しによりその生活上著しい困難を生ずるおそれがあり、かつ、建替え決議の遂行に甚だしい影響を及ぼさないものと認めるべき顕著な事由があるときは、裁判所は、その者の請求により、代金の支払又は提供の日から一年を超えない範囲内において、建物の明渡しにつき相当の期限を許与することができる。
６　再建決議の日から二年以内に建物の再建の工事に着手しない場合には、第四項の規定により敷地共有持分等を売り渡した者は、この期間の満了の日から六月以内に、買主が支払つた代金に相当する金銭をその敷地共有持分等を現在有する者に提供して、これらの権利を売り渡すべきことを請求することができる。ただし、建物の再建の工事に着手しなかつたことにつき正当な理由があるときは、この限りでない。	６　建替え決議の日から二年以内に建物の取壊しの工事に着手しない場合には、第四項の規定により区分所有権又は敷地利用権を売り渡した者は、この期間の満了の日から六月以内に、買主が支払つた代金に相当する金銭をその区分所有権又は敷地利用権を現在有する者に提供して、これらの権利を売り渡すべきことを請求することができる。ただし、建物の取壊しの工事に着手しなかつたことにつき正当な理由があるときは、この限りでない。
７　前項本文の規定は、同項ただし書に規定する場合において、建物の再建の工事の着手を妨げる理由がなくなつた日から六月以内にその着手をしないときに準用する。この場合において、同項本文中「この期間の満了の日から六月以内に」とあるのは、「建物の再建の工事の着手を妨げる理由がなくなつたことを知つた日から六月又はその理由がなくなつた日から二年のいずれか早い時期までに」と読み替えるものとする。	７　前項本文の規定は、同項ただし書に規定する場合において、建物の取壊しの工事の着手を妨げる理由がなくなつた日から六月以内にその着手をしないときに準用する。この場合において、同項本文中「この期間の満了の日から六月以内に」とあるのは、「建物の取壊しの工事の着手を妨げる理由がなくなつたことを知つた日から六月又はその理由がなくなつた日から二年のいずれか早い時期までに」と読み替えるものとする。
（建替えに関する合意） 第六十四条　再建決議に賛成した各敷地共有者等、再建決議の内容により再建に参	（建替えに関する合意） 第六十四条　建替え決議に賛成した各区分所有者、建替え決議の内容により建替え

読替後	読替前
加する旨を回答した各敷地共有者等及び敷地共有持分等を買い受けた各買受指定者（これらの者の承継人を含む。）は、再建決議の内容により再建を行う旨の合意をしたものとみなす。	に参加する旨を回答した各区分所有者及び区分所有権又は敷地利用権を買い受けた各買受指定者（これらの者の承継人を含む。）は、建替え決議の内容により建替えを行う旨の合意をしたものとみなす。

◎　【敷地売却決議関係】第五条第三項による第四条第四項から第八項まで並びに区分所有法第六十三条第一項から第三項まで、第四項前段、第六項及び第七項並びに第六十四条の規定の準用読替え

（傍線の部分は準用（二重線は読替規定による）読替部分）

読　替　後	読　替　前
【特別措置法】 （再建決議等） 第四条　（準用しない） ２、３　（準用しない） ４　次条第一項に規定する決議事項を会議の目的とする敷地共有者等集会を招集するときは、前条第一項において準用する区分所有法第三十五条第一項本文の通知は、同項の規定にかかわらず、当該敷地共有者等集会の会日より少なくとも二月前に発しなければならない。 ５　前項に規定する場合において、前条第一項において準用する区分所有法第三十五条第一項本文の通知をするときは、同条第五項に規定する議案の要領のほか、売却を必要とする理由をも通知しなければならない。 ６　第四項の敷地共有者等集会を招集した者は、当該敷地共有者等集会の会日より少なくとも一月前までに、当該招集の際に通知すべき事項について敷地共有者等に対し説明を行うための説明会を開催しなければならない。 ７　前項の説明会の開催については、前条第一項において準用する区分所有法第三十五条第一項本文、第二項及び第三項並びに第三十六条並びに前条第二項及び第三項の規定を準用する。 ８　敷地売却決議をした敷地共有者等集会の議事録には、その決議についての各敷地共有者等の賛否をも記載し、又は記録しなければならない。	【特別措置法】 （再建決議等） 第四条　（略） ２、３　（略） ４　第一項に規定する決議事項を会議の目的とする敷地共有者等集会を招集するときは、前条第一項において準用する区分所有法第三十五条第一項本文の通知は、同項の規定にかかわらず、当該敷地共有者等集会の会日より少なくとも二月前に発しなければならない。 ５　前項に規定する場合において、前条第一項において準用する区分所有法第三十五条第一項本文の通知をするときは、同条第五項に規定する議案の要領のほか、再建を必要とする理由をも通知しなければならない。 ６　第四項の敷地共有者等集会を招集した者は、当該敷地共有者等集会の会日より少なくとも一月前までに、当該招集の際に通知すべき事項について敷地共有者等に対し説明を行うための説明会を開催しなければならない。 ７　前項の説明会の開催については、前条第一項において準用する区分所有法第三十五条第一項本文、第二項及び第三項並びに第三十六条並びに前条第二項及び第三項の規定を準用する。 ８　再建決議をした敷地共有者等集会の議事録には、その決議についての各敷地共有者等の賛否をも記載し、又は記録しなければならない。

読　替　後	読　替　前
９　（準用しない） 【区分所有法】 （区分所有権の売渡し請求等） 第六十三条　敷地売却決議があつたときは、敷地共有者等集会を招集した者は、遅滞なく、敷地売却決議に賛成しなかつた敷地共有者等（被災区分所有建物の再建等に関する特別措置法（以下「特別措置法」という。）第二条に規定する敷地共有者等をいう。以下同じ。）（その承継人を含む。）に対し、敷地売却決議の内容により売却に参加するか否かを回答すべき旨を書面で催告しなければならない。	９　（略） 【区分所有法】 （区分所有権等の売渡し請求等） 第六十三条　建替え決議があつたときは、集会を招集した者は、遅滞なく、建替え決議に賛成しなかつた区分所有者（その承継人を含む。）に対し、建替え決議の内容により建替えに参加するか否かを回答すべき旨を書面で催告しなければならない。
２　前項に規定する敷地共有者等は、同項の規定による催告を受けた日から二月以内に回答しなければならない。	２　前項に規定する区分所有者は、同項の規定による催告を受けた日から二月以内に回答しなければならない。
３　前項の期間内に回答しなかつた第一項に規定する敷地共有者等は、売却に参加しない旨を回答したものとみなす。	３　前項の期間内に回答しなかつた第一項に規定する区分所有者は、建替えに参加しない旨を回答したものとみなす。
４　第二項の期間が経過したときは、敷地売却決議に賛成した各敷地共有者等若しくは敷地売却決議の内容により売却に参加する旨を回答した各敷地共有者等（これらの者の承継人を含む。）又はこれらの者の全員の合意により敷地共有持分等（特別措置法第二条に規定する敷地共有持分等をいう。以下同じ。）を買い受けることができる者として指定された者（以下「買受指定者」という。）は、同項の期間の満了の日から二月以内に、売却に参加しない旨を回答した敷地共有者等（その承継人を含む。）に対し、敷地共有持分等を時価で売り渡すべきことを請求することができる。（後段は、準用しない）	４　第二項の期間が経過したときは、建替え決議に賛成した各区分所有者若しくは建替え決議の内容により建替えに参加する旨を回答した各区分所有者（これらの者の承継人を含む。）又はこれらの者の全員の合意により区分所有権及び敷地利用権を買い受けることができる者として指定された者（以下「買受指定者」という。）は、同項の期間の満了の日から二月以内に、建替えに参加しない旨を回答した区分所有者（その承継人を含む。）に対し、区分所有権及び敷地利用権を時価で売り渡すべきことを請求することができる。建替え決議があつた後にこの区分所有者から敷地利用権のみを取得した者（その承継人を含む。）の敷地利用権についても、同様とする。

読替後	読替前
5　（準用しない）	5　前項の規定による請求があつた場合において、建替えに参加しない旨を回答した区分所有者が建物の明渡しによりその生活上著しい困難を生ずるおそれがあり、かつ、建替え決議の遂行に甚だしい影響を及ぼさないものと認めるべき顕著な事由があるときは、裁判所は、その者の請求により、代金の支払又は提供の日から一年を超えない範囲内において、建物の明渡しにつき相当の期限を許与することができる。
6　敷地売却決議の日から二年以内に特別措置法第五条第一項に規定する敷地売却決議に基づく売買契約による敷地共有持分等に係る土地（これに関する権利を含む。）についての権利の移転（以下単に「権利の移転」という。）がない場合には、第四項の規定により敷地共有持分等を売り渡した者は、この期間の満了の日から六月以内に、買主が支払つた代金に相当する金銭をその敷地共有持分等を現在有する者に提供して、これらの権利を売り渡すべきことを請求することができる。ただし、権利の移転がなかつたことにつき正当な理由があるときは、この限りでない。	6　建替え決議の日から二年以内に建物の取壊しの工事に着手しない場合には、第四項の規定により区分所有権又は敷地利用権を売り渡した者は、この期間の満了の日から六月以内に、買主が支払つた代金に相当する金銭をその区分所有権又は敷地利用権を現在有する者に提供して、これらの権利を売り渡すべきことを請求することができる。ただし、建物の取壊しの工事に着手しなかつたことにつき正当な理由があるときは、この限りでない。
7　前項本文の規定は、同項ただし書に規定する場合において、権利の移転を妨げる理由がなくなつた日から六月以内に権利の移転がないときに準用する。この場合において、同項本文中「この期間の満了の日から六月以内に」とあるのは、「権利の移転を妨げる理由がなくなつたことを知つた日から六月又はその理由がなくなつた日から二年のいずれか早い時期までに」と読み替えるものとする。	7　前項本文の規定は、同項ただし書に規定する場合において、建物の取壊しの工事の着手を妨げる理由がなくなつた日から六月以内にその着手をしないときに準用する。この場合において、同項本文中「この期間の満了の日から六月以内に」とあるのは、「建物の取壊しの工事の着手を妨げる理由がなくなつたことを知つた日から六月又はその理由がなくなつた日から二年のいずれか早い時期までに」と読み替えるものとする。

読替後	読替前
（建替えに関する合意） 第六十四条　敷地売却決議に賛成した各敷地共有者等、敷地売却決議の内容により売却に参加する旨を回答した各敷地共有者等及び敷地共有持分等を買い受けた各買受指定者（これらの者の承継人を含む。）は、敷地売却決議の内容により売却を行う旨の合意をしたものとみなす。	（建替えに関する合意） 第六十四条　建替え決議に賛成した各区分所有者、建替え決議の内容により建替えに参加する旨を回答した各区分所有者及び区分所有権又は敷地利用権を買い受けた各買受指定者（これらの者の承継人を含む。）は、建替え決議の内容により建替えを行う旨の合意をしたものとみなす。

◎【敷地共有持分等に係る土地等の分割請求に関する特例関係】第六条第二項後段による同条第一項ただし書の規定の準用読替え

（傍線の部分は準用（二重線は読替規定による）読替部分）

読　替　後	読　替　前
（敷地共有持分等に係る土地等の分割請求に関する特例） 第六条　（本文は準用しない）ただし、五分の一を超える議決権を有する敷地共有者等が分割の請求をする場合その他再建決議、敷地売却決議又は第十八条第一項の決議をすることができないと認められる顕著な事由がある場合は、この限りでない。 ２　（準用しない）	（敷地共有持分等に係る土地等の分割請求に関する特例） 第六条　（本文略）ただし、五分の一を超える議決権を有する敷地共有者等が分割の請求をする場合その他再建決議、敷地売却決議又は第十八条第一項の決議をすることができないと認められる顕著な事由がある場合は、この限りでない。 ２　（略）

◎　**【建物敷地売却決議関係】第九条第七項による区分所有法第三十五条第一項本文及び第二項並びに第三十六条並びに前条第二項から第四項までの規定の準用読替え**

（傍線の部分は準用（二重線は読替規定による）読替部分）

読　替　後	読　替　前
【区分所有法】 （招集の通知） 第三十五条　被災区分所有建物の再建等に関する特別措置法第九条第六項の説明会の招集の通知は、会日より少なくとも一週間前に、会議の目的たる事項を示して、各区分所有者に発しなければならない。（ただし書は、準用しない） ２　専有部分が数人の共有に属するときは、前項の通知は、第四十条の規定により定められた議決権を行使すべき者（その者がないときは、共有者の一人）にすれば足りる。 ３～５　（準用しない） （招集手続の省略） 第三十六条　被災区分所有建物の再建等に関する特別措置法第九条第六項の説明会は、区分所有者全員の同意があるときは、招集の手続を経ないで開くことができる。	【区分所有法】 （招集の通知） 第三十五条　集会の招集の通知は、会日より少なくとも一週間前に、会議の目的たる事項を示して、各区分所有者に発しなければならない。ただし、この期間は、規約で伸縮することができる。 ２　専有部分が数人の共有に属するときは、前項の通知は、第四十条の規定により定められた議決権を行使すべき者（その者がないときは、共有者の一人）にすれば足りる。 ３～５　（略） （招集手続の省略） 第三十六条　集会は、区分所有者全員の同意があるときは、招集の手続を経ないで開くことができる。
【特別措置法】 （区分所有建物の一部が滅失した場合における区分所有者集会の招集の通知に関する特例） 第八条　（準用しない） ２　次条第六項の説明会の招集の通知は、区分所有者が災害が発生した時以後に管理者に対して通知を受けるべき場所を通知したときは、その場所に宛ててすれば足りる。この場合には、次条第六項の説明会の招集の通知は、通常それが到達すべき時に到達したものとみなす。 ３　区分所有者集会を招集する者が区分所	【特別措置法】 （区分所有建物の一部が滅失した場合における区分所有者集会の招集の通知に関する特例） 第八条　（略） ２　前項の通知は、区分所有者が災害が発生した時以後に管理者に対して通知を受けるべき場所を通知したときは、その場所に宛ててすれば足りる。この場合には、同項の通知は、通常それが到達すべき時に到達したものとみなす。 ３　区分所有者集会を招集する者が区分所

読替後	読替前
有者（前項の規定により通知を受けるべき場所を通知したものを除く。）の所在を知ることができないときは、次条第六項の説明会の招集の通知は、当該区分所有建物又はその敷地内の見やすい場所に掲示してすることができる。	有者（前項の規定により通知を受けるべき場所を通知したものを除く。）の所在を知ることができないときは、第一項の通知は、当該区分所有建物又はその敷地内の見やすい場所に掲示してすることができる。
4　前項の場合には、第一項の通知は、前項の規定による掲示をした時に到達したものとみなす。ただし、次条第六項の説明会を招集する者が当該区分所有者の所在を知らないことについて過失があったときは、到達の効力を生じない。	4　前項の場合には、第一項の通知は、前項の規定による掲示をした時に到達したものとみなす。ただし、区分所有者集会を招集する者が当該区分所有者の所在を知らないことについて過失があったときは、到達の効力を生じない。
5　（準用しない）	5　（略）

◎　**【建物敷地売却決議関係】第九条第九項による区分所有法第六十三条第一項から第四項まで、第六項及び第七項並びに第六十四条の規定の準用読替え**

（傍線の部分は準用（二重線は読替規定による）読替部分）

読　替　後	読　替　前
（区分所有権等の売渡し請求等） 第六十三条　建物敷地売却決議があつたときは、区分所有者集会を招集した者は、遅滞なく、建物敷地売却決議に賛成しなかつた区分所有者（その承継人を含む。）に対し、建物敷地売却決議の内容により売却に参加するか否かを回答すべき旨を書面で催告しなければならない。	（区分所有権等の売渡し請求等） 第六十三条　建替え決議があつたときは、集会を招集した者は、遅滞なく、建替え決議に賛成しなかつた区分所有者（その承継人を含む。）に対し、建替え決議の内容により建替えに参加するか否かを回答すべき旨を書面で催告しなければならない。
2　前項に規定する区分所有者は、同項の規定による催告を受けた日から二月以内に回答しなければならない。	2　前項に規定する区分所有者は、同項の規定による催告を受けた日から二月以内に回答しなければならない。
3　前項の期間内に回答しなかつた第一項に規定する区分所有者は、売却に参加しない旨を回答したものとみなす。	3　前項の期間内に回答しなかつた第一項に規定する区分所有者は、建替えに参加しない旨を回答したものとみなす。
4　第二項の期間が経過したときは、建物敷地売却決議に賛成した各区分所有者若しくは建物敷地売却決議の内容により売却に参加する旨を回答した各区分所有者（これらの者の承継人を含む。）又はこれらの者の全員の合意により区分所有権及び敷地利用権を買い受けることができる者として指定された者（以下「買受指定者」という。）は、同項の期間の満了の日から二月以内に、売却に参加しない旨を回答した区分所有者（その承継人を含む。）に対し、区分所有権及び敷地利用権を時価で売り渡すべきことを請求することができる。建物敷地売却決議があつた後にこの区分所有者から敷地利用権のみを取得した者（その承継人を含む。）の敷地利用権についても、同様とする。	4　第二項の期間が経過したときは、建替え決議に賛成した各区分所有者若しくは建替え決議の内容により建替えに参加する旨を回答した各区分所有者（これらの者の承継人を含む。）又はこれらの者の全員の合意により区分所有権及び敷地利用権を買い受けることができる者として指定された者（以下「買受指定者」という。）は、同項の期間の満了の日から二月以内に、建替えに参加しない旨を回答した区分所有者（その承継人を含む。）に対し、区分所有権及び敷地利用権を時価で売り渡すべきことを請求することができる。建替え決議があつた後にこの区分所有者から敷地利用権のみを取得した者（その承継人を含む。）の敷地利用権についても、同様とする。
5　（準用しない）	5　前項の規定による請求があつた場合において、建替えに参加しない旨を回答した区分所有者が建物の明渡しによりその

読　替　後	読　替　前
	生活上著しい困難を生ずるおそれがあり、かつ、建替え決議の遂行に甚だしい影響を及ぼさないものと認めるべき顕著な事由があるときは、裁判所は、その者の請求により、代金の支払又は提供の日から一年を超えない範囲内において、建物の明渡しにつき相当の期限を許与することができる。
6　建物敷地売却決議の日から二年以内に被災区分所有建物の再建等に関する特別措置法第九条第一項に規定する建物敷地売却決議に基づく売買契約による区分所有建物及びその敷地（これに関する権利を含む。）についての権利の移転（以下単に「権利の移転」という。）がない場合には、第四項の規定により区分所有権又は敷地利用権を売り渡した者は、この期間の満了の日から六月以内に、買主が支払つた代金に相当する金銭をその区分所有権又は敷地利用権を現在有する者に提供して、これらの権利を売り渡すべきことを請求することができる。ただし、権利の移転がなかつたことにつき正当な理由があるときは、この限りでない。	6　建替え決議の日から二年以内に建物の取壊しの工事に着手しない場合には、第四項の規定により区分所有権又は敷地利用権を売り渡した者は、この期間の満了の日から六月以内に、買主が支払つた代金に相当する金銭をその区分所有権又は敷地利用権を現在有する者に提供して、これらの権利を売り渡すべきことを請求することができる。ただし、建物の取壊しの工事に着手しなかつたことにつき正当な理由があるときは、この限りでない。
7　前項本文の規定は、同項ただし書に規定する場合において、権利の移転を妨げる理由がなくなつた日から六月以内に権利の移転がないときに準用する。この場合において、同項本文中「この期間の満了の日から六月以内に」とあるのは、「権利の移転を妨げる理由がなくなつたことを知つた日から六月又はその理由がなくなつた日から二年のいずれか早い時期までに」と読み替えるものとする。	7　前項本文の規定は、同項ただし書に規定する場合において、建物の取壊しの工事の着手を妨げる理由がなくなつた日から六月以内にその着手をしないときに準用する。この場合において、同項本文中「この期間の満了の日から六月以内に」とあるのは、「建物の取壊しの工事の着手を妨げる理由がなくなつたことを知つた日から六月又はその理由がなくなつた日から二年のいずれか早い時期までに」と読み替えるものとする。

読　替　後	読　替　前
（建替えに関する合意） 第六十四条　建物敷地売却決議に賛成した各区分所有者、建物敷地売却決議の内容により売却に参加する旨を回答した各区分所有者及び区分所有権又は敷地利用権を買い受けた各買受指定者（これらの者の承継人を含む。）は、建物敷地売却決議の内容により売却を行う旨の合意をしたものとみなす。	（建替えに関する合意） 第六十四条　建替え決議に賛成した各区分所有者、建替え決議の内容により建替えに参加する旨を回答した各区分所有者及び区分所有権又は敷地利用権を買い受けた各買受指定者（これらの者の承継人を含む。）は、建替え決議の内容により建替えを行う旨の合意をしたものとみなす。

◎ **【建物取壊し敷地売却決議関係】第十条第三項による第九条第三項から第八項まで並びに区分所有法第六十三条第一項から第四項まで、第六項及び第七項並びに第六十四条の規定の準用読替え**

（傍線の部分は準用（二重線は読替規定による）読替部分）

読　替　後	読　替　前
【特別措置法】 （建物敷地売却決議等） 第九条　（準用しない） 2　（準用しない） 3　次条第二項第二号の事項は、各区分所有者の衡平を害しないように定めなければならない。 4　次条第一項に規定する決議事項を会議の目的とする区分所有者集会を招集するときは、区分所有法第三十五条第一項の通知は、同項の規定にかかわらず、当該区分所有者集会の会日より少なくとも二月前に発しなければならない。 5　前項に規定する場合において、区分所有法第三十五条第一項の通知をするときは、前条第五項に規定する議案の要領のほか、次の事項をも通知しなければならない。 一　区分所有建物の取壊し及びこれに係る建物の敷地（これに関する権利を含む。）の売却を必要とする理由 二　復旧又は建替えをしない理由 三　復旧に要する費用の概算額 6　第四項の区分所有者集会を招集した者は、当該区分所有者集会の会日より少なくとも一月前までに、当該招集の際に通知すべき事項について区分所有者に対し説明を行うための説明会を開催しなければならない。 7　前項の説明会の招集の通知その他の説明会の開催については、区分所有法第三十五条第一項本文及び第二項並びに第三十六条並びに前条第二項から第四項まで	【特別措置法】 （建物敷地売却決議等） 第九条　（略） 2　（略） 3　前項第三号の事項は、各区分所有者の衡平を害しないように定めなければならない。 4　第一項に規定する決議事項を会議の目的とする区分所有者集会を招集するときは、区分所有法第三十五条第一項の通知は、同項の規定にかかわらず、当該区分所有者集会の会日より少なくとも二月前に発しなければならない。 5　前項に規定する場合において、区分所有法第三十五条第一項の通知をするときは、前条第五項に規定する議案の要領のほか、次の事項をも通知しなければならない。 一　売却を必要とする理由 二　復旧又は建替えをしない理由 三　復旧に要する費用の概算額 6　第四項の区分所有者集会を招集した者は、当該区分所有者集会の会日より少なくとも一月前までに、当該招集の際に通知すべき事項について区分所有者に対し説明を行うための説明会を開催しなければならない。 7　前項の説明会の招集の通知その他の説明会の開催については、区分所有法第三十五条第一項本文及び第二項並びに第三十六条並びに前条第二項から第四項まで

読　替　後	読　替　前
の規定を準用する。	の規定を準用する。
8　建物取壊し敷地売却決議をした区分所有者集会の議事録には、その決議についての各区分所有者の賛否をも記載し、又は記録しなければならない。	8　建物敷地売却決議をした区分所有者集会の議事録には、その決議についての各区分所有者の賛否をも記載し、又は記録しなければならない。
9　（準用しない）	9　（略）
【区分所有法】	【区分所有法】
（区分所有権等の売渡し請求等）	（区分所有権等の売渡し請求等）
第六十三条　建物取壊し敷地売却決議があつたときは、区分所有者集会を招集した者は、遅滞なく、建物取壊し敷地売却決議に賛成しなかつた区分所有者（その承継人を含む。）に対し、建物取壊し敷地売却決議の内容により区分所有建物の取壊し及びこれに係る建物の敷地（これに関する権利を含む。）の売却に参加するか否かを回答すべき旨を書面で催告しなければならない。	第六十三条　建替え決議があつたときは、集会を招集した者は、遅滞なく、建替え決議に賛成しなかつた区分所有者（その承継人を含む。）に対し、建替え決議の内容により建替えに参加するか否かを回答すべき旨を書面で催告しなければならない。
2　前項に規定する区分所有者は、同項の規定による催告を受けた日から二月以内に回答しなければならない。	2　前項に規定する区分所有者は、同項の規定による催告を受けた日から二月以内に回答しなければならない。
3　前項の期間内に回答しなかつた第一項に規定する区分所有者は、区分所有建物の取壊し及びこれに係る建物の敷地（これに関する権利を含む。）の売却に参加しない旨を回答したものとみなす。	3　前項の期間内に回答しなかつた第一項に規定する区分所有者は、建替えに参加しない旨を回答したものとみなす。
4　第二項の期間が経過したときは、建物取壊し敷地売却決議に賛成した各区分所有者若しくは建物取壊し敷地売却決議の内容により区分所有建物の取壊し及びこれに係る建物の敷地（これに関する権利を含む。）の売却に参加する旨を回答した各区分所有者（これらの者の承継人を含む。）又はこれらの者の全員の合意により区分所有権及び敷地利用権を買い受けることができる者として指定された者（以下「買受指定者」という。）は、同項	4　第二項の期間が経過したときは、建替え決議に賛成した各区分所有者若しくは建替え決議の内容により建替えに参加する旨を回答した各区分所有者（これらの者の承継人を含む。）又はこれらの者の全員の合意により区分所有権及び敷地利用権を買い受けることができる者として指定された者（以下「買受指定者」という。）は、同項の期間の満了の日から二月以内に、建替えに参加しない旨を回答した区分所有者（その承継人を含む。）

読替後	読替前
の期間の満了の日から二月以内に、区分所有建物の取壊し及びこれに係る建物の敷地（これに関する権利を含む。）の売却に参加しない旨を回答した区分所有者（その承継人を含む。）に対し、区分所有権及び敷地利用権を時価で売り渡すべきことを請求することができる。建物取壊し敷地売却決議があつた後にこの区分所有者から敷地利用権のみを取得した者（その承継人を含む。）の敷地利用権についても、同様とする。	に対し、区分所有権及び敷地利用権を時価で売り渡すべきことを請求することができる。建替え決議があつた後にこの区分所有者から敷地利用権のみを取得した者（その承継人を含む。）の敷地利用権についても、同様とする。
5　（準用しない）	5　前項の規定による請求があつた場合において、建替えに参加しない旨を回答した区分所有者が建物の明渡しによりその生活上著しい困難を生ずるおそれがあり、かつ、建替え決議の遂行に甚だしい影響を及ぼさないものと認めるべき顕著な事由があるときは、裁判所は、その者の請求により、代金の支払又は提供の日から一年を超えない範囲内において、建物の明渡しにつき相当の期限を許与することができる。
6　建物取壊し敷地売却決議の日から二年以内に区分所有建物の取壊しの工事に着手しない場合には、第四項の規定により区分所有権又は敷地利用権を売り渡した者は、この期間の満了の日から六月以内に、買主が支払つた代金に相当する金銭をその区分所有権又は敷地利用権を現在有する者に提供して、これらの権利を売り渡すべきことを請求することができる。ただし、区分所有建物の取壊しの工事に着手しなかつたことにつき正当な理由があるときは、この限りでない。	6　建替え決議の日から二年以内に建物の取壊しの工事に着手しない場合には、第四項の規定により区分所有権又は敷地利用権を売り渡した者は、この期間の満了の日から六月以内に、買主が支払つた代金に相当する金銭をその区分所有権又は敷地利用権を現在有する者に提供して、これらの権利を売り渡すべきことを請求することができる。ただし、建物の取壊しの工事に着手しなかつたことにつき正当な理由があるときは、この限りでない。
7　前項本文の規定は、同項ただし書に規定する場合において、区分所有建物の取壊しの工事の着手を妨げる理由がなくな	7　前項本文の規定は、同項ただし書に規定する場合において、建物の取壊しの工事の着手を妨げる理由がなくなつた日か

読　替　後	読　替　前
つた日から六月以内にその着手をしないときに準用する。この場合において、同項本文中「この期間の満了の日から六月以内に」とあるのは、「区分所有建物の取壊しの工事の着手を妨げる理由がなくなつたことを知つた日から六月又はその理由がなくなつた日から二年のいずれか早い時期までに」と読み替えるものとする。	ら六月以内にその着手をしないときに準用する。この場合において、同項本文中「この期間の満了の日から六月以内に」とあるのは、「建物の取壊しの工事の着手を妨げる理由がなくなつたことを知つた日から六月又はその理由がなくなつた日から二年のいずれか早い時期までに」と読み替えるものとする。
（建替えに関する合意） 第六十四条　建物取壊し敷地売却決議に賛成した各区分所有者、建物取壊し敷地売却決議の内容により区分所有建物の取壊し及びこれに係る建物の敷地（これに関する権利を含む。）の売却に参加する旨を回答した各区分所有者並びに区分所有権又は敷地利用権を買い受けた各買受指定者（これらの者の承継人を含む。）は、建物取壊し敷地売却決議の内容により区分所有建物の取壊し及びこれに係る建物の敷地（これに関する権利を含む。）の売却を行う旨の合意をしたものとみなす。	（建替えに関する合意） 第六十四条　建替え決議に賛成した各区分所有者、建替え決議の内容により建替えに参加する旨を回答した各区分所有者及び区分所有権又は敷地利用権を買い受けた各買受指定者（これらの者の承継人を含む。）は、建替え決議の内容により建替えを行う旨の合意をしたものとみなす。

◎ **【取壊し決議関係】第十一条第三項による第九条第三項から第八項まで並びに区分所有法第六十三条第一項から第四項まで、第六項及び第七項並びに第六十四条の規定の準用読替え**

（傍線の部分は準用（二重線は読替規定による）読替部分）

読　替　後	読　替　前
【特別措置法】 （建物敷地売却決議等） 第九条　（準用しない） 2　（準用しない） 3　第十一条第二項第二号の事項は、各区分所有者の衡平を害しないように定めなければならない。 4　第十一条第一項に規定する決議事項を会議の目的とする区分所有者集会を招集するときは、区分所有法第三十五条第一項の通知は、同項の規定にかかわらず、当該区分所有者集会の会日より少なくとも二月前に発しなければならない。 5　前項に規定する場合において、区分所有法第三十五条第一項の通知をするときは、前条第五項に規定する議案の要領のほか、次の事項をも通知しなければならない。 一　取壊しを必要とする理由 二　復旧又は建替えをしない理由 三　復旧に要する費用の概算額 6　第四項の区分所有者集会を招集した者は、当該区分所有者集会の会日より少なくとも一月前までに、当該招集の際に通知すべき事項について区分所有者に対し説明を行うための説明会を開催しなければならない。 7　前項の説明会の招集の通知その他の説明会の開催については、区分所有法第三十五条第一項本文及び第二項並びに第三十六条並びに前条第二項から第四項までの規定を準用する。	【特別措置法】 （建物敷地売却決議等） 第九条　（略） 2　（略） 3　前項第三号の事項は、各区分所有者の衡平を害しないように定めなければならない。 4　第一項に規定する決議事項を会議の目的とする区分所有者集会を招集するときは、区分所有法第三十五条第一項の通知は、同項の規定にかかわらず、当該区分所有者集会の会日より少なくとも二月前に発しなければならない。 5　前項に規定する場合において、区分所有法第三十五条第一項の通知をするときは、前条第五項に規定する議案の要領のほか、次の事項をも通知しなければならない。 一　売却を必要とする理由 二　復旧又は建替えをしない理由 三　復旧に要する費用の概算額 6　第四項の区分所有者集会を招集した者は、当該区分所有者集会の会日より少なくとも一月前までに、当該招集の際に通知すべき事項について区分所有者に対し説明を行うための説明会を開催しなければならない。 7　前項の説明会の招集の通知その他の説明会の開催については、区分所有法第三十五条第一項本文及び第二項並びに第三十六条並びに前条第二項から第四項までの規定を準用する。

読　替　後	読　替　前
8　第十一条第一項に規定する取壊し決議をした区分所有者集会の議事録には、その決議についての各区分所有者の賛否をも記載し、又は記録しなければならない。	8　建物敷地売却決議をした区分所有者集会の議事録には、その決議についての各区分所有者の賛否をも記載し、又は記録しなければならない。
9　（準用しない）	9　（略）
【区分所有法】	【区分所有法】
（区分所有権等の売渡し請求等）	（区分所有権等の売渡し請求等）
第六十三条　取壊し決議があつたときは、区分所有者集会を招集した者は、遅滞なく、取壊し決議に賛成しなかつた区分所有者（その承継人を含む。）に対し、取壊し決議の内容により取壊しに参加するか否かを回答すべき旨を書面で催告しなければならない。	第六十三条　建替え決議があつたときは、集会を招集した者は、遅滞なく、建替え決議に賛成しなかつた区分所有者（その承継人を含む。）に対し、建替え決議の内容により建替えに参加するか否かを回答すべき旨を書面で催告しなければならない。
2　前項に規定する区分所有者は、同項の規定による催告を受けた日から二月以内に回答しなければならない。	2　前項に規定する区分所有者は、同項の規定による催告を受けた日から二月以内に回答しなければならない。
3　前項の期間内に回答しなかつた第一項に規定する区分所有者は、取壊しに参加しない旨を回答したものとみなす。	3　前項の期間内に回答しなかつた第一項に規定する区分所有者は、建替えに参加しない旨を回答したものとみなす。
4　第二項の期間が経過したときは、取壊し決議に賛成した各区分所有者若しくは取壊し決議の内容により取壊しに参加する旨を回答した各区分所有者（これらの者の承継人を含む。）又はこれらの者の全員の合意により区分所有権及び敷地利用権を買い受けることができる者として指定された者（以下「買受指定者」という。）は、同項の期間の満了の日から二月以内に、取壊しに参加しない旨を回答した区分所有者（その承継人を含む。）に対し、区分所有権及び敷地利用権を時価で売り渡すべきことを請求することができる。取壊し決議があつた後にこの区分所有者から敷地利用権のみを取得した者（その承継人を含む。）の敷地利用権	4　第二項の期間が経過したときは、建替え決議に賛成した各区分所有者若しくは建替え決議の内容により建替えに参加する旨を回答した各区分所有者（これらの者の承継人を含む。）又はこれらの者の全員の合意により区分所有権及び敷地利用権を買い受けることができる者として指定された者（以下「買受指定者」という。）は、同項の期間の満了の日から二月以内に、建替えに参加しない旨を回答した区分所有者（その承継人を含む。）に対し、区分所有権及び敷地利用権を時価で売り渡すべきことを請求することができる。建替え決議があつた後にこの区分所有者から敷地利用権のみを取得した者（その承継人を含む。）の敷地利用権

読　替　後	読　替　前
についても、同様とする。	についても、同様とする。
5　（準用しない）	5　前項の規定による請求があつた場合において、建替えに参加しない旨を回答した区分所有者が建物の明渡しによりその生活上著しい困難を生ずるおそれがあり、かつ、建替え決議の遂行に甚だしい影響を及ぼさないものと認めるべき顕著な事由があるときは、裁判所は、その者の請求により、代金の支払又は提供の日から一年を超えない範囲内において、建物の明渡しにつき相当の期限を許与することができる。
6　取壊し決議の日から二年以内に区分所有建物の取壊しの工事に着手しない場合には、第四項の規定により区分所有権又は敷地利用権を売り渡した者は、この期間の満了の日から六月以内に、買主が支払つた代金に相当する金銭をその区分所有権又は敷地利用権を現在有する者に提供して、これらの権利を売り渡すべきことを請求することができる。ただし、区分所有建物の取壊しの工事に着手しなかつたことにつき正当な理由があるときは、この限りでない。	6　建替え決議の日から二年以内に建物の取壊しの工事に着手しない場合には、第四項の規定により区分所有権又は敷地利用権を売り渡した者は、この期間の満了の日から六月以内に、買主が支払つた代金に相当する金銭をその区分所有権又は敷地利用権を現在有する者に提供して、これらの権利を売り渡すべきことを請求することができる。ただし、建物の取壊しの工事に着手しなかつたことにつき正当な理由があるときは、この限りでない。
7　前項本文の規定は、同項ただし書に規定する場合において、区分所有建物の取壊しの工事の着手を妨げる理由がなくなつた日から六月以内にその着手をしないときに準用する。この場合において、同項本文中「この期間の満了の日から六月以内に」とあるのは、「区分所有建物の取壊しの工事の着手を妨げる理由がなくなつたことを知つた日から六月又はその理由がなくなつた日から二年のいずれか早い時期までに」と読み替えるものとする。	7　前項本文の規定は、同項ただし書に規定する場合において、建物の取壊しの工事の着手を妨げる理由がなくなつた日から六月以内にその着手をしないときに準用する。この場合において、同項本文中「この期間の満了の日から六月以内に」とあるのは、「建物の取壊しの工事の着手を妨げる理由がなくなつたことを知つた日から六月又はその理由がなくなつた日から二年のいずれか早い時期までに」と読み替えるものとする。

読　替　後	読　替　前
（建替えに関する合意） 第六十四条　取壊し決議に賛成した各区分所有者、取壊し決議の内容により取壊しに参加する旨を回答した各区分所有者及び区分所有権又は敷地利用権を買い受けた各買受指定者（これらの者の承継人を含む。）は、取壊し決議の内容により取壊しを行う旨の合意をしたものとみなす。	（建替えに関する合意） 第六十四条　建替え決議に賛成した各区分所有者、建替え決議の内容により建替えに参加する旨を回答した各区分所有者及び区分所有権又は敷地利用権を買い受けた各買受指定者（これらの者の承継人を含む。）は、建替え決議の内容により建替えを行う旨の合意をしたものとみなす。

◎ 【大規模一部滅失時における買取請求関係】第十二条による区分所有法第六十一条第十二項の規定の読替え

（傍線の部分は準用（二重線は読替規定による）読替部分）

読替後	読替前
（建物の一部が滅失した場合の復旧等） 第六十一条　建物の価格の二分の一以下に相当する部分が滅失したときは、各区分所有者は、滅失した共用部分及び自己の専有部分を復旧することができる。ただし、共用部分については、復旧の工事に着手するまでに第三項、次条第一項又は第七十条第一項の決議があつたときは、この限りでない。 ２～４　（準用しない） ５　第一項本文に規定する場合を除いて、建物の一部が滅失したときは、集会において、区分所有者及び議決権の各四分の三以上の多数で、滅失した共用部分を復旧する旨の決議をすることができる。 ６～11　（準用しない） 12　第五項に規定する場合において、その滅失に係る災害を定める被災区分所有建物の再建等に関する特別措置法（平成七年法律第四十三号）第二条の政令の施行の日から起算して一年以内に同項、次条第一項若しくは第七十条第一項又は同法第九条第一項、第十条第一項、第十一条第一項若しくは第十八条第一項の決議がないときは、各区分所有者は、他の区分所有者に対し、区分所有建物及びその敷地に関する権利を時価で買い取るべきことを請求することができる。 13　（準用しない）	（建物の一部が滅失した場合の復旧等） 第六十一条　建物の価格の二分の一以下に相当する部分が滅失したときは、各区分所有者は、滅失した共用部分及び自己の専有部分を復旧することができる。ただし、共用部分については、復旧の工事に着手するまでに第三項、次条第一項又は第七十条第一項の決議があつたときは、この限りでない。 ２～４　（略） ５　第一項本文に規定する場合を除いて、建物の一部が滅失したときは、集会において、区分所有者及び議決権の各四分の三以上の多数で、滅失した共用部分を復旧する旨の決議をすることができる。 ６～11　（略） 12　第五項に規定する場合において、建物の一部が滅失した日から六月以内に同項、次条第一項又は第七十条第一項の決議がないときは、各区分所有者は、他の区分所有者に対し、建物及びその敷地に関する権利を時価で買い取るべきことを請求することができる。 13　（略）

◎ **【団地建物所有者等集会等関係】第十四条第一項による区分所有法の規定の読替え**

（傍線の部分は準用（二重線は読替規定による）読替部分）

読　替　後	読　替　前
第四節　管理者	第四節　管理者
（選任及び解任） 第二十五条　団地建物所有者等（被災区分所有建物の再建等に関する特別措置法（以下「特別措置法」という。）第十三条に規定する団地建物所有者等をいう。以下同じ。）は、団地建物所有者等集会（特別措置法第十四条第一項に規定する団地建物所有者等集会をいう。以下同じ。）の決議によつて、管理者を選任し、又は解任することができる。	（選任及び解任） 第二十五条　区分所有者は、規約に別段の定めがない限り集会の決議によつて、管理者を選任し、又は解任することができる。
2　管理者に不正な行為その他その職務を行うに適しない事情があるときは、各団地建物所有者等は、その解任を裁判所に請求することができる。	2　管理者に不正な行為その他その職務を行うに適しない事情があるときは、各区分所有者は、その解任を裁判所に請求することができる。
（権限） 第二十六条　管理者は、特別措置法第十三条に規定する場合における当該土地を保存し、及び団地建物所有者等集会の決議を実行する権利を有し、義務を負う。	（権限） 第二十六条　管理者は、共用部分並びに第二十一条に規定する場合における当該建物の敷地及び附属施設（次項及び第四十七条第六項において「共用部分等」という。）を保存し、集会の決議を実行し、並びに規約で定めた行為をする権利を有し、義務を負う。
2　管理者は、その職務に関し、団地建物所有者等を代理する。特別措置法第十三条に規定する場合における当該土地について生じた損害賠償金及び不当利得による返還金の請求及び受領についても、同様とする。	2　管理者は、その職務に関し、区分所有者を代理する。第十八条第四項（第二十一条において準用する場合を含む。）の規定による損害保険契約に基づく保険金額並びに共用部分等について生じた損害賠償金及び不当利得による返還金の請求及び受領についても、同様とする。
3　管理者の代理権に加えた制限は、善意の第三者に対抗することができない。	3　管理者の代理権に加えた制限は、善意の第三者に対抗することができない。
4　管理者は、団地建物所有者等集会の決議により、その職務（第二項後段に規定	4　管理者は、規約又は集会の決議により、その職務（第二項後段に規定する事項を

読　替　後	読　替　前
する事項を含む。）に関し、団地建物所有者等のために、原告又は被告となることができる。	含む。）に関し、区分所有者のために、原告又は被告となることができる。
5　（準用しない）	5　管理者は、前項の規約により原告又は被告となつたときは、遅滞なく、区分所有者にその旨を通知しなければならない。この場合には、第三十五条第二項から第四項までの規定を準用する。
（管理所有） 第二十七条　（準用しない）	（管理所有） 第二十七条　管理者は、規約に特別の定めがあるときは、共用部分を所有することができる。
	2　第六条第二項及び第二十条の規定は、前項の場合に準用する。
（委任の規定の準用） 第二十八条　特別措置法に定めるもののほか、管理者の権利義務は、委任に関する規定に従う。	（委任の規定の準用） 第二十八条　この法律及び規約に定めるもののほか、管理者の権利義務は、委任に関する規定に従う。
（区分所有者の責任等） 第二十九条　管理者がその職務の範囲内において第三者との間にした行為につき団地建物所有者等がその責めに任ずべき割合は、特別措置法第十三条に規定する場合における当該土地（これに関する権利を含む。）の持分の割合と同一の割合とする。（ただし書は、準用しない）	（区分所有者の責任等） 第二十九条　管理者がその職務の範囲内において第三者との間にした行為につき区分所有者がその責めに任ずべき割合は、第十四条に定める割合と同一の割合とする。ただし、規約で建物並びにその敷地及び附属施設の管理に要する経費につき負担の割合が定められているときは、その割合による。
2　前項の行為により第三者が団地建物所有者等に対して有する債権は、その特定承継人に対しても行うことができる。	2　前項の行為により第三者が区分所有者に対して有する債権は、その特定承継人に対しても行うことができる。
第五節　規約及び集会	第五節　規約及び集会
（規約事項） 第三十条　（準用しない）	（規約事項） 第三十条　建物又はその敷地若しくは附属施設の管理又は使用に関する区分所有者相互間の事項は、この法律に定めるもののほか、規約で定めることができる。

読替後	読替前
	2　一部共用部分に関する事項で区分所有者全員の利害に関係しないものは、区分所有者全員の規約に定めがある場合を除いて、これを共用すべき区分所有者の規約で定めることができる。 3　前二項に規定する規約は、専有部分若しくは共用部分又は建物の敷地若しくは附属施設（建物の敷地又は附属施設に関する権利を含む。）につき、これらの形状、面積、位置関係、使用目的及び利用状況並びに区分所有者が支払つた対価その他の事情を総合的に考慮して、区分所有者間の利害の衡平が図られるように定めなければならない。 4　第一項及び第二項の場合には、区分所有者以外の者の権利を害することができない。 5　規約は、書面又は電磁的記録（電子的方式、磁気的方式その他人の知覚によつては認識することができない方式で作られる記録であつて、電子計算機による情報処理の用に供されるものとして法務省令で定めるものをいう。以下同じ。）により、これを作成しなければならない。
（規約の設定、変更及び廃止） 第三十一条　（準用しない）	（規約の設定、変更及び廃止） 第三十一条　規約の設定、変更又は廃止は、区分所有者及び議決権の各四分の三以上の多数による集会の決議によつてする。この場合において、規約の設定、変更又は廃止が一部の区分所有者の権利に特別の影響を及ぼすべきときは、その承諾を得なければならない。 2　前条第二項に規定する事項についての区分所有者全員の規約の設定、変更又は廃止は、当該一部共用部分を共用すべき区分所有者の四分の一を超える者又はその議決権の四分の一を超える議決権を有

読　替　後	読　替　前
	する者が反対したときは、することができない。
（公正証書による規約の設定） 第三十二条　（準用しない）	（公正証書による規約の設定） 第三十二条　最初に建物の専有部分の全部を所有する者は、公正証書により、第四条第二項、第五条第一項並びに第二十二条第一項ただし書及び第二項ただし書（これらの規定を同条第三項において準用する場合を含む。）の規約を設定することができる。
（規約の保管及び閲覧） 第三十三条　議事録等は、管理者が保管しなければならない。ただし、管理者がないときは、団地内建物所有者等又はその代理人で団地建物所有者等集会の決議で定めるものが保管しなければならない。	（規約の保管及び閲覧） 第三十三条　規約は、管理者が保管しなければならない。ただし、管理者がないときは、建物を使用している区分所有者又はその代理人で規約又は集会の決議で定めるものが保管しなければならない。
2　前項の規定により議事録等を保管する者は、利害関係人の請求があつたときは、正当な理由がある場合を除いて、議事録等の閲覧（議事録等が電磁的記録で作成されているときは、当該電磁的記録に記録された情報の内容を法務省令で定める方法により表示したものの当該議事録等の保管場所における閲覧）を拒んではならない。	2　前項の規定により規約を保管する者は、利害関係人の請求があつたときは、正当な理由がある場合を除いて、規約の閲覧（規約が電磁的記録で作成されているときは、当該電磁的記録に記録された情報の内容を法務省令で定める方法により表示したものの当該規約の保管場所における閲覧）を拒んではならない。
3　（準用しない）	3　規約の保管場所は、建物内の見やすい場所に掲示しなければならない。
（集会の招集） 第三十四条　団地建物所有者等集会は、管理者が招集する。	（集会の招集） 第三十四条　集会は、管理者が招集する。
2（準用しない）	2　管理者は、少なくとも毎年一回集会を招集しなければならない。
3　議決権の五分の一以上を有する団地建物所有者等は、管理者に対し、会議の目的たる事項を示して、団地建物所有者等集会の招集を請求することができる。（ただし書は、準用しない）	3　区分所有者の五分の一以上で議決権の五分の一以上を有するものは、管理者に対し、会議の目的たる事項を示して、集会の招集を請求することができる。ただし、この定数は、規約で減ずることがで

読　替　後	読　替　前
	きる。
４　前項の規定による請求がされた場合において、二週間以内にその請求の日から四週間以内の日を会日とする団地建物所有者等集会の招集の通知が発せられなかつたときは、その請求をした団地建物所有者等は、団地建物所有者等集会を招集することができる。	４　前項の規定による請求がされた場合において、二週間以内にその請求の日から四週間以内の日を会日とする集会の招集の通知が発せられなかつたときは、その請求をした区分所有者は、集会を招集することができる。
５　管理者がないときは、議決権の五分の一以上を有する団地建物所有者等は、団地建物所有者等集会を招集することができる。（ただし書は、準用しない）	５　管理者がないときは、区分所有者の五分の一以上で議決権の五分の一以上を有するものは、集会を招集することができる。ただし、この定数は、規約で減ずることができる。
（招集の通知）	（招集の通知）
第三十五条　団地建物所有者等集会の招集の通知は、会日より少なくとも一週間前に、会議の目的たる事項を示して、各団地建物所有者等に発しなければならない。（ただし書は、準用しない）	第三十五条　集会の招集の通知は、会日より少なくとも一週間前に、会議の目的たる事項を示して、各区分所有者に発しなければならない。ただし、この期間は、規約で伸縮することができる。
２　建物若しくは専有部分が数人の共有に属するとき又は一の建物であつて特別措置法第二条の政令で定める災害により滅失したものの所有に係る建物の敷地に関する権利若しくは一の専有部分を所有するための敷地利用権に係る同条に規定する敷地共有持分等を数人で有するときは、前項の通知は、第四十条の規定により定められた議決権を行使すべき者（その者がないときは、共有者の一人）にすれば足りる。	２　専有部分が数人の共有に属するときは、前項の通知は、第四十条の規定により定められた議決権を行使すべき者（その者がないときは、共有者の一人）にすれば足りる。
３　第一項の通知は、団地建物所有者等が管理者に対して通知を受けるべき場所を通知したときはその場所にあててすれば足りる。この場合には、同項の通知は、通常それが到達すべき時に到達したものとみなす。	３　第一項の通知は、区分所有者が管理者に対して通知を受けるべき場所を通知したときはその場所に、これを通知しなかつたときは区分所有者の所有する専有部分が所在する場所にあててすれば足りる。この場合には、同項の通知は、通常それが到達すべき時に到達したものとみ

読　替　後	読　替　前
	なす。
４　（準用しない）	４　建物内に住所を有する区分所有者又は前項の通知を受けるべき場所を通知しない区分所有者に対する第一項の通知は、規約に特別の定めがあるときは、建物内の見やすい場所に掲示してすることができる。この場合には、同項の通知は、その掲示をした時に到達したものとみなす。
５　第一項の通知をする場合において、会議の目的たる事項が特別措置法第十五条第一項、第十六条第一項、第十七条第一項又は第十八条第一項に規定する決議事項であるときは、その議案の要領をも通知しなければならない。	５　第一項の通知をする場合において、会議の目的たる事項が第十七条第一項、第三十一条第一項、第六十一条第五項、第六十二条第一項、第六十八条第一項又は第六十九条第七項に規定する決議事項であるときは、その議案の要領をも通知しなければならない。
（招集手続の省略）	（招集手続の省略）
第三十六条　団地建物所有者等集会は、団地建物所有者等全員の同意があるときは、招集の手続を経ないで開くことができる。	第三十六条　集会は、区分所有者全員の同意があるときは、招集の手続を経ないで開くことができる。
（決議事項の制限）	（決議事項の制限）
第三十七条　団地建物所有者等集会においては、第三十五条の規定によりあらかじめ通知した事項についてのみ、決議をすることができる。	第三十七条　集会においては、第三十五条の規定によりあらかじめ通知した事項についてのみ、決議をすることができる。
２　（準用しない）	２　前項の規定は、この法律に集会の決議につき特別の定数が定められている事項を除いて、規約で別段の定めをすることを妨げない。
３　第一項の規定は、前条の規定による団地建物所有者集会には適用しない。	３　前二項の規定は、前条の規定による集会には適用しない。
（議決権）	（議決権）
第三十八条　各団地建物所有者等の議決権は、特別措置法第十三条に規定する場合における当該土地（これに関する権利を含む。）の持分の割合による。	第三十八条　各区分所有者の議決権は、規約に別段の定めがない限り、第十四条に定める割合による。

読　替　後	読　替　前
（議事） 第三十九条　団地建物所有者等集会の議事は、特別措置法に別段の定めがない限り、議決権の過半数で決する。 2　議決権は、書面で、又は代理人によつて行使することができる。 3　団地建物所有者等は、団地建物所有者等集会の決議により、前項の規定による書面による議決権の行使に代えて、電磁的方法（電子情報処理組織を使用する方法その他の情報通信の技術を利用する方法であつて法務省令で定めるものをいう。以下同じ。）によつて議決権を行使することができる。	（議事） 第三十九条　集会の議事は、この法律又は規約に別段の定めがない限り、区分所有者及び議決権の各過半数で決する。 2　議決権は、書面で、又は代理人によつて行使することができる。 3　区分所有者は、規約又は集会の決議により、前項の規定による書面による議決権の行使に代えて、電磁的方法（電子情報処理組織を使用する方法その他の情報通信の技術を利用する方法であつて法務省令で定めるものをいう。以下同じ。）によつて議決権を行使することができる。
（議決権行使者の指定） 第四十条　建物若しくは専有部分が数人の共有に属するとき又は一の建物であつて特別措置法第二条の政令で定める災害により滅失したものの所有に係る建物の敷地に関する権利若しくは一の専有部分を所有するための敷地利用権に係る同条に規定する敷地共有持分等を数人で有するときは、共有者は、議決権を行使すべき者一人を定めなければならない。	（議決権行使者の指定） 第四十条　専有部分が数人の共有に属するときは、共有者は、議決権を行使すべき者一人を定めなければならない。
（議長） 第四十一条　団地建物所有者等集会においては、別段の決議をした場合を除いて、団地建物所有者等集会を招集した団地建物所有者等の一人が議長となる。	（議長） 第四十一条　集会においては、規約に別段の定めがある場合及び別段の決議をした場合を除いて、管理者又は集会を招集した区分所有者の一人が議長となる。
（議事録） 第四十二条　団地建物所有者等集会の議事については、議長は、書面又は電磁的記録により、議事録を作成しなければならない。 2　議事録には、議事の経過の要領及びその結果を記載し、又は記録しなければならない。	（議事録） 第四十二条　集会の議事については、議長は、書面又は電磁的記録により、議事録を作成しなければならない。 2　議事録には、議事の経過の要領及びその結果を記載し、又は記録しなければならない。

読　替　後	読　替　前
3　前項の場合において、議事録が書面で作成されているときは、議長及び団地建物所有者等集会に出席した団地建物所有者等の二人がこれに署名押印しなければならない。	3　前項の場合において、議事録が書面で作成されているときは、議長及び集会に出席した区分所有者の二人がこれに署名押印しなければならない。
4　第二項の場合において、議事録が電磁的記録で作成されているときは、当該電磁的記録に記録された情報については、議長及び団地建物所有者等集会に出席した団地建物所有者等の二人が行う法務省令で定める署名押印に代わる措置を執らなければならない。	4　第二項の場合において、議事録が電磁的記録で作成されているときは、当該電磁的記録に記録された情報については、議長及び集会に出席した区分所有者の二人が行う法務省令で定める署名押印に代わる措置を執らなければならない。
5　（準用しない）	5　第三十三条の規定は、議事録について準用する。
（事務の報告） 第四十三条（準用しない）	（事務の報告） 第四十三条　管理者は、集会において、毎年一回一定の時期に、その事務に関する報告をしなければならない。
（占有者の意見陳述権） 第四十四条　団地建物所有者等の承諾を得て専有部分を占有する者は、会議の目的たる事項につき利害関係を有する場合には、団地建物所有者等集会に出席して意見を述べることができる。	（占有者の意見陳述権） 第四十四条　区分所有者の承諾を得て専有部分を占有する者は、会議の目的たる事項につき利害関係を有する場合には、集会に出席して意見を述べることができる。
2　前項に規定する場合には、団地建物所有者等集会を招集する者は、第三十五条の規定により招集の通知を発した後遅滞なく、団地建物所有者等集会の日時、場所及び会議の目的たる事項を団地内の見やすい場所に掲示しなければならない。	2　前項に規定する場合には、集会を招集する者は、第三十五条の規定により招集の通知を発した後遅滞なく、集会の日時、場所及び会議の目的たる事項を建物内の見やすい場所に掲示しなければならない。
（書面又は電磁的方法による決議） 第四十五条　特別措置法により団地建物所有者等集会において決議をすべき場合において、団地建物所有者等全員の承諾があるときは、書面又は電磁的方法による決議をすることができる。ただし、電磁的方法による決議に係る団地建物所有者	（書面又は電磁的方法による決議） 第四十五条　この法律又は規約により集会において決議をすべき場合において、区分所有者全員の承諾があるときは、書面又は電磁的方法による決議をすることができる。ただし、電磁的方法による決議に係る区分所有者の承諾については、法

読　替　後	読　替　前
等の承諾については、法務省令で定めるところによらなければならない。	務省令で定めるところによらなければならない。
2　特別措置法により団地建物所有者等集会において決議すべきものとされた事項については、団地建物所有者等全員の書面又は電磁的方法による合意があつたときは、書面又は電磁的方法による決議があつたものとみなす。	2　この法律又は規約により集会において決議すべきものとされた事項については、区分所有者全員の書面又は電磁的方法による合意があつたときは、書面又は電磁的方法による決議があつたものとみなす。
3　特別措置法により団地建物所有者等集会において決議すべきものとされた事項についての書面又は電磁的方法による決議は、団地建物所有者等集会の決議と同一の効力を有する。	3　この法律又は規約により集会において決議すべきものとされた事項についての書面又は電磁的方法による決議は、集会の決議と同一の効力を有する。
4　（準用しない）	4　第三十三条の規定は、書面又は電磁的方法による決議に係る書面並びに第一項及び第二項の電磁的方法が行われる場合に当該電磁的方法により作成される電磁的記録について準用する。
5　団地建物所有者等集会に関する規定は、書面又は電磁的方法による決議について準用する。	5　集会に関する規定は、書面又は電磁的方法による決議について準用する。
（規約及び集会の決議の効力）	（規約及び集会の決議の効力）
第四十六条　団地建物所有者等集会の決議は、団地建物所有者等の特定承継人に対しても、その効力を生ずる。	第四十六条　規約及び集会の決議は、区分所有者の特定承継人に対しても、その効力を生ずる。
2　建物又は専有部分を占有する者で団地建物所有者等でないものは、特別措置法第十三条に規定する場合における当該土地の使用方法につき、団地建物所有者等が団地建物所有者等集会の決議に基づいて負う義務と同一の義務を負う。	2　占有者は、建物又はその敷地若しくは附属施設の使用方法につき、区分所有者が規約又は集会の決議に基づいて負う義務と同一の義務を負う。

◎ **【建替え承認決議関係】第十六条第二項による第十五条第二項から第七項までの規定の読替え**

（傍線の部分は準用（二重線は読替規定による）読替部分）

読　替　後	読　替　前
（団地内の建物が滅失した場合における再建承認決議）	（団地内の建物が滅失した場合における再建承認決議）
第十五条　（準用しない）	第十五条　（略）
2　次条第一項の団地建物所有者等集会における各団地建物所有者等の議決権は、前条第一項において準用する区分所有法第三十八条の規定にかかわらず、当該特定建物（次条第一項に規定する特定建物をいう。以下同じ。）が所在する土地（これに関する権利を含む。）の持分の割合によるものとする。	2　前項の団地建物所有者等集会における各団地建物所有者等の議決権は、前条第一項において準用する区分所有法第三十八条の規定にかかわらず、当該特定滅失建物が所在していた土地（これに関する権利を含む。）の持分の割合によるものとする。
3　次条第一項各号に定める要件に該当する場合における当該特定建物の団地建物所有者等は、建替え承認決議においては、いずれもこれに賛成する旨の議決権の行使をしたものとみなす。ただし、同項第一号に掲げる場合において、当該特定建物の区分所有者が団地内建物のうち当該特定建物以外の建物の敷地利用権又は敷地共有持分等に基づいて有する議決権の行使については、この限りでない。	3　第一項各号に定める要件に該当する場合における当該特定滅失建物の団地建物所有者等は、同項の規定による決議（以下「再建承認決議」という。）においては、いずれもこれに賛成する旨の議決権を行使したものとみなす。ただし、同項第一号に掲げる場合において、当該特定滅失建物に係る敷地共有者等が団地内建物のうち当該特定滅失建物以外の建物の敷地利用権又は敷地共有持分等に基づいて有する議決権の行使については、この限りでない。
4　次条第一項の団地建物所有者等集会を招集するときは、前条第一項において準用する区分所有法第三十五条第一項本文の通知は、同項の規定にかかわらず、当該団地建物所有者等集会の会日より少なくとも二月前に、同条第五項に規定する議案の要領のほか、新たに建築する建物の設計の概要（当該建物の当該団地内における位置を含む。）をも示して発しなければならない。	4　第一項の団地建物所有者等集会を招集するときは、前条第一項において準用する区分所有法第三十五条第一項本文の通知は、同項の規定にかかわらず、当該団地建物所有者等集会の会日より少なくとも二月前に、同条第五項に規定する議案の要領のほか、新たに建築する建物の設計の概要（当該建物の当該団地内における位置を含む。）をも示して発しなければならない。

読　替　後	読　替　前
5　次条第一項の場合において、建替え承認決議に係る建替えが当該特定建物以外の建物（滅失した建物を含む。以下この項において「当該他の建物」という。）の建替え又は再建に特別の影響を及ぼすべきときは、次の各号に掲げる区分に応じてそれぞれ当該各号に定める者が当該建替え承認決議に賛成しているときに限り、当該特定建物の建替えをすることができる。 一　当該他の建物が区分所有建物である場合　次条第一項の団地建物所有者等集会において当該他の建物の区分所有者全員の議決権の四分の三以上の議決権を有する区分所有者 二　当該他の建物が滅失した建物であって滅失した当時において区分所有建物であった場合　次条第一項の団地建物所有者等集会において当該他の建物に係る敷地共有者等全員の議決権の四分の三以上の議決権を有する敷地共有者等 三　当該他の建物が区分所有建物以外の建物である場合　当該他の建物の所有者 四　当該他の建物が滅失した建物であって滅失した当時において区分所有建物以外の建物であった場合　当該他の建物の所有に係る建物の敷地に関する権利を有する者 6　次条第一項の場合において、当該特定建物が二以上あるときは、当該二以上の特定建物の団地建物所有者等は、各特定建物の団地建物所有者等の合意により、当該二以上の特定建物の建替えについて一括して建替え承認決議に付することが	5　第一項の場合において、再建承認決議に係る再建が当該特定滅失建物以外の建物（滅失した建物を含む。以下この項において「当該他の建物」という。）の建替え又は再建に特別の影響を及ぼすべきときは、次の各号に掲げる区分に応じてそれぞれ当該各号に定める者が当該再建承認決議に賛成しているときに限り、当該特定滅失建物の再建をすることができる。 一　当該他の建物が区分所有建物である場合　第一項の団地建物所有者等集会において当該他の建物の区分所有者全員の議決権の四分の三以上の議決権を有する区分所有者 二　当該他の建物が滅失した建物であって滅失した当時において区分所有建物であった場合　第一項の団地建物所有者等集会において当該他の建物に係る敷地共有者等全員の議決権の四分の三以上の議決権を有する敷地共有者等 三　当該他の建物が区分所有建物以外の建物である場合　当該他の建物の所有者 四　当該他の建物が滅失した建物であって滅失した当時において区分所有建物以外の建物であった場合　当該他の建物の所有に係る建物の敷地に関する権利を有する者 6　第一項の場合において、当該特定滅失建物が二以上あるときは、当該二以上の特定滅失建物の団地建物所有者等は、各特定滅失建物の団地建物所有者等の合意により、当該二以上の特定滅失建物の再建について一括して再建承認決議に付す

読替後	読替前
できる。 7　前項の場合において、当該特定建物が区分所有建物であるときは、当該特定建物の建替えを会議の目的とする区分所有法第六十二条第一項の集会において、当該特定建物に係る区分所有者及び議決権の各五分の四以上の多数で、当該二以上の特定建物の建替えについて一括して建替え承認決議に付する旨の決議をすることができる。この場合において、その決議があったときは、当該特定建物の団地建物所有者等（区分所有者に限る。）の前項に規定する合意があったものとみなす。	ることができる。 7　前項の場合において、当該特定滅失建物が区分所有建物であったときは、当該特定滅失建物の再建を会議の目的とする敷地共有者等集会において、当該特定滅失建物に係る敷地共有者等の議決権の五分の四以上の多数で、当該二以上の特定滅失建物の再建について一括して再建承認決議に付する旨の決議をすることができる。この場合において、その決議があったときは、当該特定滅失建物の団地建物所有者等（敷地共有者等に限る。）の同項に規定する合意があったものとみなす。

◎ **【建替え承認決議関係】第十六条第三項による区分所有法第六十二条第五項の規定の読替え**

（傍線の部分は準用（二重線は読替規定による）読替部分）

読　替　後	読　替　前
（建替え決議） 第六十二条　（準用しない） 2～4　（準用しない） 5　前項に規定する場合において、第三十五条第一項の通知をするときは、同条第五項及び被災区分所有建物の再建等に関する特別措置法（平成七年法律第四十三号）第十六条第三項前段に規定する議案の要領のほか、次の事項をも通知しなければならない。 一～四　（略） 6～8　（準用しない）	（建替え決議） 第六十二条　（略） 2～4　（略） 5　前項に規定する場合において、第三十五条第一項の通知をするときは、同条第五項に規定する議案の要領のほか、次の事項をも通知しなければならない。 一～四　（同上） 6～8　（略）

◎【建替え再建承認決議関係】第十七条第三項による第十五条第二項から第五項まで及び第十六条第三項の規定の読替え

（傍線の部分は準用（二重線は読替規定による）読替部分）

読　替　後	読　替　前
（団地内の建物が滅失した場合における再建承認決議）	（団地内の建物が滅失した場合における再建承認決議）
第十五条　（準用しない）	第十五条　（略）
2　第十七条第一項の団地建物所有者等集会における各団地建物所有者等の議決権は、前条第一項において準用する区分所有法第三十八条の規定にかかわらず、当該特定建物（次条第一項に規定する特定建物をいう。以下同じ。）が所在する土地（これに関する権利を含む。）及び当該特定滅失建物が所在していた土地（これに関する権利を含む。）の持分の割合によるものとする。	2　前項の団地建物所有者等集会における各団地建物所有者等の議決権は、前条第一項において準用する区分所有法第三十八条の規定にかかわらず、当該特定滅失建物が所在していた土地（これに関する権利を含む。）の持分の割合によるものとする。
3　第十七条第一項各号に定める要件に該当する場合における当該特定建物等（同項に規定する当該特定建物等をいう。以下同じ。）の団地建物所有者等は、建替え再建承認決議においては、いずれもこれに賛成する旨の議決権の行使をしたものとみなす。ただし、同項第一号及び第二号に掲げる場合において、当該特定建物の区分所有者又は当該特定滅失建物に係る敷地共有者等が団地内建物のうち当該特定建物等以外の建物の敷地利用権又は敷地共有持分等に基づいて有する議決権の行使については、この限りでない。	3　第一項各号に定める要件に該当する場合における当該特定滅失建物の団地建物所有者等は、同項の規定による決議（以下「再建承認決議」という。）においては、いずれもこれに賛成する旨の議決権を行使したものとみなす。ただし、同項第一号に掲げる場合において、当該特定滅失建物に係る敷地共有者等が団地内建物のうち当該特定滅失建物以外の建物の敷地利用権又は敷地共有持分等に基づいて有する議決権の行使については、この限りでない。
4　第十七条第一項の団地建物所有者等集会を招集するときは、前条第一項において準用する区分所有法第三十五条第一項の通知は、同項の規定にかかわらず、当該団地建物所有者等集会の会日より少なくとも二月前に、同条第五項に規定する議案の要領のほか、新たに建築する建物の設計の概要（当該建物の当該団地内に	4　第一項の団地建物所有者等集会を招集するときは、前条第一項において準用する区分所有法第三十五条第一項本文の通知は、同項の規定にかかわらず、当該団地建物所有者等集会の会日より少なくとも二月前に、同条第五項に規定する議案の要領のほか、新たに建築する建物の設計の概要（当該建物の当該団地内におけ

読　替　後	読　替　前
おける位置を含む。）をも示して発しなければならない。	る位置を含む。）をも示して発しなければならない。
5　第十七条第一項の場合において、建替え再建承認決議に係る建替え及び再建が当該特定建物等以外の建物（滅失した建物を含む。以下この項において「当該他の建物」という。）の建替え又は再建に特別の影響を及ぼすべきときは、次の各号に掲げる区分に応じてそれぞれ当該各号に定める者が当該建替え再建承認決議に賛成しているときに限り、当該特定建物の建替え及び当該特定滅失建物の再建をすることができる。	5　第一項の場合において、再建承認決議に係る再建が当該特定滅失建物以外の建物（滅失した建物を含む。以下この項において「当該他の建物」という。）の建替え又は再建に特別の影響を及ぼすべきときは、次の各号に掲げる区分に応じてそれぞれ当該各号に定める者が当該再建承認決議に賛成しているときに限り、当該特定滅失建物の再建をすることができる。
一　当該他の建物が区分所有建物である場合　第十七条第一項の団地建物所有者等集会において当該他の建物の区分所有者全員の議決権の四分の三以上の議決権を有する区分所有者	一　当該他の建物が区分所有建物である場合　第一項の団地建物所有者等集会において当該他の建物の区分所有者全員の議決権の四分の三以上の議決権を有する区分所有者
二　当該他の建物が滅失した建物であって滅失した当時において区分所有建物であった場合　第十七条第一項の団地建物所有者等集会において当該他の建物に係る敷地共有者等全員の議決権の四分の三以上の議決権を有する敷地共有者等	二　当該他の建物が滅失した建物であって滅失した当時において区分所有建物であった場合　第一項の団地建物所有者等集会において当該他の建物に係る敷地共有者等全員の議決権の四分の三以上の議決権を有する敷地共有者等
三　当該他の建物が区分所有建物以外の建物である場合　当該他の建物の所有者	三　当該他の建物が区分所有建物以外の建物である場合　当該他の建物の所有者
四　当該他の建物が滅失した建物であって滅失した当時において区分所有建物以外の建物であった場合　当該他の建物の所有に係る建物の敷地に関する権利を有する者	四　当該他の建物が滅失した建物であって滅失した当時において区分所有建物以外の建物であった場合　当該他の建物の所有に係る建物の敷地に関する権利を有する者
6　（準用しない）	6　（略）
7　（準用しない）	7　（略）

読　替　後	読　替　前
（団地内建物が滅失した場合における建替え承認決議） 第十六条　（準用しない） ２　（準用しない） ３　区分所有法第三十五条第一項本文の通知をする場合において、会議の目的たる事項が次条第二項に規定する決議事項であるときは、その議案の要領をも通知しなければならない。この場合において、区分所有法第六十二条第五項の適用については、同項中「同条第五項」とあるのは、「同条第五項及び被災区分所有建物の再建等に関する特別措置法（平成七年法律第四十三号）第十六条第三項前段」とする。	（団地内建物が滅失した場合における建替え承認決議） 第十六条　（略） ２　（略） ３　区分所有法第三十五条第一項本文の通知をする場合において、会議の目的たる事項が前項において準用する前条第七項に規定する決議事項であるときは、その議案の要領をも通知しなければならない。この場合において、区分所有法第六十二条第五項の規定の適用については、同項中「同条第五項」とあるのは、「同条第五項及び被災区分所有建物の再建等に関する特別措置法（平成七年法律第四十三号）第十六条第三項前段」とする。

◎【一括建替え等決議関係】第十八条第四項による区分所有法第六十二条第三項、第四項本文、第五項、第六項、第七項前段及び第八項、第六十三条並びに第六十四条の規定の読替え

（傍線の部分は準用（二重線は読替規定による）読替部分）

読　替　後	読　替　前
（建替え決議） 第六十二条　（準用しない） 2　（準用しない） 3　被災区分所有建物の再建等に関する特別措置法（以下「特別措置法」という。）第十八条第三項第四号及び第五号の事項は、各団地建物所有者等（特別措置法第十三条に規定する団地建物所有者等をいう。以下同じ。）の衡平を害しないように定めなければならない。	（建替え決議） 第六十二条　（略） 2　（略） 3　前項第三号及び第四号の事項は、各区分所有者の衡平を害しないように定めなければならない。
4　特別措置法第十八条第一項に規定する決議事項を会議の目的とする団地建物所有者等集会を招集するときは、特別措置法第十四条第一項において準用する第三十五条第一項本文の通知は、同項の規定にかかわらず、当該団地建物所有者等集会の会日より少なくとも二月前に発しなければならない。（ただし書は、準用しない）	4　第一項に規定する決議事項を会議の目的とする集会を招集するときは、第三十五条第一項の通知は、同項の規定にかかわらず、当該集会の会日より少なくとも二月前に発しなければならない。ただし、この期間は、規約で伸長することができる。
5　前項に規定する場合において、特別措置法第十四条第一項において準用する第三十五条第一項本文の通知をするときは、同条第五項に規定する議案の要領のほか、次の事項をも通知しなければならない。 一　建替え又は再建を必要とする理由 二　建物の建替えをしないとした場合における当該建物の効用の維持又は回復（建物が通常有すべき効用の確保を含む。）をするのに要する費用の額及びその内訳 三　建物の修繕に関する計画が定められているときは、当該計画の内容	5　前項に規定する場合において、第三十五条第一項の通知をするときは、同条第五項に規定する議案の要領のほか、次の事項をも通知しなければならない。 一　建替えを必要とする理由 二　建物の建替えをしないとした場合における当該建物の効用の維持又は回復（建物が通常有すべき効用の確保を含む。）をするのに要する費用の額及びその内訳 三　建物の修繕に関する計画が定められているときは、当該計画の内容

読替後	読替前
四　建物につき修繕積立金として積み立てられている金額	四　建物につき修繕積立金として積み立てられている金額
6　第四項の団地建物所有者等集会を招集した者は、当該団地建物所有者等集会の会日より少なくとも一月前までに、当該招集の際に通知すべき事項について団地建物所有者等に対し説明を行うための説明会を開催しなければならない。	6　第四項の集会を招集した者は、当該集会の会日より少なくとも一月前までに、当該招集の際に通知すべき事項について区分所有者に対し説明を行うための説明会を開催しなければならない。
7　特別措置法第十四条第一項において準用する第三十五条第一項本文、第二項及び第三項並びに第三十六条並びに特別措置法第十四条第二項及び第三項の規定は、前項の説明会の開催について準用する。（後段は、準用しない）	7　第三十五条第一項から第四項まで及び第三十六条の規定は、前項の説明会の開催について準用する。この場合において、第三十五条第一項ただし書中「伸縮する」とあるのは、「伸長する」と読み替えるものとする。
8　前条第六項の規定は、一括建替え等決議をした団地建物所有者等集会の議事録について準用する。	8　前条第六項の規定は、建替え決議をした集会の議事録について準用する。
（区分所有権等の売渡し請求等）	（区分所有権等の売渡し請求等）
第六十三条　一括建替え等決議があつたときは、団地建物所有者等集会を招集した者は、遅滞なく、一括建替え等決議に賛成しなかつた団地建物所有者等（その承継人を含む。）に対し、一括建替え等決議の内容により建替え又は再建に参加するか否かを回答すべき旨を書面で催告しなければならない。	第六十三条　建替え決議があつたときは、集会を招集した者は、遅滞なく、建替え決議に賛成しなかつた区分所有者（その承継人を含む。）に対し、建替え決議の内容により建替えに参加するか否かを回答すべき旨を書面で催告しなければならない。
2　前項に規定する団地建物所有者等は、同項の規定による催告を受けた日から二月以内に回答しなければならない。	2　前項に規定する区分所有者は、同項の規定による催告を受けた日から二月以内に回答しなければならない。
3　前項の期間内に回答しなかつた第一項に規定する団地建物所有者等は、建替え又は再建に参加しない旨を回答したものとみなす。	3　前項の期間内に回答しなかつた第一項に規定する区分所有者は、建替えに参加しない旨を回答したものとみなす。
4　第二項の期間が経過したときは、一括建替え等決議に賛成した各団地建物所有者等若しくは一括建替え等決議の内容により建替え若しくは再建に参加する旨を	4　第二項の期間が経過したときは、建替え決議に賛成した各区分所有者若しくは建替え決議の内容により建替えに参加する旨を回答した各区分所有者（これらの

読　替　後	読　替　前
回答した各団地建物所有者等（これらの者の承継人を含む。）又はこれらの者の全員の合意により区分所有権及び敷地利用権（滅失した建物（特別措置法第十五条第一項に規定する滅失した建物をいう。以下同じ。）にあつては敷地共有持分等（特別措置法第二条に規定する敷地共有持分等をいう。以下同じ。））を買い受けることができる者として指定された者（以下「買受指定者」という。）は、同項の期間の満了の日から二月以内に、建替え又は再建に参加しない旨を回答した団地建物所有者等（その承継人を含む。）に対し、区分所有権及び敷地利用権（滅失した建物にあつては、敷地共有持分等）を時価で売り渡すべきことを請求することができる。一括建替え等決議があつた後にこの団地建物所有者等から敷地利用権のみを取得した者（その承継人を含む。）の敷地利用権についても、同様とする。	者の承継人を含む。）又はこれらの者の全員の合意により区分所有権及び敷地利用権を買い受けることができる者として指定された者（以下「買受指定者」という。）は、同項の期間の満了の日から二月以内に、建替えに参加しない旨を回答した区分所有者（その承継人を含む。）に対し、区分所有権及び敷地利用権を時価で売り渡すべきことを請求することができる。建替え決議があつた後にこの区分所有者から敷地利用権のみを取得した者（その承継人を含む。）の敷地利用権についても、同様とする。
5　前項の規定による請求があつた場合において、建替え又は再建に参加しない旨を回答した団地建物所有者等が建物の明渡しによりその生活上著しい困難を生ずるおそれがあり、かつ、一括建替え等決議の遂行に甚だしい影響を及ぼさないものと認めるべき顕著な事由があるときは、裁判所は、その者の請求により、代金の支払又は提供の日から一年を超えない範囲内において、建物の明渡しにつき相当の期限を許与することができる。	5　前項の規定による請求があつた場合において、建替えに参加しない旨を回答した区分所有者が建物の明渡しによりその生活上著しい困難を生ずるおそれがあり、かつ、建替え決議の遂行に甚だしい影響を及ぼさないものと認めるべき顕著な事由があるときは、裁判所は、その者の請求により、代金の支払又は提供の日から一年を超えない範囲内において、建物の明渡しにつき相当の期限を許与することができる。
6　一括建替え等決議の日から二年以内に建物の取壊し又は再建の工事に着手しない場合には、第四項の規定により区分所有権又は敷地利用権（滅失した建物にあつては、敷地共有持分等）を売り渡した	6　建替え決議の日から二年以内に建物の取壊しの工事に着手しない場合には、第四項の規定により区分所有権又は敷地利用権を売り渡した者は、この期間の満了の日から六月以内に、買主が支払つた代

読　替　後	読　替　前
者は、この期間の満了の日から六月以内に、買主が支払つた代金に相当する金銭をその区分所有権又は敷地利用権（滅失した建物にあつては、敷地共有持分等）を現在有する者に提供して、これらの権利を売り渡すべきことを請求することができる。ただし、建物の取壊し又は再建の工事に着手しなかつたことにつき正当な理由があるときは、この限りでない。	金に相当する金銭をその区分所有権又は敷地利用権を現在有する者に提供して、これらの権利を売り渡すべきことを請求することができる。ただし、建物の取壊しの工事に着手しなかつたことにつき正当な理由があるときは、この限りでない。
7　前項本文の規定は、同項ただし書に規定する場合において、建物の取壊し又は再建の工事の着手を妨げる理由がなくなつた日から六月以内にその着手をしないときに準用する。この場合において、同項本文中「この期間の満了の日から六月以内に」とあるのは、「建物の取壊し又は再建の工事の着手を妨げる理由がなくなつたことを知つた日から六月又はその理由がなくなつた日から二年のいずれか早い時期までに」と読み替えるものとする。	7　前項本文の規定は、同項ただし書に規定する場合において、建物の取壊しの工事の着手を妨げる理由がなくなつた日から六月以内にその着手をしないときに準用する。この場合において、同項本文中「この期間の満了の日から六月以内に」とあるのは、「建物の取壊しの工事の着手を妨げる理由がなくなつたことを知つた日から六月又はその理由がなくなつた日から二年のいずれか早い時期までに」と読み替えるものとする。
（建替えに関する合意） 第六十四条　一括建替え等決議に賛成した各団地建物所有者等、一括建替え等決議の内容により建替え又は再建に参加する旨を回答した各団地建物所有者等及び区分所有権又は敷地利用権（滅失した建物にあつては、敷地共有持分等）を買い受けた各買受指定者（これらの者の承継人を含む。）は、一括建替え等決議の内容により建替え又は再建を行う旨の合意をしたものとみなす。	（建替えに関する合意） 第六十四条　建替え決議に賛成した各区分所有者、建替え決議の内容により建替えに参加する旨を回答した各区分所有者及び区分所有権又は敷地利用権を買い受けた各買受指定者（これらの者の承継人を含む。）は、建替え決議の内容により建替えを行う旨の合意をしたものとみなす。

資料8　被災区分所有建物の再建等に関する特別措置法第二条の災害を定める政令（平成二十五年政令第二百三十一号）

内閣は、被災区分所有建物の再建等に関する特別措置法（平成七年法律第四十三号）第二条の規定に基づき、この政令を制定する。

被災区分所有建物の再建等に関する特別措置法第二条の災害として、東日本大震災（平成二十三年三月十一日に発生した東北地方太平洋沖地震及びこれに伴う原子力発電所の事故による災害をいう。）を定める。

附　則

この政令は、公布の日から施行する。

資料9　罹災都市借地借家臨時処理法の見直しに関する要綱

第1　見直し後の制度の適用の在り方

① 見直し後の制度は、大規模な火災、震災その他の災害であって政令で定めるものに適用するものとする。

② ①の政令においては、見直し後の制度のうち当該災害に適用する制度及びこれを適用する地区を指定しなければならないものとする。その指定の後、新たに見直し後の制度を適用するときは、当該制度及びこれを適用する地区を政令で追加して指定するものとする。

第2　借地権保護等の規律

1　借地権者による土地の賃貸借の解約等

借地契約の解約等の特例として、以下の規律を設けるものとする。

① 政令で定める災害により借地権の目的である土地の上の建物が滅失した場合においては、政令の施行の日から起算して1年間は、借地権者は、地上権の放棄又は土地の賃貸借の解約の申入れをすることができるものとする。

② ①の場合においては、借地権は、地上権の放棄又は土地の賃貸借の解約の申入れがあった日から3か月を経過することによって消滅するものとする。

2　借地権の対抗力

借地権の対抗力の特例に関する規律（現行法第10条）を見直し、以下の規律を設けるものとする。

① 土地の上に借地権者が登記されている建物を所有し、これをもって借地権を第三者に対抗することができる場合において、政令で定める災害により建物が滅失したときは、政令の施行の日から起算して6か月間は、借地権は、なお第三者に対抗することができるものとする。

② ①に規定する場合において、借地権者が、滅失した建物を特定するために必要な事項及び建物を新たに築造する旨を土地の上の見やすい場所に掲示するときも、借地権は、なお第三者に対抗することができるものとする。ただし、政令の施行の日から起算して3年を経過した後にあっては、その前に建物を新たに築造し、かつ、その建物につき登記した場合に限るものとする。

（注）①及び②の場合について、借地借家法第10条第3項及び第4項に準じ、所要の規律を設けるものとする。

3　土地の賃借権の譲渡又は転貸

土地の賃借権の譲渡又は転貸の特例として、以下の規律を設けるものとする。

① 借地権者が政令で定める災害により滅失した建物の敷地である土地の賃借権を第三者に譲渡し、又はその土地を第三者に転貸しようとする場合において、その第三者が賃借権を取得し、又は転借をしても借地権設定者に不利となるおそれがないにもかかわらず、借地権設定者がその賃借権の譲渡又は転貸を承諾しないときは、裁判所は、借地権者の申立てにより、借地権設定者の承諾に代わる許可を与えることができるものとする。この場合において、当事者間の利益の衡平を図るため必要があるときは、賃借権の譲渡若しくは転貸を条件とする借地条件の変更を命じ、又はその許可を財産上の給付に係らしめることができるものとする。

② ①の申立ては、政令の施行の日から起算して1年以内にしなければならないものとする。

（注）①の申立てがあった場合について、借地借家法第19条第2項以下及び第4章の規律に準じ、所要の規律を設けるものとする。

（第2の後注）第2の各制度について、各規律に反する特約で借地権者又は転借地権者に不利なものは、無効とするものとする。

第3　被災地短期借地権

被災地において暫定的な借地権の設定を認めるための特例として、以下の規律を設けるものとする。

① 政令の施行の日から起算して2年間は、存続期間が5年以下であって、かつ、借地借家法の契約の更新に関する規律（同法第3条から第8条まで）、建物買取請求権の規定（同法第13条）並びに借地条件の変更及び増改築の許可の規定（同法第17条）の適用を受けない借地権を設定することができるものとする。

② ①に規定する借地権の設定を目的とする契約は、公正証書による等書面によってしなければならないものとする。

③ ①に規定する借地権の設定を目的とする契約は、当事者の合意によって更新することができないものとする。

第4　優先借家権制度の在り方等

優先借家権制度（現行法第14条）に代わる規律として、以下の規律を設けるものとする。

政令で定める災害により建物が滅失した場合において、その建物が滅失した当時におけるその建物の賃貸人が、同様の建物を再築し、政令の施行の日から起算して3年以内に賃貸しようとするときは、その賃貸人は、その建物が滅失した当時建物を使用していた賃借人（一時使用のための賃借をしていた者を除く。）のうち知れている者に対し、その旨を通知しなければならないものとする。

（後注）

現行法の規定する以下の規律及びこれを前提とする規律については、廃止するものとする。

1　優先借地権制度（現行法第2条）及び借地権優先譲受権制度（現行法第3条）

2　借地権の存続期間の延長（現行法第11条）

3　借地権設定者の催告による借地権の消滅（現行法第12条）

4　貸借条件の変更命令制度（現行法第17条）

資料10　被災区分所有建物の再建等に関する特別措置法の見直しに関する要綱

（前注）　以下、建物の区分所有等に関する法律（昭和37年法律第69号）を「区分所有法」と、被災区分所有建物の再建等に関する特別措置法（平成7年法律第43号）を「被災マンション法」という。

第1　区分所有建物が大規模一部滅失した場合における特例

（前注）　以下、大規模一部滅失とは、建物の価格の2分の1超に相当する部分が滅失することをいう（区分所有法第61条第1項及び第5項参照）。

1　取壊し決議制度

政令で定める災害により区分所有建物が大規模一部滅失した場合について、多数決により建物を取り壊す旨の決議をすることができるものとする制度（取壊し決議制度）を新設し、以下のような規律を設けるものとする。

(1)　多数決要件

取壊し決議は、区分所有者及び区分所有法第38条に規定する議決権の各5分の4以上の多数によるものとする。

(2)　決議事項

①　取壊し決議においては、以下の事項を定めなければならないものとする。

ア　建物の取壊しに要する費用の概算額

イ　アに規定する費用の分担に関する事項

②　①イの事項は、各区分所有者の衡平を害しないように定めなければならないものとする。

(3)　集会の手続

①　取壊し決議を会議の目的とする集会を招集するときは、当該集会の招集の通知は、集会の会日より少なくとも2か月前に発しなければならないものとする。

②　①の集会を招集する場合において、当該集会の招集の通知をするときは、議案の要領のほか、次の事項をも通知しなければならないものとする。

ア　復旧又は建替えをしない理由

イ　取壊しが合理的である理由

ウ　建物の復旧に要する費用の見込額

③　①の集会を招集した者は、当該集会の会日より少なくとも1か月前までに、当該招集の際に通知すべき事項について区分所有者に対し説明を行う

ための説明会を開催しなければならないものとする。

（注）③の説明会の開催手続及び取壊し決議をした集会の議事録については、区分所有法上の建替え決議制度に関する規律に準じ、所要の規律を設けるものとする（区分所有法第 62 条第 7 項及び第 8 項参照）。

⑷　決議に賛成しなかった区分所有者の取扱い

取壊し決議に賛成しなかった区分所有者の取扱いについては、明渡しの期限の許与に関する規律を除いて区分所有法上の建替え決議制度における売渡し請求等に関する規律（区分所有法第 63 条第 1 項から第 4 項まで、第 6 項及び第 7 項）に準じ、所要の規律を設けるものとする。

⑸　取壊しに関する合意

取壊し決議に賛成した区分所有者等は、取壊し決議の内容により取壊しを行う旨の合意をしたものとみなすものとする（区分所有法第 64 条参照）。

⑹　期間制限

取壊し決議は、政令の施行の日から起算して 1 年以内にしなければならないものとする。

2　建物敷地売却決議制度

政令で定める災害により区分所有建物が大規模一部滅失した場合について、多数決により建物及び敷地を売却する旨の決議をすることができるものとする制度（建物敷地売却決議制度）を新設し、以下のような規律を設けるものとする。

⑴　多数決要件

建物敷地売却決議は、区分所有者及び区分所有法第 38 条に規定する議決権並びに敷地利用権の持分の価格の割合の各 5 分の 4 以上の多数によるものとする。

⑵　決議事項

①　建物敷地売却決議においては、以下の事項を定めなければならないものとする。

ア　売却の相手方となるべき者の氏名又は名称

イ　売却による代金の見込額

ウ　売却により各区分所有者が取得することができる金銭の額の算定方法に関する事項

②　①ウの事項は、各区分所有者の衡平を害しないように定めなければならないものとする。

⑶　集会の手続

①　建物敷地売却決議を会議の目的とする集会を招集するときは、当該集会

の招集の通知は、集会の会日より少なくとも2か月前に発しなければならないものとする。

② ①の集会を招集する場合において、当該集会の招集の通知をするときは、議案の要領のほか、次の事項をも通知しなければならないものとする。

ア　復旧又は建替えをしない理由

イ　建物及び敷地の売却が合理的である理由

ウ　建物の復旧に要する費用の見込額

③ ①の集会を招集した者は、当該集会の会日より少なくとも1か月前までに、当該招集の際に通知すべき事項について区分所有者に対し説明を行うための説明会を開催しなければならないものとする。

(注)　③の説明会の開催手続及び建物敷地売却決議をした集会の議事録については、区分所有法上の建替え決議制度に関する規律に準じ、所要の規律を設けるものとする（区分所有法第62条第7項及び第8項参照)。

(4)　決議に賛成しなかった区分所有者の取扱い

建物敷地売却決議に賛成しなかった区分所有者の取扱いについては、明渡しの期限の許与に関する規律を除いて区分所有法上の建替え決議制度における売渡し請求等に関する規律（区分所有法第63条第1項から第4項まで、第6項及び第7項）に準じ、所要の規律を設けるものとし、再売渡し請求（同条第6項参照）の発生要件については、建物敷地売却決議の日から2年以内に当該決議に基づく売買契約による建物及び敷地に関する権利の移転がなかったときとする。

(5)　建物及び敷地の売却に関する合意

建物敷地売却決議に賛成した区分所有者等は、建物敷地売却決議の内容により建物及び敷地の売却を行う旨の合意をしたものとみなすものとする（区分所有法第64条参照)。

(6)　期間制限

建物敷地売却決議は、政令の施行の日から起算して1年以内にしなければならないものとする。

(後注1)　取壊し決議制度及び建物敷地売却決議制度の新設に伴い、政令で定める災害により区分所有建物が大規模一部滅失した場合について、多数決により、建物を取り壊し、かつ、敷地を売却する旨を決議することができるものとする。

(後注2)　政令で定める災害により区分所有建物が大規模一部滅失した場合における集会の招集の通知に関する特例として、以下の規律を設けるものとする。

① 集会を招集する者が区分所有者の所在を知ることができないときは、その区分所有者に対する集会の招集の通知は、建物内の見やすい場所に掲示してすることができるものとする。

② ①の場合には、集会の招集の通知は、①の掲示をしたときに到達したものとみなすものとする。ただし、集会を招集する者が区分所有者の所在を知らないことについて過失があったときは、到達の効力を生じないものとする。

（後注3） 取壊し決議制度及び建物敷地売却決議制度の新設に伴い、区分所有法第61条第12項（大規模一部滅失した場合の区分所有者の買取請求）の特例を定める被災マンション法第5条の規律について、所要の整備をするものとする。

第2　滅失又は取壊し後の建物の敷地についての特例

（前注1） 以下、「敷地共有者」とは、敷地利用権（区分所有法第2条第6項）であった権利の共有者をいい、区分所有者以外の単なる敷地の共有者は、含まない。

（前注2） 敷地利用権が賃借権など所有権以外の権利であった場合にも、敷地利用権が所有権である場合と同様に、以下の規律が適用されるものとする。

1　敷地共有者による敷地の管理に関する規律

(1) 区分所有建物が政令で定める災害により滅失し、又は取壊し決議に基づき取り壊された場合においては、敷地売却決議又は再建の決議をすることができる期間が経過するまでの間、敷地共有者は、集会を開き、及び敷地管理者を置くことができるものとし、敷地管理者及び敷地共有者の集会に関し、区分所有法に準じ、所要の規律を設けるものとする。

(2) 敷地共有者の集会における各敷地共有者の議決権は、敷地共有持分の価格の割合によるものとする。

（注1） 規約に関する規律は設けないものとする。

（注2） 敷地共有者の集会の招集の通知に関する特例として、以下の規律を設けるものとする。

① 集会を招集する者が敷地共有者の所在を知ることができないときは、その敷地共有者に対する集会の招集の通知は、敷地内の見やすい場所に掲示してすることができるものとする。

② ①の場合には、集会の招集の通知は、①の掲示をしたときに到達したものとみなすものとする。ただし、集会を招集する者が敷地共有者の所在を知らないことについて過失があったときは、到達の効力を生じないものとする。

2　敷地売却決議制度

区分所有建物が政令で定める災害により滅失し、又は取壊し決議に基づき取り壊された場合について、敷地共有者の多数決により建物の敷地を売却する旨の決議をすることができるものとする制度（敷地売却決議制度）を新設し、以下のような規律を設けるものとする。

(1)　多数決要件

敷地売却決議は、議決権の5分の4以上の多数によるものとする。

(2)　決議事項

敷地売却決議においては、以下の事項を定めなければならないものとする。

ア　売却の相手方となるべき者の氏名又は名称

イ　売却による代金の見込額

(3)　集会の手続

①　敷地売却決議を会議の目的とする集会を招集するときは、当該集会の招集の通知は、集会の会日より少なくとも2か月前に発しなければならないものとする。

②　①の集会を招集する場合において、当該集会の招集の通知をするときは、議案の要領のほか、敷地の売却が合理的である理由をも通知しなければならないものとする。

③　①の集会を招集した者は、当該集会の会日より少なくとも1か月前までに、当該集会の際に通知すべき事項について敷地共有者に対し説明を行うための説明会を開催しなければならないものとする。

（注）　③の説明会の開催手続及び敷地売却決議をした集会の議事録については、区分所有法上の建替え決議制度に関する規律に準じ、所要の規律を設けるものとする（区分所有法第62条第7項及び第8項参照）。

(4)　決議に賛成しなかった敷地共有者の取扱い

敷地売却決議に賛成しなかった敷地共有者の取扱いについては、明渡しの期限の許与に関する規律を除いて区分所有法上の建替え決議制度における売渡し請求等に関する規律（区分所有法第63条第1項から第4項まで、第6項及び第7項）に準じ、所要の規律を設けるものとし、再売渡し請求（同条第6項参照）の発生要件については、敷地売却決議の日から2年以内に当該決議に基づく売買契約による敷地に関する権利の移転がなかったときとする。

(5)　敷地の売却に関する合意

敷地売却決議に賛成した敷地共有者等は、敷地売却決議の内容により敷地の売却を行う旨の合意をしたものとみなすものとする（被災マンション法第3条第6項及び区分所有法第64条参照）。

(6)　期間制限

敷地売却決議は、政令の施行の日から起算して3年以内にしなければならないものとする（被災マンション法第3条第5項参照）。

3　取壊し後の敷地についての再建の決議制度

区分所有建物が政令で定める災害により滅失した場合のほか、区分所有建物が取壊し決議に基づき取り壊された場合についても、再建の決議（被災マンション法第2条及び第3条参照）をすることができるものとし、再建の決議を会議の目的とする集会の説明会に関して、以下の規律を設けるものとする。

①　再建の決議を会議の目的とする集会を招集するときは、当該集会の招集の通知は、集会の会日より少なくとも2か月前に発しなければならないものとする。

②　①の集会を招集する場合において、当該集会の招集の通知をするときは、再建の決議における決議事項（被災マンション法第3条第2項参照）の議案の要領のほか、再建が合理的である理由をも通知しなければならないものとする。

③　①の集会を招集した者は、当該集会の会日より少なくとも1か月前までに、当該集会の際に通知すべき事項について敷地共有者に対し説明を行うための説明会を開催しなければならないものとする。

（注）　③の説明会の開催手続については、区分所有法上の建替え決議制度に関する規律に準じ、所要の規律を設けるものとする（区分所有法第62条第7項参照）。

4　共有物分割請求の制限

区分所有建物が取壊し決議に基づき取り壊された場合については、民法第256条第1項本文の規定にかかわらず、政令の施行の日から起算して3年を経過する日までの間は、敷地共有持分に係る土地又はこれに関する権利について、分割の請求をすることができないものとする。ただし、5分の1を超える議決権を有する敷地共有者が分割の請求をする場合その他敷地売却決議又は再建の決議をすることができないと認められる顕著な事由がある場合は、この限りでないものとする。

（注）　区分所有建物が政令で定める災害により滅失した場合については、敷地売却決議制度の新設に伴い、被災マンション法第4条の規律について、所要の整備をするものとする。

第3　団地の特例

1　再建承認決議制度

団地内の建物が政令で定める災害により滅失し、又は取壊し決議に基づき取り壊された場合において、当該建物の再建を行うときについて、団地内の建物の建替え承認決議制度（区分所有法第69条）に準じ、再建承認決議制度を設けるものとする。

（注1）　再建承認決議は、政令の施行の日から起算して3年以内にしなければならないものとする。

（注2）　団地内の建物が滅失し、又は取壊し決議に基づき取り壊された場合における建替え承認決議制度についても、所要の規律を設けるものとする。

2　再建を含む一括建替え決議制度

団地内の区分所有建物が政令で定める災害により滅失し、又は取壊し決議に基づき取り壊された場合において、当該区分所有建物の再建を含む一括建替えを行うときについて、団地内の建物の一括建替え決議制度（区分所有法第70条）に準じ、再建を含む一括建替え決議制度を設けるものとする。

（注）　再建を含む一括建替え決議は、政令の施行の日から起算して3年以内にしなければならないものとする。

一問一答
被災借地借家法・改正被災マンション法

2014年7月30日　初版第1刷発行

編著者　岡　山　忠　広

発行者　塚　原　秀　夫

発行所　株式会社 商　事　法　務
〒103-0025 東京都中央区日本橋茅場町3-9-10
TEL 03-5614-5643・FAX 03-3664-8844〔営業部〕
TEL 03-5614-5649〔書籍出版部〕
http://www.shojihomu.co.jp/

落丁・乱丁本はお取り替えいたします。　印刷/ヨシダ印刷㈱

ISBN978-4-7857-2208-1
＊定価はカバーに表示してあります。